김태연의
이지
잉글리시
최고의 대화문
150

EBS 영어학습 시리즈

김태연의 이지 잉글리시, 최고의 대화문 150 - 주제 편

1판 1쇄 인쇄 2020년 12월 24일
1판 1쇄 발행 2020년 12월 30일

지은이 김태연
펴낸이 김명중
콘텐츠기획센터장 류재호 | **북&렉처프로젝트팀장** 유규오 | **북매니저** 박성근
북팀 김현우 장효순 최재진 | **마케팅** 김효정

편집대행 티와이콘텐츠 | **책임편집** 여효숙 | **디자인** 고희선 | **인쇄** (주)교학사

펴낸곳 한국교육방송공사(EBS)
출판신고 2001년 1월 8일 제2017-000193호
주소 경기도 고양시 일산동구 한류월드로 281
대표전화 1588-1580
홈페이지 www.ebs.co.kr

ISBN 978-89-547-5610-5(14740)
        978-89-547-5387-6(세트)

EBS
영어 학습
시 리 즈

김태연의
이지
잉글리시
최고의 대화문 주제 편
150

김태연 지음

EBS
BOOKS

초급 영어회화 초밀리언셀러

EBS FM 어학 방송 대표 초급 영어회화 프로그램

10년간 출간된 〈이지 잉글리시〉 120권의 핵심 중의 핵심!

수백 만 명의 애청자들이 인정하고 손꼽은 최고의 대화문 150개가 한 권에!
시리즈 4권에 최고의 대화문이 600개, 영어회화 패턴이 600개,
그리고 핵심 표현이 1,800개!
EBS FM 초급 영어회화 진행자 김태연의 10년 진행과 집필의 결정판!

왜 〈이지 잉글리시〉 단행본을 꼭 소장해야 할까?

EBS FM의 간판 프로그램인 초급 영어회화 〈이지 잉글리시〉의 교재는 2011년부터 현재까지 **120만 부 이상 판매된 최고의 영어회화 베스트셀러**입니다. 저자 김태연이 〈이지 잉글리시〉 진행 및 집필을 맡은 2011년부터 〈이지 잉글리시〉 교재의 판매 부수가 엄청나게 증가했습니다. 이전 판매 부수의 거의 두 배 이상 판매되었죠. 그 이유 중의 하나는, 영어회화 대화문을 듣고 설명을 들으며 내용을 이해하던 기존의 틀에서 벗어나, 일단 '이런 상황에서 우리말로 이렇게 대화하고 싶을 때 영어로는 어떻게 하면 될까?'를 먼저 생각해볼 수 있도록 구성을 확 바꾼 건데요. **'많은 영어 학습자들이, 그렇게 많은 영어 방송을 들었는데 왜 내 머릿속과 입에는 하나도 안 남는 걸까?'**를 의아해하는 걸 보고 오랜 고민 끝에 찾아낸 구성입니다.

먼저 우리말 대화를 보고 영어로 내가 얼마나 말할 수 있는지 해본 다음에 영어 대화문을 보고 듣는 거죠. 이 획기적인 구성에 대한 반응은 엄청났습니다. 왜일까요? **영어? 내가 궁금해한 것만 남는다**는 거죠. 먼저, '이럴 때 이런 말은 영어로 뭐라고 하지?'라고 고민을 해보고 생각을 해본 다음에 그것에 대한 영어 표현과 문장을 알게 되었

을 때 효과가 엄청나게 크다는 겁니다. 수많은 영어 콘텐츠가 생겼다 사라지고 또 나타나고 하는 동안 꾸준히 〈이지 잉글리시〉가 최고의 청취율과 높은 판매 부수를 지켜내는 데는 또 다른 이유가 있습니다. 바로, **대화문의 내용이 다양하다**는 것과 **영어회화가 필요한 수많은 상황에서 꼭 필요한 필수적이고 생생한 영어 표현이 가득하다**는 겁니다.

〈이지 잉글리시〉 교재의 대화문은 어떻게 만들어질까?

저자 김태연은 〈이지 잉글리시〉 교재의 대화문과 영어 문장들을 집필하기 위해 영화, 미드, 시트콤 등을 수없이 보고 메모하고 대화문을 만들어냅니다. 그리고 매년 이 나라 저 나라로 여행을 가서 영어를 쓰는 많은 **여행자들과 다양한 상황에서 나누는 대화와 에피소드들을 모으고 정리하여** 〈이지 잉글리시〉의 대화문에 활용합니다.

그간 저자 김태연이 여행을 다니며 집필한 나라는 60개국이 넘습니다. 컴퓨터 앞에 앉아 머릿속에 떠오르는 영어를 가지고 집필한 게 아니라 스위스, 체코, 헝가리, 보스니아, 크로아티아, 슬로바니아, 오스트리아, 네덜란드, 영국, 아일랜드, 독일, 프랑스, 스페인, 포르투갈, 리히텐슈타인, 핀란드, 덴마크, 스웨덴, 터키, 그리스, 이집트, 뉴질랜드, 호주, 미국, 싱가포르, 홍콩, 말레이시아, 발리, 베트남, 라오스, 캄보디아, 일본, 중국 등으로 가서 **발로 뛰고 수많은 상황과 일상 생활 속에서 꼭 필요한 내용들을 대화문에 담아 완성하죠.**

〈이지 잉글리시〉 단행본 시리즈는, 지난 10년간 청취자들에게 가장 도움이 되고 꼭 필요하다고 뽑힌 주제와 상황별 대화문을 공들여 다시 집필한 최고의 대화문과 표현들로 이루어져 있습니다.

유튜브 태연쌤TV의 영상 강의로 완벽한 통합적 학습을!

〈김태연의 이지 잉글리시, 최고의 대화문 150〉을 공부하다 막히는 게 있으면 **유튜브 태연쌤TV**에서 물어보세요. 교재 외 영어에 관한 모든 궁금증을 태연쌤이 속 시원하게 풀어드립니다. **태연쌤TV의 '알려주마'**에서는 문법-어휘-표현-학습법 등 우리가 영어를 배우면서 꼭 알아야 기본적인 내용을 알려드립니다. **태연쌤TV의 '고쳐주마'**에서는 우리가 지금까지 잘못 알고 있던 표현, 잘못된 발음 등을 명쾌하게 고쳐드립니다. **태연쌤TV의 '들려주마'**에서는 대한민국 최고의 영어 전문가 태연쌤이 외국 여행을 하면서 얻은 다채롭고 생생한 이야기를 들려드려요. 〈**김태연의 이지 잉글리시 최고의 대화문 150**〉 시리즈와 유튜브 태연쌤TV로 재미있게 영어를 배워보세요.

유튜브: 태연쌤TV(https://bre.is/kgpajMTk)
(https://www.youtube.com/channel/UCq2xfM9dxocPZUgJlc3TVeg)

언택트 시대, 〈이지 잉글리시〉 단행본으로 몸값을 높여보세요!

이제 피할 수 없게 되어 버린 언택트 시대. 위기는 기회가 될 수 있습니다. 우리 집에서 내 방에서, 내 사무실에서, 어디에서라도 〈이지 잉글리시〉 단행본과 스마트폰만 있으면 눈으로 보고 **QR 코드를 찍어 대화문과 저자의 직강 해설**을 듣고 확실하게 이해한 후 소리 내어 따라하며 영어회화의 고수가 되실 겁니다.

〈이지 잉글리시〉 단행본으로 영어회화를 잘 하는 비법!

1. 영어회화 대화문을 많이 읽어라!
이럴 땐 이렇게 대화한다는 것을 알 수 있는 영어회화 대화문을 가능한 한 많이 보고 소리 내어 읽고 따라하며 외우세요.

2. 상황에서 꼭 필요한 **핵심 표현**들을 외워라!
어떤 특정 상황에서 영어로 잘 듣고 말하기 위해 꼭 필요한 필수적인 핵심 표현들을 외우세요. 문장의 틀이 되는 핵심 표현들만 전달해도 소통이 됩니다.

3. **영어회화 패턴**을 외워라!
영어회화를 할 때 어느 정도의 영문법 지식은 꼭 필요합니다. 하지만 혹시 영문법에 자신이 없다면 영어회화 패턴을 많이 기억하고 응용해서 말하면 됩니다. 패턴을 많이 알고 있으면 어느 정도의 영문법에 대한 부족함은 해결이 됩니다.

원어민처럼 유창한 영어회화를 지금 바로 할 수 있는 방법

영어회화를 잘 한다는 건, 어떤 특정 상황에서 필요한 어휘와 표현, 문장을 알고 있고 그것을 입 밖으로 소리 내어 말할 수 있다는 것입니다. 그래서 영어회화는 책 한 권으로는 안 됩니다. 하지만 다양한 주제별 상황에서 쓸 수 있는 대화문과 표현이 풍부하게 들어 있는 책 한 권이라면 얘기는 달라집니다. 외국에서 몇 십 년을 살아도, 어학연수를 몇 년을 해도 접하거나 배울 수 없는 다양한 주제별 상황의 대화문이 자그만치 150개나 들어 있는 〈김태연의 이지 잉글리시, 최고의 대화문 150〉 시리즈가 있으면, 엄청난 시간과 돈, 시행착오를 피하고 바로 유창한 영어회화 실력자가 될 수 있습니다.

〈김태연의 이지 잉글리시, 최고의 대화문 150-주제 편〉은 다섯 개의 챕터로 이루어져 있습니다. 만남·연애·우정 편, 계획·미래·꿈 편, 취업·승진·이직·창업 편, 행복·욜로·자기 계발 편, 그리고 삶의 지혜 편입니다. 각각의 챕터에는 주제별로 10개씩의 Unit이 있고, 각 주제별 상황에서 가장 빈번하게 많이 대화할 수 있는 세 개씩의 대화문이 들어 있습니다. 먼저 우리말로 어떤 상황에서의 대화인지 보면서 영어로 얼마나 되는지를 스스로 테스트해봅니다. 그리고 영어 대화문을 보고 읽고, QR 코드를 찍어 원어민의 목소리로 대화문을 듣고 따라할 수 있습니다. 그리고 저자인 김태연 선생님의 음성 강의도 들을 수 있습니다.

50개의 다양한 주제별 상황에서 쓸 수 있는 150개의 대화문과, 각각의 상황에서 대화할 때 꼭 알아야 할 필수 어휘와 표현을 익히고, 영문법을 포함하여 영어 실력의 기초가 되어줄 패턴을 외웁니다. 패턴이 들어간 문장들을 보며 연습한 다음에, 정말 궁금한 영문법이나 발음의 요령 등을 자세하게 설명한 코너를 읽어보세요. 그리고 마지막으로, 원어민들이 눈만 뜨면 듣고 말하는 영어회화 문장 하나를 외워보세요. 여러분은 이 책 한 권으로 지금 바로 원어민처럼 영어회화를 할 수 있게 될 겁니다.

Try It in English

먼저 교재에 있는 삽화와 우리말 대화를 보고, 영어로 내가 얼마나 표현할 수 있는지 스스로 테스트해보세요.

Q: 영어회화를 하는데 왜 우리말 대화를 먼저 봐야 하나요?
A: 영어회화를 잘 하고 싶다 하시는 많은 분들이 사실 영어를 처음 배우시는 건 아닐 겁니다. 학교 다닐 때 영어는 필수 과목이었으니까 아무리 영어에 관심이 없었다고 해도 어느 정도는 배운 기억이 남아 있겠죠. 그리고 우리가 어떤 상황에서 영어로 말을 하려고 할 때, 먼저 하고 싶은 그 말이 우리말로 떠오르고, '이 말을 영어로 뭐라고 하면 되지?'라고 영작의 과정을 거치게 됩니다. 그래서 영어회화를 학습할 때는 어떤 상황에서의 우리말 대화를 보고 먼저 내가 아는 영어로 말을 해보는 준비 단계가 필요해요. 그리고 나서, 이럴 때 이렇게 말하고 싶을 때 쓸 수 있는 영어 문장을 보고 듣고 따라하면서 외우는 거죠.

Situation 1, 2, 3

영어 대화문을 보면서 교재에 있는 QR 코드를 찍어 대화문을 듣고 따라하세요. 가급적 여러 번 듣고 따라하면서 대화문을 외우시는 게 좋습니다. 각 Unit에 있는 세 개의 대화문에 대한 저자의 명쾌한 음성 강의도 들으실 수 있습니다.

Vocabulary

영어회화 실력의 바탕은 어휘력입니다. 대화문에 나오는 단어들의 뜻을 확실하게 이해하고 넘어가세요. 영어회화를 할 때 영어 단어를 많이 알고 있으면 당연히 큰 도움이 됩니다. 영어로 의사소통을 한다는 건, 문장이 정확하지 않거나 좀 틀린 어순으로 말을 하더라도, 적절한 단어, 어휘를 쓰면 서로 알아들을 수가 있거든요.

Key Expressions

〈이지 잉글리시〉 교재에는 수많은 다양한 상황 속에서의 대화문이 나오는데요, 영어회화를 잘 하는 비결이 바로 그 대화문 안에 나오는 핵심 표현들을 외우는 겁니다. 이런 상황에서 다른 말도 넣어서 할 수 있겠지만, '이런 표현만큼은 꼭 **알아야 대화가 된다**'라는 기준으로 **뽑은 핵심 표현을 대화문별로 세 개씩 뽑아 자세하게 설명**해드렸습니다.

어떤 상황에서의 영어회화든, 그 상황에서 쓰는 필수적이고 사용 빈도가 높은 표현들을 알고 있어야 유창하게 영어회화를 할 수 있습니다. 각 대화문에 나오는 세 개씩의 필수 표현(Key Expressions)을 꼭 입으로 소리 내어 여러 번 읽으면서 확실하게 외워두세요.

언제 어디서나 누구와 함께 있어도 영어회화를 잘 할 수 있으려면 다양한 상황에서 쓸 수 있는 영어 대화문을 많이 보고 듣고 익혀둬야 하는데요, 〈이지 잉글리시〉 교재에 나오는 대화문들은 늘 다양한 상황으로 이루어져 있습니다. 각각의 상황에서 쓸 수 있는 영어 대화문의 핵심은, 그 대화문에 나오는 필수 표현들입니다. 주유를 하러 가면, '얼마치 넣어드릴까요?'라든가, '5만원어치 넣어주세요.' '포인트 카드 있으세요?'와 같은 말을 하게 될 거고, 카페에 가면 '뭐 드릴까요?' '아메리카노 하나 주세요, 아이스로요.' '여기서 드실 건가요?' '테이크아웃이요.'와 같은 말을 쓰게 되잖아요. 이렇게 어떤 상황에서 가장 많이 쓰는 필수 표현들, 거의 매번 쓸 것 같은 필수 표현들을 확실하게 알아두면 여러분은 영어회화를 원어민처럼 하실 수 있는 겁니다.

Big 3 Speaking Patterns

영어회화 패턴이라는 것은, 패턴에 들어 있는 비어 있는 곳에 적당한 단어들을 채워 넣으면 문장이 완성되는 틀을 말합니다. 영어회화 패턴을 많이 알고 있을수록 영어로 말하고 듣기가 수월해집니다. 그리고 영문법 실력에 좀 자신이 없더라도 영어회화 패턴을 이용해서 회화를 하면 전혀 어렵지 않게 됩니다. 〈김태연의 이지 잉글리시, 최고의 대화문 150-주제 편〉의 각각의 Unit에 나오는 패턴들은 해당 상황만이 아니라 어떤 상황에서도 쓸 수 있는 것들이기 때문에 내가 하고 싶은 말, 어떤 것이라도 이 책에 나오는 패턴을 이용해서 만들어 말할 수 있습니다.

영어회화를 잘 하려면, 상황에 맞는 필수 표현들을 많이 알고 있어야 하고, 또 영어 문장을 바로바로 만들어 말할 수 있는 스피킹 패턴들도 많이 알고 있어야 해요. 〈이지 잉글리시〉 교재의 구성은 지난 10년 동안 주기적으로 바뀌어 왔는데요, 대화문에서 꼭 기억해둘 만한 패턴을 가지고 문장들을 응용해서 만들어보는 코너는 〈이지 잉글리시〉 교재에 꼭 있었습니다. 패턴 학습이 영어회화에 아주 큰 도움이 되기 때문이예요. 각 대화문마다 하나씩 뽑은 패턴들은 어떤 특정 상황에서만 쓸 수 있는 것이 아니라, 어떤 상황에서든 다 쓸 수 있는 문장의 틀입니다. 어떤 상황이나 주제에 관해서 말하더라도 다양하게 응용해서 쓸 수 있는 영어 문장의 틀, 〈이지 잉글리시〉120권에서 가장 사용 빈도수가 높고 쓰임새가 많다고 인정받은 150개를 선정하여 넣었습니다.

Speaking Grammar/ Pronunciation

영문법이나 발음에 대해 아주 많은 학습자들이 궁금해 하실 만한 내용을 속 시원하게 해결해드리는 코너입니다. 어떤 Unit에서는 영문법에 대한, 또 어떤 Unit에서는 발음에 대한 설명이 들어 있습니다. 대충 알고 넘어가지 마시고, 이제 확실하게 이해하고 자신 있게 영어회화를 해보세요.

〈이지 잉글리시〉 애청자분들이 방송에 나온 대화문과 관련한 영문법이나 발음에 대해서 질문하신 것들 중에서, 가장 많은 분들이 궁금해 하시고 알고 싶어 하셨던 것에 대해 매 Unit 마다 하나씩 속 시원하게 설명해드리고 있습니다. 책 한 권에 50가지의 영문법이나 발음 요령이 들어 있습니다.

Level Up Expressions

개편이 되어도 늘 다양한 이름으로 사랑받았던 〈이지 잉글리시〉 최고의 코너, '이럴 땐 딱 한 줄, 이렇게 말해요!' 응용할 필요 없이 그냥 이 한 문장을 언제 쓰는지 이해하고 문장을 통째로 외워서 말하면 됩니다. 영어회화를 할 때는 어휘와 표현, 패턴으로 다양하게 응용해서 말할 수도 있지만, 어떤 상황에서 이런 의도로 말하고 싶을 때 응용하지 않고 그대로 쓸 수 있는 딱 한 문장들도 있습니다. 매 Unit 끝에 나오는 이 하나의 문장을 언제 쓰면 되는지 잘 읽고 이해한 다음에 완전히 외워지고 자연스럽게 말할 수 있을 때까지 소리 내어 연습해 보세요. 여러분은 지금 당장, 영어회화의 달인이 되실 겁니다.

Speaking Patterns 150

영어가 툭 튀어나오는 핵심 패턴 모음. 본문의 핵심 패턴 150개와 이 패턴을 활용한 문장 450개를 책 뒤에 모아두었습니다. 한글을 보고 영어로 바로 말하는, 순간 말하기 훈련에 활용하세요.

지금까지 〈이지 잉글리시〉 교재를 가지고 방송을 들으셨던 분들을 위한 단행본 활용 팁!

이 단행본은 〈이지 잉글리시〉 교재 백 권 이상의 결정체입니다. 단행본 4권을 합하면 누구나 꼭 알아야 할 영어회화의 상황이 자그마치 600개나 들어 있고, 문장을 쉽게 만들어 술술 말할 수 있는 스피킹 패턴이 600개, 그리고 상황별로 꼭 알아야 할 필수 표현은 무려 1,800개나 들어 있습니다. 매달 〈이지 잉글리시〉 교재로는 새롭고 재미있고 유익한 상황 속의 대화문으로 방송을 듣고 공부하시고, 단행본으로는 확실하고 탄탄한 영어회화의 기본기를 다져보세요. 어떤 상황에서도 영어회화가 유창해진 여러분, 이제 영어가 여러분을 더 넓고 넓은 세상으로 안내할 겁니다.

1

1단계 사진을 보고 어떤 상황에서의 대화인지 상상한다. 그리고 우리말 대화를 보면서 영어로는 얼마나 말할 수 있는지 스스로 테스트해본다.

2

2단계 QR 코드를 찍어, 영어 대화문을 들어본다.

3

3단계 강의 QR 코드를 찍어, 저자 김태연 선생님의 생생한 직강을 듣는다.

4

4단계 대화문에 나오는 필수 표현 세 개를 계속 소리 내어 말하면서 설명을 읽는다.

5

5단계 각 대화문에서 하나씩 뽑은 Big 3 패턴을 소리 내어 말하면서 외운다. 그리고 각 패턴을 가지고 내가 말하고 싶은 문장을 만들어 말해본다.

6

6단계 잘 모르고 헷갈렸던 영문법이나 발음에 대한 설명을 읽고 이해한다.

7

7단계 '이럴 때는 이렇게 말하는구나!'를 알려주는 딱 한 문장 영어, Level Up Expressions를 실감나게 연기하며 외운다.

그리고 나만의 마지막 단계!

대화문을 외워 거울을 보고 연기를 하거나, 휴대 전화로 녹음한다.

또 하나의 보너스 단계!

저자 김태연 선생님의 팟캐스트나 유튜브에 가서 훨씬 더 많은 재미있는 강의를 듣는다.

〈김태연의 이지 잉글리시, 최고의 대화문 150〉을 먼저 경험한 독자와 청취자들의 추천사를 소개합니다.

혼란스럽던 저의 영어공부에 단비를 내려준 책이었습니다.

중·고교 시절을 거쳐 대학까지는 학업을 위해 영어 공부를 했고 졸업 후 사회생활을 하면서도 영어에 대해 관심을 갖고 나름대로 꾸준히 공부해왔지만, 막상 어떠한 상황에서 영어로 이야기해야 할 때는 머릿속이 하얘지면서 한 마디도 못하는 경우가 많았습니다. 그래서 항상 중간에 포기하게 되고 원어민들만 보면 '어떻게 저렇게 영어를 잘할까?' 하는 당연한 의문만 가지고 부러워만 하고 있었습니다. 그런데 〈김태연의 이지잉글리시, 최고의 대화문 150〉을 접하고는 많은 것이 달라졌습니다. 어떠한 상황에서도 유창하지는 않더라도 자신감을 갖고 영어로 제 이야기를 할 수 있을 것 같은 자신감이 생겼습니다. 그 이유는 무엇보다도 책의 구성이 매우 효율적이기 때문입니다. 즉, '시간과 비용을 가장 적게 들이면서 최고의 효과를 낼 수 있는 책!'이라고 말씀드리고 싶습니다.

저자 김태연 선생님의 실제 여행 경험과 많은 실험적 연구를 통해 현재 원어민들이 사용하고 있는 실생활 속의 표현을 기초로 하여 KEY EXPRESSIONS, SPEAKING PATTERNS를 구성하였다고 들었습니다. 그래서인지 관련 단어 몇 개만 알아도 본인이 하고 싶은 이야기를 얼마든지 만들 수 있었습니다. 또한, 평소 궁금했거나 책을 보면서 궁금했던 내용은 어김없이 SPEAKING GRAMMAR에서 다루어 궁금증을 단번에 해소할 수도 있었습니다. 혼란스럽던 저의 영어공부에 단비를 내려준 책이었습니다. 여러분께도 적극 추천합니다.

40대 직장인 염요재

그동안의 배움이 단번에 명쾌하게 정리가 되어 좋았습니다.

저는 외국인에게 한국어를 가르치고 있는데, 영어 실력을 키우려고 3년 전부터 〈이지 잉글리시〉를 들어오고 있습니다. 그런데 어느 날 문득 '오늘 배운 표현을 한국어로 바꿔 생각해보면 어떨까?' 하는 생각이 들어 한국어 버전으로 소개했는데 반응이 굉장히 좋았습니다. 역시 사람들이 살면서 표현하고 싶은 것들은 다 비슷하구나 하면서 〈이지 잉글리시〉의 구성과 내용에 감탄했습니다. 물론 저는 그날 이후 더 적극적으로 청취하게 되었고 대화 상황과 표현들을 틈틈이 수업에서 응용해오고 있습니다. 이 자리를 빌어 태연쌤께 감사를 드립니다.^^

매달 나오는 〈이지 잉글리시〉는 상황에 따라 적재적소에 필요한 표현을 대화문을 통해 보여주고 또 패턴으로 제시해줘서 바로 사용할 수 있게 만들어주는 점이 가장 좋았는데, 10년 간의 내용 중에서 최고의 대화문과 표현들을 뽑아 각색하여 단행본으로 내주신 〈김태연의 이지 잉글리시, 최고의 대화문 150〉을 보니까 그동안의 배움이 단번에 명쾌하게 정리가 되어 좋았습니다. 풍부한 대화를 보는 것도 중요하지만 동시에 전체를 훑어주면 좋겠다 생각했는데 안성맞춤입니다. 영어 실력도 늘리고 제 수업에도 활용할 수 있을 것 같네요. 감사합니다! 〈최고의 대화문 150〉 2권도 너무너무 기대가 됩니다.

대학교 한국어 강사 김원경

〈이지 잉글리시〉 덕분에 어렵게 생각했던 영어공부를 '숙제'가 아닌 '축제' 같은 즐거운 마음으로 공부하고 있습니다.

안녕하세요~ 저는 김태연 선생님의 대한민국 최고 영어 프로그램 〈이지 잉글리시〉와 〈김태연의 이지 잉글리시, 최고의 대화문 150〉 책 덕분에 올해 코로나바이러스를 모르고 정말 바쁘고 행복한 2020년을 보내고 있습니다. 직장생활 30년 차인 저는 그냥 막연하게 외국인과 소통할 수 있도록 영어회화를 정말 잘해서 또 다른 문화를 저 스스로 이해하고 접할 수 있으면 좋겠다는 생각을 늘 마음속에 가지고만 있었습니다. 그런데 이런 욕망을 실현시켜주고 할 수 있다는 용기를 주신 분이 바로 김태연 선생님입니다.

〈이지 잉글리시〉 프로그램 내용이, 일상생활에서 즉시 사용할 수 있는 짧은 대화문을 상황극을 통해 가르쳐주셔서 20분 수업시간이 지루하지도 않고 대화문을 오래도록 기억하는 데에도 많은 도움이 되고 있습니다. 또한, 선생님께서 프로그램 진행하시면서 "이건 외우세요! 바로 외워서 사용할 수 있는 좋은 표현입니다." 하시는 말씀이 귀에 콕콕 남아서 저절로 외워지고 영어 실력이 날마다 향상되고 있어요. 더불어 〈이지 잉글리시〉 최고의 장점은 동사 정복입니다. 제가 영어를 시작하면서 가장 어려운 점이 동사 선택이었습니다. 주어와 동사만 적절하게 선택이 된다면 어느 정도 영어회화를 할 수 있겠다는 것은 어렴풋이 터득했지만, 문장 의미에 맞는 동사 활용이 어려웠는데, 선생님께서 동사의 용법을 매주 한 개씩 가르쳐주셔서 시원한 사이다 역할을 해주신 것이 많은 도움이 되고 있습니다.

선생님께서 강조하신 표현은 우리 딸과 함께 연습하고 선생님 추천 방법으로 핸드폰에 녹음도 해보고 남편 앞에서 영어로 표현도 해보고 있습니다. 남편이 발음이 이상하다고 구박하면 다시 오디오 어학당을 통해 최대한 김태연 선생님 발음을 따라 해보려고 노력도 하고 있습니다. 김태연 선생님의 프로그램 청취를 함께한 지 1년 6개월, 짧다고 생각하면 짧은 시간이겠지만 저에게는 제 인생에 알찬 영어공부를 시작할 수 있는 큰 전환점이 되는 소중한 시간이었습니다. 앞으로도 〈이지 잉글리시〉와 영원히 함께하여 김태연 선생님의 최고의 제자로 이름을 올리고 싶습니다.

30년 차 직장인 신승희

1권에 나온 표현과 대화문을 외워서 외국인들과 유창하게 새해 인사를 하면서 뿌듯함을 느꼈고, 친구들은 제 영어 실력을 보고 놀라더군요.

저는 김태연 선생님이 진행하시는 〈이지 잉글리시〉를 처음부터 계속 들어왔습니다. 그러다가 초등학교 4학년 담임으로 영어과 선도교사 시범 수업을 할 때 학생들에게 〈이지 잉글리시〉 교재에 있는 대화문을 외우게 하여 발표하게 하였습니다. 여러 학교 선생님들을 모시고 학생들에게 연기하듯 영어를 구사하게 하였는데 그때 선생님들의 칭찬과 격려가 지금도 눈에 선합니다. 월간지 〈이지 잉글리시〉 교재에 나오는 대화문들은 아주 생생하고 그 시기에 맞는 내용인 반면, 10년 간의 〈이지 잉글리시〉 100권에서 뽑은 '꼭 필요한 대화문 150개'가 담긴 단행본, 〈김태연의 이지 잉글리시, 최고의 대화문 150〉은 그야말로 영어회화를 하는 사람이라면 꼭 소장하고 달달 외워야 할 주옥같은 내용이더라고요. 최고의 대화문 1권에 나온 표현과 대화문을 외워서 외국인들과 유창하게 새해 인사를 하면서 뿌듯함을 느꼈고, 친구들은 제 영어 실력을 보고 놀라더군요. 그리고 책에 있는 QR 코드를 찍으면 생생한 원어민의 대화문이 나오니까 여러 번 들으며 shadowing을 하면서 연습을 할 수 있어서 좋고, 저자 직강도 들을 수 있어서 아주 좋았습니다.

60대 전 초등학교 교사 김종훈

초등학생인 나의 관심사와 비슷한 내용들이 아주 많아 재미있고 책을 더 보게 된다. 영어로 자신 있게 말하고 싶은 사람들에게 적극 추천한다.

〈김태연의 이지 잉글리시, 최고의 대화문 150〉 1권을 접하기 전에는 영어가 어려웠다. 영어로 말하는 것도 재미있고 영어를 배우는 것이 좋기도 한데, 보통 영어책은 너무 읽기가 어렵거나 이해가 안 된다. 하지만 이 책을 접하고 나서 영어가 더 재미있어졌고, 실용적인 내용만 골라서 배우니까 실력이 많이 늘었다. 그래서 학원 숙제를 할 때 시간이 덜 걸리는 것 같고, 시험 점수도 올라갔다. 이 책은 여러 가지 상황별로 되어 있고, 꼭 필요한 내용들, 실생활에 쓰일 문장들을 배우니까 시간을 아낄 수 있고, 책에 있는 문장을 그대로 쓰거나 약간 응용해서 쓰면 되니까 영어가 한결 쉬워진다. 그리고 초등학생인 나의 관심사와 비슷한 내용들이 아주 많아 재미있고 책을 더 보게 된다. 영어로 자신 있게 말하고 싶은 사람들에게 적극 추천한다.

초등학교 5학년 이민준

차례

TOPIC-BASED
SITUATION

MAP
150

Get you
anywhere
at anytime

1 만남·연애·우정 편

SITUATION

5 삶의 지혜 편 SITUATION

CHAPTER

1

만남·연애·우정 편

UNIT 01

썸은 타야 맛이고…

이거, 그린라이트? / 지금 이거 작업 멘트지? / 바보… 너한테만 이러는 거야

TRY IT IN ENGLISH

'저 사람이 나를 좋아하나?' 싶은 마음에 두근대는 마음을 담은 대화문들을 익히면서, 썸을 탈 때의 그 아슬아슬하고 짜릿한 느낌을 떠올려보세요.

강의 **01**

지미   남자 동료가 집에 태워다주겠다고 했다는 거야?

로라   응. 그리고 회사에서 일에 빨리 적응할 수 있게
        도와주셨어.

지미   흐음… 분명히 그 사람이 너한테 마음 있는 거야.

로라   하하, 에디, 그런 거 아니야.

지미   그게 아니면, 그 사람이 너한테 왜 그렇게 잘 해줬겠어?

로라   착하고 남들 잘 챙기시는 분이니까 그렇지.
        그리고 그분, 내 사촌 오빠야.

누군가가 상대방에게 마음이 있어서 그렇게 친절하게 해주는 거라고 말하는 상황입니다. 우리말 대화를 보고 영어로 생각해본 다음에 영어 대화문을 보세요.

음원 **01-1**

CHAPTER 1

Jimmy Oh, a male colleague offered you a ride home?

Lora Yes. And he helped me get the hang of work in the office.

Jimmy Hmm... **001** It's obvious that he has a crush on you.

Lora Haha, Jimmy, it's not like that.

Jimmy If not, why do you think he's been so nice to you?

Lora Because he's a nice and considerate person. And he's my cousin!

VOCABULARY

male 남자, 남성 **colleague** 동료
get the hang of ~ ~에 대한 감을 잡다, 익숙해지다, 적응하다 **obvious** 뻔한, 분명한

KEY EXPRESSIONS

1 누구를 집까지 태워다주다
offer + 누구 + a ride home
'누구에게 뭔가를 해주거나 준다'고 할 때 offer 누구 뒤에 무엇을 넣어 말해요. 버스에서 자리를 양보한다고 할 때도 〈offer + 누구 + a seat〉라고 하죠. '차로 집까지 데려다주겠다'는 건 a ride home이라고 해요. home이 '집까지, 집으로'라는 의미로 쓰인 거죠.

2 누구에게 반하다, 사랑에 빠지다
have/has a crush on + 누구
'어떤 사람한테 반하다, 첫눈에 반하다, 사랑에 빠지다'라는 걸 모두 a crush라고 해요. 그래서 '누구에게 반했다'고 할 때 주어에 맞게 have나 has를 쓰고 〈a crush on + 누구〉라고 말하죠.

3 착하고 배려심이 깊은 사람
a nice and considerate person
어떤 사람인지를 묘사하고 표현하는 형용사들 중에서, nice는 우리가 제일 많이 쓰는 말, '착한'이라는 뜻이에요. 남을 잘 배려한다는 건 considerate라고 합니다.

상대방이 너무나 잘 해주는 걸 보고 이거 작업 멘트 아닌가 하게 생각하는 상황입니다. 우리말 대화를 보고 영어로 생각해본 다음에 영어 대화문을 보세요.

음원 01-2

프레드	바이올렛, 내가 우리 집에서 너를 위한 환영회를 열어줄게.
바이올렛	자상하기도 해라.
프레드	내가 요리하는 거 엄청 좋아하는 거 알잖아.
바이올렛	너무 좋지. 내가 퇴근하자마자 너희 집으로 갈게.
프레드	네가 나랑 사귀었으면, 내가 요리는 다 해줬을 텐데.
바이올렛	흐음. 이거 작업 멘트인 건가?
	파티 준비를 하겠다는 거야? 데이트 준비를 하겠다는 거야?

Fred Violet, **002** let me throw a welcome party for you at my place.

Violet That's so sweet of you.

Fred You know I love cooking.

Violet Awesome. I'll come to your house right after I leave work.

Fred If you had dated me, I would've done all the cooking.

Violet Hmm. Is this some kind of a pickup line?
Are you preparing for a party or a date?

VOCABULARY

welcoming 환영하는, 환영해주는   **sweet** 자상한   **prepare for** ~을 준비하다

KEY EXPRESSIONS

1 **내가 퇴근하자마자 바로   right after I leave work**

〈after + 주어 + 동사〉라고 하면 '누가 무엇을 하고 나서'라는 뜻이고, right after는 '누가 뭐뭐하자마자, 바로'라는 뜻이예요. '퇴근하다'는 leave work라고 하니까 '내가 퇴근하자마자 바로'는 right after I leave work라고 하죠.

2 **요리를 다 하다   do all the cooking**

'요리하다'라는 동사는 cook이죠. 그런데 우리말로도, '요리를 네가 다 해?', '그럼 요리는 누가 다 하는 건데?'처럼 말할 때 do all the cooking이라고 해요.

3 **일종의 작업 멘트   some kind of a pickup line**

이성에게 관심이 있어서 작업 거는 멘트, '작업 멘트'를 영어로 a pickup line이라고 해요. 그리고 확실하게 무엇이라기보다는 '일종의, 하나의 무엇'이라고 할 때 some kind of를 씁니다.

음원 **01-3**

상대방이 딴 마음이 있어서 잘 해주는지도 모르고 누구한테나 다 잘 해준다고 생각하는 상황입니다. 우리말 대화를 보고 영어로 생각해본 다음에 영어 대화문을 보세요.

그레그	점심 뭐 먹고 싶어?
베키	오늘은 소고기 어때?
그레그	좋지. 볶음이 좋아? 아님 구운 거?
베키	음, 난 둘 다 좋아. 아무거나 난 괜찮아.
그레그	알았어. 내가 딱 좋은 데를 알아.
베키	그레그, 넌 언제나 어디 가서 먹을지 어디 가서 놀면 좋을지 다 알더라. 그래서 모든 여자들이 다 너한테 끌렸을 것 같아.

CHAPTER 1

Greg	What do you want to have for lunch?
Becky	How about beef today?
Greg	Sounds good. Do you prefer stir-fried or grilled?
Becky	Well, I like both. Either one is fine with me.
Greg	All right. I know just the place.
Becky	Greg, **003** you always know where to eat or where to chill. I'm sure all the girls must've been attracted to you because of that.

VOCABULARY

stir-fried 볶은   grilled 구운   both 둘 다   chill 시간 떼우다, 쉬다

KEY EXPRESSIONS

1   볶은 것을 더 좋아하거나 구운 것을 더 좋아하다
prefer stir-fried or grilled

prefer는 '무엇을 더 좋아하다'라는 뜻이에요. 볶은 것을 더 좋아한다면 prefer stir-fried이고, 구운 것을 더 좋아하면 prefer grilled라고 하죠. 그리고 구운 것보다는 볶은 것을 더 좋아한다고 할 때는 prefer stir-fried to grilled라고 해요.

2   딱 좋은 곳, 바로 여기   **just the place**

'닭갈비 좋아하세요? 그럼 이 집이 딱이예요!', '서핑 좋아하세요? 그럼 양양에 가셔야죠!' 처럼 말할 때 just the place를 쓰면 돼요. '내가 아주 좋은 곳을 알아.' I know just the place. '여기가 딱이야.' This is just the place.처럼 말합니다.

3   어디 가서 먹으면 좋을지, 어디서 놀면 좋을지를 알다
know where to eat or where to chill

'어디서 먹을지'는 where to eat, '어디서 놀지'는 where to chill이라고 하고, '어디 갈지'는 where to go, '어디서 묵을지'는 where to stay라고 해요. chill은 '그냥 쉬는 것, 노는 것, 시간 보내는 것' 등을 뜻하죠.

핵심 패턴 001

~인 게 분명해.
It's obvious that ~.

분명히 그 사람이 너한테 마음 있는 거야.
It's obvious that he has a crush on you.

걔네들 사귀는 게 분명하다고.
It's obvious that they're together.

가격이 줄줄이 다 올라갈 게 분명해.
It's obvious that the prices will go up.

어떤 것이 의심할 필요 없이 분명해 보일 때 이 패턴을 써서 말해보세요.

핵심 패턴 002

내가 (너에게) ~ 파티를 열어줄게.
Let me throw a ~ party (for you).

내가 너를 위해 환영 파티를 열어줄게.
Let me throw a welcome **party for you.**

내가 집들이를 할게.
Let me throw a housewarming **party.**

내가 너 생일 파티를 해줄게.
Let me throw a birthday **party for you.**

누군가를 위해 파티를 열어주겠다고 할 때 이 패턴을 써서 말해보세요.

핵심 패턴 003

너는 늘 어디서 ~하면 좋을지 알고 있더라.
You always know where to ~.

너는 늘 어디 가서 먹으면 좋을지 알고 있더라.
You always know where to eat.

너는 늘 어디로 놀러가면 좋을지 알더라.
You always know where to go for fun.

너는 우리 강아지를 어디서 찾을 수 있을지 알더라.
You always know where to find our dog.

상대방이 늘 어디 가서 뭘 먹으면 좋을지 아이디어를 많이 가지고 있다고 생각되면, 이 패턴을 써서 말해보세요.

CHAPTER 1

Why do you think he's been so nice to you?
어순이 왜 이렇게 돼요?

Q

'그 사람이 왜 그렇게 너한테 잘 해줘?'라고 하면 Why has he been so nice to you?라고 하지 않나요? 근데 왜 Why do you think he's been so nice to you?는 어순이 이렇게 되죠?

A

네. do you think가 없이 의문문이면 Why has he been so nice to you?가 맞죠. 그런데 의문사 뒤에 do you think, are you saying 등을 넣으면 그 뒷부분이 의문의 어순이 아니라 〈주어+동사〉의 어순이 돼요. 그래서 Why do you think he's been so nice to you? How much do you need? How much are you saying you need?와 같이 쓰는 거예요.

그녀는 내 이상형이야.
She is the girl of my dreams.

'이상형'을 가리키는 표현으로는 몇 가지가 있는데요. 먼저, **a girl of my dreams** 혹은 **a woman of my dreams, a guy of my dreams**라고 할 수 있습니다. 이때 **dreams**를 복수형으로 쓴다는 것에 유의하세요. 그리고 또 이상형이라는 말로 남자는 **Mr. Right,** 여자는 **Miss Right**이라고도 해요.

좋아하는 여자가 있을 때

A 너 릴리한테 관심 있어?
B 응. 그녀는 내 이상형이야.

A Are you interested in Lily?
B Yes. **She is the girl of my dreams.**

멋진 남자를 보고

A 너 아직 잭이랑 사귀니?
B 응. 완전 내 이상형이야.

A Are you still dating Jack?
B Yes. **He is the guy of my dreams.**

UNIT 02

좋은 사람 있으면 소개시켜줘~

예뻐? / 첫 데이트라 떨려 / 그 친구, 아직 싱글이야?

TRY IT IN ENGLISH

누군가를 소개 받는 상황, 첫 데이트를 하는 상황, 관심이 가는 사람에 대해 얘기하는
대화문을 통해 연애 세포를 다시 깨워보세요.

강의 **02**

리사	안녕, 그레그. 내가 너, 내 친구 소개시켜줄까?
그레그	아, 그래! 예뻐?
리사	아주 착한 애야. 마음도 따뜻하고.
그레그	예쁘냐고?
리사	아, 그레그. 넌 좋은 여자를 만날 자격이 없다.
그레그	농담이야! 미안해, 리사.
	소개시켜줘. 시간 낼게.

28　　**CHAPTER 1**　만남·연애·우정 편

여자를 소개시켜준다는 말을 듣고 계속 예쁘냐고만 묻는 상황입니다. 우리말 대화를 보고 영어로 생각해본 다음에 영어 대화문을 보세요.

음원 **02-1**

Lisa	Hey, Greg. **004** Want me to fix you up with my friend?
Greg	Oh, yes! Is she pretty?
Lisa	She's a very nice person.
	She's warmhearted.
Greg	Is she pretty?
Lisa	Oh, Greg. You don't deserve a good girl.
Greg	I was kidding! Sorry, Lisa.
	Please set me up with her. I will make time.

VOCABULARY

warmhearted 마음이 따뜻한   make time 시간을 내다

KEY EXPRESSIONS

1 **누구에게 다른 누군가를 소개시켜주다 (사귈 목적으로)**

fix + 누구 + up with someone else

어떤 사람에게 다른 이성을 소개시켜준다는 말은 fix나 set을 써서 〈fix + 누구 + up with ~〉 혹은 〈set + 누구 + up with ~〉라고 해요. '나 그 남자 소개 좀 시켜줘'라고 하려면 Please fix/set me up with him.이라고 하죠.

2 **좋은 여자를 만날 만하다, 그럴 만한 자격이 있다**

deserve a good girl

'넌 좋은 여자/남자를 만날 만해, 그렇게 열심히 일을 했으니 승진을 할 만하지, 이제 월급도 좀 오를 때가 됐지'처럼 말할 때 deserve 뒤에 무엇을 넣어서 말해요.

3 **시간을 내다**

make time

우리말로는 '시간을 낸다'고 하죠? 영어로는 make time이라고 해요. '내가 시간을 내볼게'는 I'll make time for that.이라고 하고, '시간 낼 수 있겠어?'는 Can you make time?이라고 해요.

첫 데이트라 떨려

첫 데이트를 앞두고 동료에게 떨린다고 말하는 상황입니다. 우리말 대화를 보고 영어로 생각해본 다음에 영어 대화문을 보세요.

음원 02-2

로라	어머, 너! 멋지게 차려 입었네.
	무슨 일 있어?
해리	친구가 오늘 저녁에 소개팅시켜준대.
로라	이제야 알겠다. 잘 되길 바라!
해리	난 데이트 앞두고는 늘 떨리더라.
	잘 맞았으면 좋겠는데.
로라	걱정 마. 그냥 너답게 하면 돼.

Lora Look at you! You're **all dressed up**.
What's the occasion?

Harry **005** My friend **set me up on a date** tonight.

Lora That explains it. Good for you!

Harry I always **get nervous on dates**.
I hope we **hit it off**.

Lora Don't worry.
Just be yourself.

VOCABULARY

occasion 일, 경우, 때 **explain** 설명하다, 왜 그런지 말해주다 **nervous** 떨리는, 긴장되는

KEY **EXPRESSIONS**

1 **쫙 빼입다, 잘 차려입다** **all dressed up**

'옷을 잘 차려입는다'는 건 dress up이라고 하고 '캐주얼로 편하게, 신경쓰지 않고 입는다' 는 건 dress down이라고 해요. '옷을 완전히 쫙 빼 입고 있다'는 건 all dressed up이라고 하고요.

2 **데이트를 앞두고 긴장하다, 떨리다**
get nervous on dates

'긴장하고 떨린다'는 말은 get nervous라고 해요. 그리고 〈get nervous on + 무엇〉이라 고 하면 '무엇을 앞두고 떨린다, 무엇 때문에 긴장된다'는 말이예요.

3 **첫 눈에 확 끌리다, 보자마자 죽이 잘 맞다** **hit it off**

남녀가 만나자마자, '와, 완전 내 이상형이야'라든지 '보자마자 끌린다'는 말을 hit it off라고 하는데요, 남녀간이 아니더라도 처음 본 누군가와 '보자마자 죽이 잘 맞았다, 친해졌다'라는 말도 We hit it off immediately.라고 해요.

음원 02-3

남편의 친구와 내 친구를 소개시켜주려고 하는 상황입니다. 우리말 대화를 보고 영어로 생각해본 다음에 영어 대화문을 보세요.

주디	닉, 네 친구 잭 아직 싱글이야?
닉	응, 누구 만날 사람을 찾고는 있던데, …
주디	내가 그 친구 누구 소개시켜주면 어떨까?
	내 고등학교 친구 지니 알지?
닉	그럼, 알지. 그러니까, 지금 다리를 놔주겠다는 거야?
주디	응. 믿거나 말거나지만, 내가 꽤 성공율이 높다고.
	벌써 신이 나는 걸.

Judy Nick, **006** is your friend Jack **still** single?

Nick Yes, he's been looking for someone, but ...

Judy Why don't I set him up on a date?

Do you remember my high school friend, Jinny?

Nick Yes, of course.

So, you want to be a matchmaker?

Judy Yeah. Believe it or not, I have a high success rate.

I'm excited already.

VOCABULARY

look for ~ ~를 찾다　**matchmaker** 중매쟁이　**success rate** 성공률　**already** 벌써, 이미

KEY EXPRESSIONS

1 내 고등학교 친구 지니　my high school friend, Jinny

'초·중·고등·대학교 친구 누구'라고 할 때 〈my elementary school friend + 이름〉, 〈my middle school friend + 이름〉, 〈my high school friend + 이름〉, 〈my college friend + 이름〉과 같이 말해요.

2 다리를 놔주는 사람이 되고 싶다　want to be a matchmaker

예전에는 남녀를 소개시켜주는 사람을 '중매쟁이'라고 했는데요, 영어로 matchmaker라고 해요. match가 '짝'을 가리키니까, match를 '만들어주는 사람', maker, 즉 matchmaker가 되는 거죠.

3 성공율이 높다　have a high success rate

남녀 간의 소개를 성사시키든, 일을 성사시키든, 어떤 것을 성공으로 이끄는 확률을 success rate라고 해요. 뭘 하든 성공율이 높으면 〈누구 + has a high success rate.〉라고 합니다.

CHAPTER 1

SPEAKING PATTERNS

핵심 패턴 004 **~ 소개시켜줄까?**
Want me to fix you up with ~?

내 친구 소개시켜줄까?
Want me to fix you up with my friend?

내 남동생 소개시켜줄까?
Want me to fix you up with my brother?

내가 좋은 여자 소개시켜줄까?
Want me to fix you up with a good girl?

상대방에게 누군가를 소개
시켜줄지 물을 때 이 패턴을
써보세요.

핵심 패턴 005 **~가 저에게 데이트를 주선해줬어요.**
~ set me up on a date.

친구가 오늘 저녁에 데이트를 주선해줬어요.
My friend **set me up on a date** tonight.

여동생이 내일 데이트를 주선해줬어.
My little sister **set me up on a date** tomorrow.

친한 친구가 이번 주말에 데이트 잡아줬어.
My close friend **set me up on a date** this weekend.

누군가가 나에게 데이트 자
리를 잡아줬다고 할 때 이
패턴을 써보세요.

핵심 패턴 006 **~가 아직 …야?**
Is/Are ~ still …?

너희 삼촌 아직 싱글이셔?
Is your uncle **still** single?

너 아직 일 쉬고 있어?
Are you **still** between jobs?

걔네 아직 사귀는 거야?
Are they **still** together?

어떤 사람이 아직 어떤 상태
인지 확인할 때 이 패턴을
써보세요.

That explains it.
발음이 /익쓰쁠레인/?

Q

That explains it.에서요, explains의 발음을 잘 들어보니까 /익쓰플레인/이 아니라 /익쓰쁠레인/처럼 들리는데요, 왜 그렇죠?

A

네, 영어 발음에서 /s/ 소리 뒤에 -p, -t, -k가 오면 -p, -t, -k의 소리가 강하게 발음돼요. 그러니까 /스쁘, 스뜨, 스끄/처럼 발음하는 거죠. 그래서 That explains it.에서 explains도 그렇게 들리는 거예요. speak, study, skate를 발음해보세요. 네, 각각, /스피크, 스터디, 스케이트/가 아니라 /스삐크, 스떠디, 스께이트/처럼 발음하면 원어민이 내는 소리와 똑같아집니다.

늦어도 몇 시에는 나가야 하나?
What's the latest (time) we can leave?

소개팅이 있는데 옷 고르느라, 화장하느라 시간 다 뺏기고 이제 급해집니다. 늦어도 몇 시에는 나가야 약속에 늦지 않을지 물을 때 이렇게 말해보세요. When's the latest we can leave by? 라고도 표현해요.

약속 장소에 혼자 갈 때

A 너, 7시까지는 도착해야 해.
B 늦어도 몇 시쯤 나가야 되는 거지?

A You have to be there by 7.
B **What's the latest I can leave?**

같이 나갈 때

A 나, 아직 준비 중인데.
B 괜찮아. 우리, 늦어도 몇 시에는 나가야 되지?

A I'm still getting ready.
B That's okay. **When's the latest we can leave by?**

UNIT 03

사귈까 말까?

여친이랑 헤어졌대? / 바람맞았다고? / 이제 한 번 만났을 뿐이야

사귀고 싶은 사람, 마음이 가는 사람과 잘 되었으면 하고 바라는 몇 가지 상황의 대화
문을 익혀서 주변에서 그런 상황이 있을 때 활용해보세요.

강의 **03**

엘렌	제이크, 아직 헤더랑 사귀나?
다니엘	아, 몰랐어?
	제이크가 지난주에 헤더랑 헤어졌대.
엘렌	그랬어? 왜 그런지 알아?
다니엘	제이크 친구가 그러는데, 헤더가 바람을 피웠대.
엘렌	아, 제이크 불쌍하다.
	난 늘 그 애가 더 좋은 여자를 만날 수 있다고
	생각했거든.

여친이랑 헤어졌대?

음원 03-1

늘 나쁜 여자만 만나고 헤어지는 친구를 안쓰러워 하는 상황입니다. 우리말 대화를 보고 영어로
생각해본 다음에 영어 대화문을 보세요.

CHAPTER 1

Ellen	Is Jake still going out with Heather?
Daniel	Oh, you didn't know?
	I heard that Jake left Heather last week.
Ellen	Did he?
	Do you know why?
Daniel	Jake's friend told me that Heather cheated on Jake.
Ellen	Oh, poor Jake.

007 **I always thought** he deserved a better girl.

VOCABULARY

leave 누구 누구와 헤어지다   **cheat on 누구** 누구를 두고 바람을 피우다   **poor** 불쌍한, 안된
better 더 좋은, 더 나은

KEY EXPRESSIONS

1 **누구와 아직 사귀다**
still go out with + 누구
'누구와 사귀다'라는 말은 〈go out with + 누구〉라고 해요. 사귀는 사이라는 건 They're
together.라고도 하죠. '아직도 그 사람이랑 사귄다'는 말은 〈still go out with + 누구〉라
고 해요.

2 **누구를 두고 바람을 피우다**
cheat on + 누구
cheat는 뭔가 부정적인, 나쁜 것을 할 때 쓰는 말이예요. 시험 볼 때 '컨닝을 한다'는 것도
cheat라고 하고, 사귀는 사람이나 배우자를 두고 '바람을 피운다'는 것도 〈cheat on + 누
구〉라고 합니다.

3 **더 좋은 여자를 만날 만하다**
deserve a better girl
deserve 뒤에 사람을 넣어 말하면 '어떤 사람을 만날 자격이 있다, 그럴 만하다'라는 뜻
인데요, '그런 여자 말고 더 좋은 여자를 만날 수 있는데 왜 그 여자를 만날까?'라고 할 때
deserve a better girl이라는 표현을 쓸 수 있어요.

음원 03-2

데이트를 하러 나갔다가 바람맞은 친구의 얘기를 듣는 상황입니다. 우리말 대화를 보고 영어로 생각해본 다음에 영어 대화문을 보세요.

에밀리	애, 어제 저녁에 데이트 어땠어?
그레그	최악이었어. 나오지도 않더라.
에밀리	아니 이런. 어떻게 된 건데?
그레그	한 시간 정도를 기다렸어.
에밀리	그래서 전화는 했어?
그레그	응, 근데 전화도 안 받더라고. 그냥, 일이 생겼다는 문자만 보냈더라.

Emily Hey, **008** **how did** your date **go** last night?

Greg Terrible. She **never showed up.**

Emily Oh no. What happened?

Greg I waited for about an hour.

Emily And did you call her?

Greg Yes, but she **didn't answer the phone.**
She just sent me **a message** instead **saying something came up.**

VOCABULARY

waited for ~ ~동안 기다리다   **send 누구 a message** 누구에게 문자를 보내다
instead 대신, 대신에

KEY EXPRESSIONS

1 **오지 않다, 나타나지 않다, 바람맞히다** **never show up**
약속 장소나 모임 등에 모습을 드러내는 것, 참석하는 것이 show up입니다. 그래서 보통, '나 바람 맞았어, 오기로 하고 안 왔어'라고 할 때 ~ never showed up 혹은 ~ didn't show up이라고 하죠.

2 **전화를 안 받다** **don't answer the phone**
'전화를 받는다'고 할 때 answer the phone이라고 하기도 하고 answer the phone call/calls라고 하기도 해요. 정확하게 말하면, '그 전화기를 들고 전화를 받는다'는 게 answer the phone이고, '걸려오는 전화 한 통, 전화 몇 통을 받는다'고 하는 게 answer the phone call, answer the phone calls예요.

3 **뭔가 일이 생겼다는 내용의 문자**
a message saying something came up
'문자'나 '톡'을 영어로 a message, a text라고 하고요, '그 내용이 뭐뭐다' 즉, '뭐뭐라고 쓴 문자/톡'은 a message/text saying ~이라고 표현해요. '뭔가 일이 생겼다'는 건 Something came up.이라고 합니다.

음원 **03-3**

첫 데이트를 한 친구에게 어땠는지 이것저것 묻는 상황입니다. 우리말 대화를 보고 영어로 생각해 본 다음에 영어 대화문을 보세요.

신디   나 이제 누구 만나, 아담.
아담   그래? 어떤 사람인데? 만난 지 얼마나 됐어?
신디   아휴! 천천히 좀 해! 대답할 시간 좀 주라.
아담   그래, 미안. 너무 궁금해서.
신디   이제 한 번 만났을 뿐이야.
아담   그렇구나. 한 번 만나는 건 뭐, 또 볼까 말까 하는 거니까.

Cindy   **009**   I started dating a guy. His name is Adam.

Adam   Did you? What's he like?
        How long have you been together?

Cindy   Woah! Slow down!
        Give me a chance to answer.

Adam   Okay, sorry. I'm excited.

Cindy   We just went on our first date.

Adam   I see. A first date is just a tryout for a second date.

VOCABULARY

be together 함께 있다, 사귀다   **slow down** 천천히 하다, 속도를 늦추다

KEY EXPRESSIONS

1   **대답할 기회**

a chance to answer

상대방이 질문을 계속 퍼부어대거나 내가 대답할 기회를 안 줄 때, '나 대답 좀 하자, 응?'이 라는 생각이 들죠? 이럴 때, '대답할 기회'를 a chance to answer라고 해요.

2   **첫 데이트를 하다**

go on one's first date

'데이트를 한다'는 말은 go on a date라고 해요. 데이트 중에서도 첫 데이트는 누구의 first date라고 하죠. '나 내일 첫 데이트하러 가'라는 말은 I'm going on my first date tomorrow.가 되겠죠.

3   **두 번째 데이트를 할지 말지를 보기 위해 만나보는 것**

a tryout for a second date

'한번 해보는 것, 시험삼아 해보는 것'도 a tryout이라고 해요. '한번 만나보고, 또 만날지 말 지를 결정하는 것'을 a tryout for a second date라고 하죠.

SPEAKING PATTERNS

핵심 패턴 **007**	난 늘 ~라고 생각했어. **I always thought ~.**

난 늘 그 애가 더 좋은 여자를 만날 수 있다고 생각했거든.
I always thought he deserved a better girl.

난 늘 너한테 더 좋은 기회가 올 거라고 생각했어.
I always thought you could get a better chance.

난 늘 너희가 완벽한 커플이라고 생각했어.
I always thought you guys were the perfect couple.

늘 어떻게 생각하고 있었다고 할 때 이 패턴을 써보세요.

핵심 패턴 **008**	~는 어떻게 됐어? **How did ~ go?**

어제 저녁에 데이트 어떻게 됐어?
How did your date **go** last night?

지난주에 회의는 어떻게 됐어?
How did the meeting **go** last week?

이번에는 협상, 어떻게 됐어?
How did the negotiation **go** this time?

뭔가가 어떻게 되었는지 진행 상황이 궁금할 때 이 패턴을 써보세요.

핵심 패턴 **009**	나 ~시작했어. **I started ~ing.**

나 이제 누구 만나.
I started dat**ing** a guy.

나 아침에 조깅 시작했어.
I started jogg**ing** in the morning.

나 이제 회사에 걸어서 출근해.
I started walk**ing** to work.

무엇을 이제 막 시작했다고 할 때 이 패턴을 써보세요.

She just sent me a message instead saying something came up.

전화를 안 받았다고 했는데 saying???

Q

She just sent me a message instead saying something came up.에서요, 문자를 보냈는데 왜 saying을 썼죠? 말로 한 게 아닌데요?

A

아, 이 문장에서 **saying**은 말로 했다는 게 아니예요. **say**는 '말을 하다'라는 뜻 말고도, '뭐라고 씌여 있다'라는 의미도 있거든요. 예를 들어, '저기 봐, 표지판에 금연이라고 씌여 있잖아.'라는 말을 **Look! The sign says "No smoking."**이라고 하거든요. **She just sent me a message instead saying something came up.**에서 **saying**은, **something came up**이라고 씌여진(**saying**) **message**를 보냈다는 뜻이예요.

나이에 비해서 정말 동안이세요.

You look much younger than your age.

남자나 여자나 나이보다 어려 보인다는 말을 들으면 누구나 기분이 좋을 텐데요. '동안이다, 나이에 비해서 어려 보인다, 젊어 보인다'라는 말은 영어로 **You look younger than your age.** 혹은 더 강조해서 **You look much younger than your age.**라고 합니다. 상황이 되면 꼭 이 말로 칭찬을 해보세요.

나이보다 어려 보이는 여자에게

A 우와, 나이보다 훨씬 어려 보이세요.

B 감사합니다.

A Wow, you look much younger than your age.

B Thank you.

그 나이로 안 보이는 상대방에게

A 40대이시라고요? 와, 훨씬 더 젊어 보이시네요.

B 그렇게 말씀해주셔서 감사합니다.

A You're in your forties? Wow, you look much younger than your age.

B Thanks for saying that.

UNIT 04

본격적인 데이트

일로 포장한 데이트 / 내가 데리러 갈게 / 도서관 데이트

TRY IT IN ENGLISH

어떤 방법을 써서라도 한 번 더 만나고 얼굴 보고 싶어 하는 달달한 마음이 담긴 대화 문들을 익히면서 여러분의 달달함도 일깨워보세요.

강의 **04**

(세라와 해리가 통화를 하고 있다.)

세라 너 나랑 영상 찍으러 갈래?

해리 그래, 좋아! 내가 계속 찍고 싶었던 재미있는 영상이 있거든.

세라 잘됐다. 이번 주 금요일 4시 30분에 어때?

해리 그래. 내가 집으로 데리러 갈까?

세라 우리 집으로?

해리 응, 내가 운전할게.
그 시간에는 차도 안 막혀.

좋아하는 남자에게, 일을 하자는 핑계로 만나려고 하는 상황입니다. 우리말 대화를 보고 영어로
생각해본 다음에 영어 대화문을 보세요.

음원 **04-1**

(Sera and Harry are talking on the phone.)

Sera Do you want to **go shoot some videos** with me?

Harry OK, sure!

> **010** There's a **fun video** I've been **wanting to make**.

Sera Perfect. How about this Friday at 4:30?

Harry Sure.

Why don't I pick you up at your house?

Sera At my house?

Harry Yeah, I'll **drive us**.

The traffic isn't bad at that time.

VOCABULARY

shoot 촬영하다, 영상 등을 찍다　**fun** 재미있는　**pick up** 데리러 가다　**at that time** 그 시간에

KEY EXPRESSIONS

1 **영상을 찍으러 가다**

go shoot some videos

'영상을 촬영하다, 녹화를 하다'라고 할 때 shoot 혹은 film을 써요. shoot videos, film
videos라고요. 영화 찍을 때 '슛 들어갑니다'라고 하잖아요? 그 슛이 바로 shoot입니다.

2 **내가 만들어보고 싶었던 재미있는 영상**

a fun video I've been wanting to make

a fun video는 '재미있는 영상'이고, a funny video는 '웃긴 영상'을 말해요. 외국 프로그
램 중에 the funniest videos라는 게 있는데, '너무너무 웃긴 영상들'을 보여주는 거죠.

3 **내가 운전해서 가다**

drive us

나 말고 한 사람 혹은 그 이상이 같이 차를 타고 가는데 내가 운전하겠다고 할 때 drive us
라고 해요. '내가 운전할게'를 영어로 I'll drive us.라고 지금 외워보세요.

만나기로 한 여자 친구가 아직 일이 안 끝나서 기다려주는 상황입니다. 우리말 대화를 보고 영어로 생각해본 다음에 영어 대화문을 보세요.

음원 **04-2**

(전화로)

짐   안녕, 켈리, 오고 있어?

켈리   안녕, 짐. 아니, 나 아직 회사야. 근데 거의 다 끝나가.

짐   그럼 내가 여기 아래 차에서 기다릴게.

켈리   고마워.

(잠시 후에)

켈리   기다리게 해서 미안하고 고마워.

짐   괜찮아. 타. 그리고 벨트 매고. 벨트 맬 때까지 계속 삐 소리가 날 테니까.

(on the phone)

Jim   Hi, Kelly, are you on the way?

Kelly   Hi, Jim. No, I'm still at work but almost done.

Jim   Then I'll be waiting down here in my car.

Kelly   Thanks.

(after a while)

Kelly   **011** Sorry and thanks for waiting.

Jim   No worries. Hop in and buckle up. The car won't stop beeping until you put your seatbelt on.

VOCABULARY

almost 거의   **worries** 걱정   **buckle up** 안전벨트를 매다   **beep** 삐 하는 소리가 나다

KEY EXPRESSIONS

1   **아직 일하는 중인데 거의 다 끝나가는   still at work but almost done**

'일하고 있다, 회사에 있다'라는 건 at work라고 해요. '어디야?' Where are you? '나 아직 회사야.' I'm still at work.처럼 말하죠. 그리고 '일이 거의 끝나간다'고 할 때는 I'm almost done.이라고 합니다.

2   **여기 아래, 내 차에서 기다리다   wait down here in my car**

'기다린다'는 건 wait이고 '여기 아래에서, 이 아래에서'는 down here라고 해요. 회사 1층 주차장이든, 지하 주차장이든 아래층에 차를 세워두고 기다리는 거니까 down here in my car라고 하죠.

3   **삐 하는 소리가 멈추지 않다   won't stop beeping**

열쇠가 안 먹히거나, 전자기기, 기계 등이 안 켜지거나 작동을 안 할 때, '이게 왜 안 되지?'라고 하죠? 이럴 때 won't를 써요. '이 문이 안 열려요.'는 This door won't open.이라고 하고, '삐 소리가 안 멈춘다'는 건 won't stop beeping이라고 합니다.

공부를 핑계 삼아 도서관에서 만났다가 맛있는 것을 먹으러 가는 상황입니다. 우리말 대화를 보고
영어로 생각해본 다음에 영어 대화문을 보세요.

음원 04-3

팸	아쉽네. 여기 도서관에서는 와이파이가 세지 않네.
밥	인터넷 필요해?
팸	점심 먹을 좋은 데를 찾아보려고.
밥	아, 난 네가 책 읽고 있는 줄 알았는데.
팸	우리 지금 나갈까? 나 배고파.
밥	그래. 가자.

(식당 앞에서)

밥	저 차 나가는 건가? 앗싸!

Pam	It's a shame. The Wi-Fi signal is not strong here in the library.
Bob	Do you need Internet connection?
Pam	I want to find a good place for lunch.
Bob	**012** Oh, I thought you were reading.
Pam	Shall we go out now? I'm hungry.
Bob	Alright. Let's go.

(in front of a restaurant)

Bob	Is that car pulling out? Nice!

VOCABULARY

shame 안된 일, 안타까운 일   connection 연결   pull out 나가다

KEY EXPRESSIONS

1   **여기 도서관에서는 세지 않은   not strong here in the library**
와이파이 연결 강도가 센 건 strong, 약한 건 weak라고 표현해요. 와이파이가 세지 않으니
까 not strong이고, '여기 도서관 내에서는'는 here in the library라고 해요. '여기 식당 안에
서는'이라고 하면 here in the restaurant이라고 하죠.

2   **인터넷이 필요하다   need Internet connection**
우리말로는 '인터넷이 필요한데…'라고 하는데요, 영어로는 Internet connection이라고 합
니다. '인터넷에 접속한다'는 의미로 Internet access라고 하기도 해요.

3   **점심 먹기 좋은 곳   a good place for lunch**
'무엇 하기 좋은 곳'은 〈a good place for + 무엇〉이라고 합니다. '점심 먹기 좋은 곳'은 a
good place for lunch이고, '피크닉하기 좋은 곳'은 a good place for a picnic이라고 하
죠.

SPEAKING PATTERNS

핵심 패턴
010

내가 ～하던 …가 있어.
There's a … I've been ~ing.

내가 보고 싶었던 새로 나온 액션 영화가 있어.
There's a new action movie **I've been** want**ing** to see.

내가 가서 먹어보고 싶던 채식주의 식당이 있어.
There's a vegan restaurant **I've been** hop**ing** to eat at.

내가 생각하고 있던 좋은 생각이 있어.
There's a great idea **I've been** think**ing** of.

그동안 내내 어떻게 하고 싶던 무언가가 있다면 이 패턴을 이용해서 말해보세요.

핵심 패턴
011

～해줘서 미안하고 고마워.
Sorry and thanks for ~ing.

기다려줘서 미안하고 고마워.
Sorry and thanks for wait**ing**.

내 대신 일해줘서 미안하고 고마워.
Sorry and thanks for fill**ing** in for me.

일주일이나 우리 아이들을 봐줘서 미안하고 고마워.
Sorry and thanks for tak**ing** care of my kids for a week.

어떤 것에 대해서 미안하기도 하고 고맙기도 할 때 이 패턴을 써보세요.

핵심 패턴
012

아, 난 네가 ～하고 있는 줄 알았지.
Oh, I thought you were ~ing.

아, 난 네가 책 읽고 있는 줄 알았지.
Oh, I thought you were read**ing**.

아, 난 너 자고 있는 줄 알았어.
Oh, I thought you were sleep**ing**.

아, 난 너 집에서 일하고 있는 줄 알았어.
Oh, I thought you were work**ing** at home.

상대방이 뭔가를 하고 있는 줄 알았다고 할 때 이 패턴을 써보세요.

CHAPTER 1

Hop in and buckle up.
Hop in.이 '차에 타다'라는 말이죠?

Q

Hop in and buckle up.이 차에 타서 안전벨트를 매라는 말이죠? '차에 타다'는 get in 아닌가요?

A

네, 그것도 맞습니다. '차에 탄다'는 말은 get in, hop in이라고도 하고 jump in이라고도 해요. '깡총' 하면서 가볍게 차에 타는 모습을 상상하시면 hop, jump를 쓰는 게 이해가 되실 거예요. 그리고 buckle up이라고 할 때는 seatbelt를 넣지 않고 그냥 쓰는데요, buckle up 자체가 '딸깍' 하면서 채우는 걸 의미하니까 seatbelt를 또 넣을 필요가 없는 거예요.

교통 정체를 피할 수 있어.
We can beat the traffic.

'이렇게 차가 막히는 시간을 피할 수 있다, 교통 정체를 피할 수 있다'라는 의미로 이 문장을 써보세요.

일찍 출발하자고 할 때

A   4시에 출발하자.
B   좋은 생각이야. 차 막히는 걸 피할 수 있잖아.

A   Let's leave at 4.
B   Good idea. **We can beat the traffic.**

아침 일찍 출발하자고 할 때

A   우리 언제 출발할까?
B   우리 해 뜨면 출발하자, 교통 혼잡을 피하게.

A   When can we leave?
B   Let's leave at sunrise so **we can beat the traffic.**

칠칠치 못해도… 사랑하는 너

괜찮아, 사랑이야 / 한 걸음 뒤에 내가 있잖니 / 내가 다 해줄게

TRY IT IN ENGLISH
사랑하는 사람이든 가족이든 친구든 내가 아끼는 사람이면 부족한 면도 다 감싸주고 싶어하는 내용의 대화문들을 통해 여러분의 소중한 사람들에 대해 더 생각해보세요.

강의 05

케빈	이크! 어떻게 또 커피를 흘릴 수가 있지.
티나	휴지 좀 찾아보자.
케빈	이번 주에만 벌써 세 번째야.
티나	잠깐만. 너 카메라는 괜찮아?
케빈	응. 이런 건 괜찮아. 근데 내 자존심이 안 괜찮네.
티나	너무 오버하지 마. 한 잔 더 시키면 되지 뭐.

식사를 하거나 뭔가 마실 때 꼭 흘리고 더럽히는 남자 친구를 챙겨주는 상황입니다. 우리말 대화를 보고 영어로 생각해본 다음에 영어 대화문을 보세요.

음원 05-1

Kevin Oops! I can't believe I spilled another cup of coffee.

Tina Let's find some napkins.

Kevin This is the third time this week.

Tina Wait. Is your camera okay?

Kevin Yes. My stuff is fine. But my pride is not.

Tina **013** Don't be so dramatic.
We'll just order another one.

VOCABULARY

spill 흘리다 third 세 번째 pride 자존심 dramatic 오버하는, 난리치는

KEY **EXPRESSIONS**

1 커피 한 잔을 더 쏟다
spill another cup of coffee
'뭔가를 쏟다, 엎지르다'라는 걸 spill이라고 해요. 커피를 쏟는다는 건 spill coffee라고 하는데, 한 잔을 마시다가 쏟고 또 한 잔을 더 쏟았다면 '하나 더'라는 의미의 another를 써서 spill another cup of coffee라고 하죠.

2 이번 주에 세 번째
the third time this week
'첫 번째'는 the first time, '두 번째'는 the second time, 그리고 '세 번째'는 the third time이라고 하죠. '이번 주에 세 번째'면 the third time this week이고, '올해 다섯 번째'면 the fifth time this year라고 합니다.

3 하나 더 시키다, 주문하다
order another one
'뭔가를 주문한다'는 건 order라고 하는데요, '한 잔 더, 일 인분 더, 한 접시 더'는 영어로 각각 another를 써서 another cup 혹은 another one, another serving, another plate와 같이 말해요.

항상 물건을 여기저기 잘못 두는 여자 친구를 챙겨주는 상황입니다. 우리말 대화를 보고 영어로
생각해본 다음에 영어 대화문을 보세요.

음원 **05-2**

헤더	잭, 지금 몇 시인지 알아?
잭	응, 11시 15분 전이야.
	전화기 없어?
헤더	어디 잘못 됐나봐.
잭	전화 걸어봤어?
헤더	응, 근데 안 받아.
	아, 이제 기억났다. 내 사물함에 넣어놨네.

Heather	Jack, do you **have the time**?
Jack	Yes, it's **a quarter to eleven**.
	Don't you have your phone?
Heather	I think I **misplaced it**.
Jack	Why don't you call yourself?
Heather	I did, but no one answered.
	Oh, now I remember. **014** **I put it in** my locker.

VOCABULARY

quarter 4분의1   **misplace** 어디에 잘못 두다   **answer** (전화를) 받다
locker 사물함, 보관함

KEY EXPRESSIONS

1   **몇 시인지 알다   have the time**

have the time과 have time은 완전히 다른 뜻입니다. have the time은 '몇 시인지 알다'
라는 뜻으로, '지금 몇 시죠?'라는 말은 Do you have the time?이라고 하고요, Do you
have time?이라고 하면 '시간 있어요?'라고 묻는 말이예요.

2   **11시 15분 전   a quarter to eleven**

a quarter는 어떤 것의 4분의 1을 가리킵니다. a quarter가 시간을 나타낼 때는 60분의 4
분의 1이니까 15분을 뜻하고, 100단위의 숫자를 말할 때는 25라는 뜻이죠.

3   **그것을 어딘가에 잘못 두다   misplace it**

misplace의 mis는 wrong이라는 뜻이예요. 그래서 misplace는 뭔가를 어딘가에 mis '잘
못', place '두다'라는 뜻이 됩니다.

구두 굽이 도로 블록에 끼어서 잘 못 걷는 친구를 챙겨주는 상황입니다. 우리말 대화를 보고 영어로 생각해본 다음에 영어 대화문을 보세요.

음원 05-3

숀	샐리, 너 왜 발을 절어?
	아, 잠깐만. 너 왼쪽 구두가 왜 그래?
샐리	망가졌어. 틈 사이에 끼어서.
숀	그럼 구두 수선 집에 가야 하는 거 아니야?
샐리	그래야지. 근데 나 수업이 세 개나 있어.
숀	나한테 기대. 내가 너 걷는 거 도와줄게.
	네 가방도 내가 들어줄게.

Sean	Sally, why are you limping?
	Oh, wait. What happened to your left shoe?
Sally	It's ruined. **015**	**It got stuck in** a crack.
Sean	Then don't you have to go to a shoe repair shop?
Sally	I should, but I have three classes to take.
Sean	Lean on me. I'll help you walk.
	Let me carry your bag, too.

▬▬▬ **VOCABULARY**

limp 절룩거리다   **crack** 갈라진 틈   **shoe repair shop** 구두 수선 가게   **carry** 들어주다
get stuck in a crack 갈라진 틈 사이에 끼다

KEY **EXPRESSIONS**

1   **구두 수선 집에 가다**   **go to a shoe repair shop**
'구두'를 영어로 말할 때는 shoes라는 복수형을 쓰는데요, '구두 수선 집'처럼 뒤에 명사를 써서 이어 말할 때는 shoe repair shop, shoe shopping처럼 단수형인 shoe를 써요.

2   **들을 수업이 세 과목 있다**   **have three classes to take**
'수업을 들을 게 있다, 강의가 몇 개 있다'라고 할 때 have를 써서 말하는데요, have three classes라고만 하면 들을 수업이 세 개라는 말도 되고, 선생으로서 강의할 수업이 세 개 있다는 말도 돼요. 그런데 to take를 이어서 쓰면 수업을 들을 게 있다는 말이죠.

3   **누군가의 가방을 들어주다**   **carry one's bag**
가방이나 짐을 들어준다고 할 때 carry를 써요. '가방 들어드릴까요?'라고 하고 싶으면 Do you want me to carry your bag?이라고 하면 돼요.

핵심 패턴 013

너무 그렇게 ~하지 마.
Don't be so ~.

너무 그렇게 오버하지 마.
Don't be so dramatic.

너무 그렇게 화내지 마.
Don't be so angry.

너무 그렇게 자책하지 마.
Don't be so hard on yourself.

상대방이 너무 지나치게 어떤 모습을 보일 때 그러지 말라고 하고 싶으면 이 패턴을 써보세요.

핵심 패턴 014

내가 그거 ~ 안에 넣었어.
I put it in ~.

내가 그거 서랍 안에 넣었어.
I put it in the drawer.

내가 그거 네 옷장 안에 넣었어.
I put it in your closet.

내가 그거 공구함에 넣었어.
I put it in the toolbox.

내가 그것을 어디 안에 넣어 두었다고 할 때 이 패턴을 써보세요.

핵심 패턴 015

그게 ~에 끼었어.
It got stuck in ~.

그게 틈 사이에 끼었어.
It got stuck in a crack.

그게 진흙에 박혔어.
It got stuck in the mud.

네 치아에 뭐 끼었는데.
Something got stuck in your teeth.

뭔가가 어디에 끼었다고 할 때 이 패턴을 써보세요.

This is the third time this week.
third time이라고 할 때 third의 -d가 안 들려요.

Q

This is the third time this week.을 여러 번 들어봤는데요. 아무리 잘 들어봐도 third의 **-d**가 안 들리는데 왜 그렇죠?

A

네, 두 단어를 이어서 발음할 때 앞 단어의 끝소리와 뒷단어의 첫소리의 발음 위치가 같으면, 앞 단어의 끝소리를 발음하려고 할 때 바로 뒷단어의 첫 소리로 넘어가기 때문에 그래요. 즉, This is the third time this week.에서 **third**의 **-d** 소리를 발음할 때도 혀끝을 입천장에 댔다가 떼고, **time**의 첫 소리인 **-t**를 발음하는 방법도 똑같거든요. 그래서 **third**의 **-d**를 발음하려고 할 때 바로 **time**을 소리내기 때문입니다.

우리 이제 안 만나.
We're no longer together.

사귀던 사이였지만 헤어져서 '이제 안 만난다, 안 사귄다'고 할 때, 혹은 모임이 해체되었을 때도 이렇게 말해요. '우리 사귄다'고 할 때 We're together.라고 하고, '이제 우리 안 사귄다'고 할 때는 We're no longer together.라고 해요.

밴드 활동을 접었을 때

A   너희 밴드, 아직도 일요일마다 연주해?

A   Does your band still play on Sundays?

B   사실은, 우리 이제 밴드 같이 안 해.

B   Actually, **we're no longer together.**

사귀던 사람이랑 헤어졌을 때

A   너 아직도 브라이언이랑 사귀니?
B   아니. 우리 이제 안 만나.

A   Are you still dating Brian?
B   No. **We're no longer together.**

UNIT 06

맛집 찾아다니기

맛집은 맛집이네 / 다이어트를 위해 조금만… / 맛집에서 포장해 가기

TRY IT IN ENGLISH

맛집을 찾아다니며 재미있는 데이트를 하는 다양한 상황의 대화문을 익히면서 간접 데이트를 즐겨보세요.

강의 **06**

(리타와 댄이 식당 앞에 있다.)

리타   우와! 꽉 찼잖아.

         벌써 줄이 엄청 길어.

댄   메뉴가 뭐지?

리타   어디 보자… 볶음밥이랑 만두네.

댄   나 만두 무지무지 좋아해. 맨날 먹는다고.

리타   줄이 너무 길다.

         우리 자리 좀 맡고 있을래? 금방 올게.

음원 06-1

구내식당 음식이 엄청 맛있다고 해서 일찍 갔는데 식사 시간이 안 되었는데도 줄이 엄청 긴 상황입니다. 우리말 대화를 보고 영어로 생각해본 다음에 영어 대화문을 보세요.

CHAPTER 1

(Rita and Dan are in front of a restaurant.)

Rita	Wow! It's packed.
	There's a long line already.
Dan	What's on the menu?
Rita	Let's see... It looks like **fried rice and dumplings**.
Dan	I love dumplings. I **eat them all the time**.
Rita	This line is so long.
	016 Can you **save a spot** for us? I'll be right back.

━━━ **VOCABULARY**

line 줄   **already** 벌써, 이미   **dumpling** 만두   **spot** 자리

KEY EXPRESSIONS

1 **볶음밥과 만두**
fried rice and dumplings
요리할 때 기름을 넉넉히 넣고 볶은 것 혹은 튀긴 것을 〈fried + 무엇〉이라고 해요. 나물 등을 살짝 볶았을 때는 stir-fried라고 하죠. 만두가 여러 개 있을 때 우리말로는 '만두'라고 하지 '만두들'이라고 하지 않지만, 영어로는 dumplings라고 합니다.

2 **늘 그걸 먹다**
eat it/them all the time
'어떤 걸 늘 먹는다, 자주 먹는다'라고 할 때 all the time을 넣어서 말할 수 있는데요, '난 맨날 빵만 먹어'라고 하면 I eat bread all the time.이라고 하고, '난 늘 국수를 먹어'는 I eat noodles all the time.이라고 합니다.

3 **어떤 사람의 자리를 맡아주다**
save a spot for + 누구
'자리를 맡아준다'고 할 때 save를 써요. 그리고 넓은 자리보다는 '이 자리, 이곳'이라고 말할 수 있는 특정한 자리, 좁은 자리는 spot이라고 합니다.

음식이 너무 맛있지만 다음 수업이 체육이라 그만 먹어야겠다고 하는 상황입니다. 우리말 대화를 보고 영어로 생각해본 다음에 영어 대화문을 보세요.

음원 06-2

해리	맛있다! 오늘 점심 너무 맛있어.
샐리	그러게 말이야! 이 만두 참 든든하다.
해리	한동안은 배가 안 고플 것 같다.
샐리	오늘 체육 수업 있어?
해리	응. 난 그만 먹어야겠다.
	수업 받다가 토하긴 싫거든.
샐리	그래, 만두는 그만 먹어라.

Harry	Sweet! I really like today's lunch.
Sally	Right! These dumplings are really filling.
Harry	We won't be hungry for a while.
Sally	Do you have PE class today?
Harry	I do. **017** I'd better slow down.
	I don't want to throw up during class.
Sally	Yeah, take it easy on the dumplings.

VOCABULARY

PE 체육 시간   **slow down** 속도를 줄이다. 살살 하다   **throw up** 토하다

KEY EXPRESSIONS

1 **아주 배가 부른, 배가 든든한, 속이 꽉 찬**
really filling

음식이, 먹고 나면 배가 부르고 든든하다고 할 때 filling이라고 해요. 금방 배가 꺼지는 음식의 반대되는 것들을 가리킬 때 쓰죠.

2 **한동안 배가 고프지 않을 것이다**
won't be hungry for a while

filling한 음식을 먹으면 한동안 배가 안 꺼지죠? 배가 꺼지고 허기를 느낀다는 게 be hungry인데, 이걸 먹으면 한동안은 그러지 않을 것 같다는 말을 won't be hungry for a while이라고 합니다.

3 **만두는 그만 먹다**
take it easy on the dumplings

'과로하지 마라, 쉬엄 쉬엄 하라'고 할 때 take it easy라고 하는데요, take it easy on 뒤에 음식을 넣으면 '너무 과식하지 말라'는 뜻이 돼요.

치킨 맛집에서 맛있는 음식을 포장해가는 상황입니다. 우리말 대화를 보고 영어로 생각해본 다음에 영어 대화문을 보세요.

음원 06-3

CHAPTER 1

멜라니	안녕하세요. 저 후라이드 치킨 포장해가려고요.
직원	네, 여기 메뉴 보세요.
	어떤 게 좋으세요?
멜라니	저 갈릭 치킨이랑 핫윙 주세요.
직원	알겠습니다. 치킨 무 더 드릴까요?
멜라니	네, 주세요. 다 해서 얼마죠?
직원	2만8천원입니다.

Melanie Hi. **018** **I'd like to order some** fried chicken to go, please.

Clerk Sure. Here's our menu.

Which one would you like?

Melanie I'll have the garlic chicken and some hot wings.

Clerk Alright. Do you need extra pickled radishes?

Melanie Yes, please. How much is the total?

Clerk 28,000 won, please.

VOCABULARY

which 어떤 　**garlic** 마늘 　**alright** 좋아 　**radish** 무

KEY EXPRESSIONS

1 **치킨을 포장용으로 주문하다**
order some fried chicken to go
우리말로는 '치킨'이라고만 해도 후라이드나 양념 치킨이 바로 떠오르지만, 영어로 chicken 이라고 하면 닭고기로 만든 모든 음식, 즉, 삼계탕, 닭갈비, 닭죽 등을 다 가리켜요.

2 **우리 메뉴판**
our menu
menu는 음식 하나하나를 가리키는 게 아니라, 어떤 식당이나 카페 등에서 판매하는 모든 것들을 정리한 표, 즉, '메뉴판'을 가리켜요. '이 집 메뉴는 뭐지?'는 What's on the menu? 라고 해요.

2 **절임 무가 추가로 더 필요하다, 있으면 좋겠다**
need extra pickled radishes
기본적으로 제공되는 것 말고 '추가로 더'라는 건 extra로 표현해요. 그리고 우리가 치킨 무 라고 부르는 건 '절임 무' 즉, pickled radishes라고 합니다.

SPEAKING PATTERNS

016

내 ~ 좀 맡아줄래?
Can you save a ~?

내 자리 좀 맡아줄래?
Can you save a spot for me?

내 자리(좌석) 좀 맡아줄래?
Can you save a seat for me?

저희 캠핑 자리 좀 맡아주실래요?
Can you save a camping spot?

어떤 것을 내 대신 좀 맡아 달라, 봐달라, 지켜달라고 할 때 이 패턴을 써보세요.

017

나 ~하는 게 좋겠어.
I'd better ~.

난 그만 먹는 게 좋겠다.
I'd better slow down.

난 지금 가는 게 좋겠다.
I'd better go now.

이거 다시 해야 할 것 같아.
I'd better do it again.

내가 어떻게 하는 게 좋겠다는 생각이 들 때 이 패턴을 써보세요.

018

~를 주문하려고 하는데요.
I'd like to order some/a ~.

후라이드 치킨 좀 포장해가려고요.
I'd like to order some fried chicken to go, please.

초밥이랑 볶음밥 주문하려고요.
I'd like to order some sushi and fried rice.

하와이언 피자 포장해주세요.
I'd like to order a Hawaiian pizza to go.

식당이나 카페 등에서 음식을 주문할 때 이 패턴을 써보세요. 포장 주문을 할 때 to go를 붙여 I'd like to order ~ to go.라고 표현합니다.

Which one would you like?
would you like의 뜻은?

Q

Which one would you like?의 정확한 뜻이, '무엇을 좋아한다'는 말인가요?

A

네, Which one would you like?에서 would you like는 want to와 같은 뜻이예요. 좋아한다는 거죠. 그런데, 음식을 주문할 때, 〈I'd like + 무엇〉, 혹은 〈I'll have + 무엇〉이라고 하거든요. 그래서 Which one would you like?는 '어떤 음식을 좋아하세요?'라기보다는 '어떤 것을 드시겠느냐?, 무엇을 주문하겠느냐?'를 묻는 말이예요.

그 식당, 예전 같지 않아요.
That restaurant isn't as good as it used to be.

어떤 식당이나 장소 등이 예전만 못하다고 할 때 ~ isn't as good as it used to be.라고 해요. '어떤 커피숍이 전에는 참 괜찮았었는데 요즘은 별로다.'라고 한다면 That coffee shop isn't as good as it used to be.라고 할 수 있죠.

식당의 음식맛이 지금은 별로라면

A '더 키친'이라는 식당에 갈래?

B 아니. 그 식당, 예전 같지가 않거든.

A Do you want to go to The Kitchen?

B I don't think so. **That restaurant isn't as good as it used to be.**

잘 가던 커피숍이 지금은 별로일 때

A 왜 그 커피숍에 가자고 안 했어?

B 거기가 전처럼 맛이 없어서.

A How come you didn't go to that coffee shop?

B Because **that coffee shop isn't as good as it used to be.**

UNIT 07 상대방이 싫다는 건 하지 말기

알코올 들어간 스킨로션은 안 써 / 커피 말고 차 / 향수를 뒤집어쓴 거야?

TRY IT IN ENGLISH

누군가를 만나다 보면 상대방이 싫어하는 게 뭔지 알게 되죠? 상대방이 싫다는 건 하지 않으려고 노력하는 상황의 대화문들을 통해 배려를 좀 더 배울 수 있을 겁니다.

강의 07

판매원	다른 거 뭐 필요하세요?
엘렌	아, 남편이 쓸 스킨로션도 필요해요.
판매원	남성용 스킨로션은… 이쪽으로 오세요.
엘렌	(하나의 냄새를 맡으며) 흐음… 이건 향이 너무 강하네요. 그리고 제 남편은 알코올이 들어간 스킨로션을 쓰면, 뭐가 나요.
판매원	향이 더 약한 스킨로션을 찾아보죠.
엘렌	저거 발라볼게요. (샘플의 향을 맡아보고) 네, 이걸로 할게요.

SITUATION 1   알코올 들어간 스킨로션은 안 써

남편을 위해 알코올이 들어가지 않은 스킨로션을 고르고 있는 상황입니다. 우리말 대화를 보고 영어로 생각해본 다음에 영어 대화문을 보세요.

음원 07-1

Clerk	Do you need anything else?
Ellen	Oh, I **need a toner** for my husband, too.
Clerk	Toners for men are… Let's go over there.
Ellen	*(smelling one toner)*
	Hmm… this scent is too strong.
	And if my husband uses **a toner that contains alcohol**, he breaks out.
Clerk	**019** Let's find **a toner** with **a lighter scent**.
Ellen	I'll try that one.
	(after trying the tester)
	Yes, I'll take it.

CHAPTER 1

VOCABULARY

toner 우리가 스킨로션이라고 부르는 것, 토너   **scent** 향   **contain** 포함하다, ~가 들어 있다
break out (얼굴 등에) 뭐가 나다

KEY EXPRESSIONS

1 **스킨로션이 필요하다**
need a toner
우리는 스킨로션을 스킨이라고 줄여서 말하는데요, 영어로는 skin lotion, skin이라고 하지 않습니다. '스킨로션'은 a toner라고 하고, '로션'은 a lotion 혹은 a moisturizer라고 하죠.

2 **알코올 성분이 들어 있는 스킨로션**
a toner that contains alcohol
스킨로션에 어떤 성분이 들어 있을 때, 〈a toner that contains + 무엇〉이라고 해요. 알코올 성분이 들어 있으면 a toner that contains alcohol, 알로에 베라가 들어 있으면 a toner that contains aloe vera라고 하죠.

3 **향이 은은한 스킨로션**
a toner with a lighter scent
성분이나 향이 어떤 무엇이라고 할 때 with를 쓸 수 있는데요, '스킨로션의 향이 좀 더 약한 것, 은은한 것'이라고 할 때 a toner with a lighter scent라고 해요. '향이 들어 있는 무엇'이라고 할 때는 〈a scented + 무엇〉이라고 합니다.

음원 **07-2**

아내는 커피를 좋아하고 남편은 차를 좋아하는 상황의 대화입니다. 우리말 대화를 보고 영어로 생각해본 다음에 영어 대화문을 보세요.

에밀리	잘 잤어? 커피 마실래?
프레드	아니, 나 커피 끊은 거 알잖아.
에밀리	아… 맞다. 그럼 내가 차 끓여줄게.
	아침은 뭐 먹고 싶어?
	시리얼이랑 우유?
	아니면 밥이랑 국?
프레드	난 아무것도 안 먹고 싶어, 고마워. 입맛이 없네.

Emily	Good morning.

020 Care for some coffee?

Fred	No, you know that I quit drinking coffee.
Emily	Aww… right. Then I'll make some tea for you.
	What do you want for breakfast?
	Cereal with milk? Or rice and soup?
Fred	I don't feel like eating anything, thank you.
	I don't have an appetite.

VOCABULARY

quit 끊다 appetite 식욕, 입맛

KEY EXPRESSIONS

1 **커피를 끊다 quit drinking coffee**

'담배를 끊다, 커피를 끊다, 카페인 음료를 끊다'와 같이 말할 때 quit을 쓰는데요, '커피를 끊는다'는 건 커피를 마시는 걸 안 하는 거니까 quit drinking coffee라고 해요. 완전히 끊는 건 아니고 '줄인다'고 할 때는 cut down on을 씁니다.

2 **뭔가를 먹고 싶다**
feel like eating anything

feel like 뒤에 ~ing를 쓰면 '그것을 하고 싶은 기분이 들다'라는 뜻이예요. 〈feel like eating + 무엇〉이라고 하면 '무엇을 먹고 싶다'라는 말이 되죠.

3 **입맛이 돈다, 식욕이 있다**
have an appetite

'식욕, 입맛'은 영어로 appetite라고 해요. 입맛이 돌고 식욕이 있으면 have an appetite 라고 하고, 식욕이 없으면 don't/doesn't have an appetite라고 하죠.

SITUATION 3 향수를 뒤집어쓴 거야?

데이트를 하는데 남자 친구가 너무 향이 강한 향수를 잔뜩 뿌리고 나온 상황입니다. 우리말 대화를 보고 영어로 생각해본 다음에 영어 대화문을 보세요.

음원 07-3

멜리사	아, 래리, 너 혹시 향수 뿌렸니?
래리	응, 마음에 들어?
	이번에 새로 샀는데.
멜리사	솔직히 말하면, 난 너무 강한 향은 별로야.
래리	이크… 미안. 머리 아파?
멜리사	별로. 근데 난 향이 강하지 않은 옅은 향수를 더 좋아해.
래리	알았어. 이제 네 앞에서 강한 향수는 자제할게.

Mellisa	Oh, Larry, are you wearing cologne?
Larry	Yes, do you like it? I got a new one.
Mellisa	To be honest with you, I don't like cologne that is too strong.
Larry	Aww… sorry. **021** **Does it give you** a headache?
Mellisa	Not really.
	But I prefer subtle cologne that's light.
Larry	Okay. I'm not going to wear this one around you anymore.

VOCABULARY

honest 솔직한   **headache** 두통   **prefer** 더 좋아하다   **subtle** 은은한

KEY EXPRESSIONS

1 **향이 너무 강한 향수**
cologne that is too strong
cologne은 향수의 일종이죠. 그리고 향이 강하다고 할 때는 strong을 쓰고, 향이 은은할 때는 light, subtle, not too strong 등으로 표현해요.

2 **누구에게 두통이 생기게 하다**
give + 누구 + a headache
'뭔가가 누구에게 어떤 영향을 미친다'고 할 때 give 누구 뒤에 그 사람에게 주는 영향을 가리키는 말을 씁니다. '두통, 복통, 치통' 등 통증을 가리키는 단어 앞에는 a를 쓰세요.

3 **향이 가벼운 향수**
subtle cologne that's light
'향수의 향이 은은하고 가볍다'고 할 때 subtle cologne that's light라고 해요. subtle이나 light는 strong의 반대되는 의미죠.

SPEAKING PATTERNS

핵심 패턴 019

…가 들어 있는 ~를 찾아보자.

Let's find ~ with …

향이 더 은은한 스킨로션을 찾아보자.
Let's find a toner **with** a lighter scent.

귀여운 레이스가 달린 모자를 찾아보자.
Let's find a hat **with** cute lace.

핑크색 신발끈이 달린 운동화를 찾아보자.
Let's find sneakers **with** pink shoe laces.

어떤 성분이나 향이 있는 무언가를 찾아보자고 할 때 이 패턴을 써보세요.

핵심 패턴 020

~ 좀 먹을래? / ~ 좀 마실래?

Care for some ~?

차 좀 마실래?
Care for some tea?

허브티 좀 마실래?
Care for some herb tea?

아이스커피 마실래?
Care for some iced coffee?

먹을 것이나 마실 것을 권할 때 이 패턴을 써보세요.

핵심 패턴 021

그게 널 ~하게 만들어?

Does it give you ~?

그것 때문에 머리 아파?
Does it give you a headache?

그게 스트레스를 많이 주니?
Does it give you lots of stress?

그럼 기분이 금방 좋아져?
Does it give you an instant mood lift?

어떤 것이 상대방에게 두통, 스트레스, 안도감, 평화로움 등을 주느냐고 물을 때 이 패턴을 써보세요.

feel, like, rice
발음이 어려워요.

Q

feel은 -l로 끝나고 like는 l-로 시작하는데요, 각각 발음을 어떻게 하는 건지 모르겠어요. 우리말의 /ㄹ/ 소리는 아닌 것 같고요. 그리고 rice처럼 r-로 시작하는 단어의 발음도 어려워요.

A

네, 먼저, l 소리를 낼 때는 혀끝을 입천장 앞부분에 댔다가 떼면 돼요. 그런데 feel처럼 단어의 끝에 -l이 있을 때는 혀끝을 입천장에 댄 채로 발음을 마무리하죠. 이때 혀끝이 입천장으로 올라가면서 약간의 /어/와 같은 소리가 납니다. 그래서 feel은 /피얼/처럼 발음하시면 돼요. 그리고 like를 소리낼 때는 먼저 혀끝을 입천장에 댄 상태에서 /(을)라이크/처럼 소리 내세요. rice처럼 r-로 시작하는 단어는 /우/의 입모양에서 입을 벌리면서 발음합니다. /롸이스/처럼요.

나, 그럴 기분이 아니야.
I'm not in the mood for that.

먹을 것이든 놀이든 운동이든 어떤 활동이든, '별로 그걸 할 기분이 아니다, 지금은 별로 그러고 싶지 않다'고 할 때 쓸 수 있는 좋은 문장이 바로 **I'm not in the mood for that.**입니다.

저녁에 피자를 먹자는 말에

A   저녁에 피자 먹을까?
B   별로 먹고 싶지 않은데.

A   Want some pizza for dinner?
B   **I'm not really in the mood for that.**

조깅하러 가자는 친구에게

A   지금 조깅하러 갈래?
B   그러고 싶지 않은데.

A   Want to go for a jog right now?
B   **I'm not in the mood for that.**

UNIT 08

서로 도와주기,
육아는 함께 힘을 합쳐서

아기 깨지 않게 조심조심 / 이거 가면서 먹어 / 강아지? 내가 봐줄게

**TRY IT IN
ENGLISH**

서로 힘을 합하고 상대방을 생각해주면서 가족을 챙기는 다양한 대화문들을 익히면서 여러분의 소중한 가족도 더 돌아보세요.

강의 **08**

피오나　여보, 빨리 옷 입어.
　　　　내가 토스트 구워줄게.

짐　　　알았어, 빨리 하자고! 나 지각하면 안 되거든!

피오나　조용히 좀 해! 애들 다 깨우겠다!

짐　　　내가 바빠서 그래.

피오나　그만 좀 시끄럽게 하라고!
　　　　옷 입고 조용히 나가.

아이들이 깨지 않게 조심하며 출근 준비를 하는 바쁜 아침의 흔한 상황입니다. 우리말 대화를 보고 영어로 생각해본 다음에 영어 대화문을 보세요.

음원 **08-1**

CHAPTER 1

Fiona	Honey, **hurry up and get dressed**.
	I'll toast a bagel for you.
Jim	Okay, let's move! I can't be late!
Fiona	Keep it down! `022` You're going to wake the kids!
Jim	I'm in a rush.
Fiona	Stop being so noisy!
	Just **get dressed and leave quietly**.

VOCABULARY

move 움직이다   **late** 늦은, 지각인   **wake** 깨우다   **rush** 바쁨, 서두름   **quietly** 조용히

KEY EXPRESSIONS

1   서둘러서 옷을 입다
hurry up and get dressed
'빨리해! 서둘러! 시간 없어!'라고 할 때 쓰는 말이 Hurry up!입니다. 그리고 '옷을 입힌다'는 게 dress이고, '누가 옷을 입는다'는 말은 get dressed라고 해요. '빨리 옷 입어!'를 Hurry up and get dressed.라고 하면 되죠.

2   아이들을 깨우다
wake the kids
'일어나!'라고 할 때 Get up! Wake up!이라고 하죠? '누구를 깨운다'는 말은 wake 혹은 〈wake up + 누구〉라고 해요. 그래서 '아이들을 깨운다'는 건 wake the kids 혹은 wake up the kids라고 할 수 있어요.

3   옷 입고 조용히 나가다
get dressed and leave quietly
'옷 입어!'라는 말은 Get dressed!라고 해요. 그리고 이 상황에서처럼 아이들이 깨지 않게 '조용히 방에서 혹은 집에서 나가라'고 할 때 leave quietly라고 해요. '집에서 나간다'는 건 leave home이라고도 하니까, leave home quietly라고도 할 수 있죠.

바쁜 아침에 남편과 아내가 서로를 챙겨주는 상황입니다. 우리말 대화를 보고 영어로 생각해본 다음에 영어 대화문을 보세요.

음원 08-2

바이올렛　됐다. 난 갈 준비 됐어.
마이크　여기 샌드위치. 출근하면서 가는 길에 먹어.
바이올렛　고마워, 여보, 당신이 최고야!
마이크　오늘 저녁에 몇 시에 와?
바이올렛　나 7시면 올 거야. 저녁 같이 먹자.
마이크　좋아. 기다리고 있을게.
바이올렛　알겠어, 여보. 이따 봐.

Violet　Alright. I'm ready to go.
Mike　Here is your sandwich. Eat it on your way to work.
Violet　Thanks hon, you're the best!
Mike　What time will you be home tonight?
Violet　I'll be home by 7. Let's have dinner together.
Mike　Great. **023** We'll be waiting for you.
Violet　Okay, hon. See you later.

VOCABULARY

ready 준비가 된　**hon** 배우자를 부르는 애칭(honey의 줄인 말)
be home 집에 오다. 집에 도착하다　**tonight** 오늘 저녁에

KEY EXPRESSIONS

1　출근 길에, 출근하면서
on one's way to work
'어디 가는 길에'라는 말은 on one's way to ~라고 말해요. on the way to ~라고 할 수도 있습니다. '출근길에'는 on one's/the way to work, '등교길에'는 on one's/the way to school이라고 해요.

2　7시까지 집에 오다
be home by 7
'오늘 집에 몇 시에 와?'라고 말할 때처럼 '집에 오다'는 영어로 be home이라고 해요. By 뒤에 시간을 쓰면 그 시간까지 도착한다는 말이죠.

3　저녁을 같이 먹다
have dinner together
'저녁을 먹는다'는 말은 have dinner, eat dinner 또는 get dinner라고도 합니다. '우리 언제 저녁 같이 먹자'고 할 때는 Let's get dinner sometime.이라고 하면 돼요.

가족 여행을 가 있는 동안 강아지를 좀 봐달라고 친구에게 부탁하는 상황입니다. 우리말 대화를 보고 영어로 생각해본 다음에 영어 대화문을 보세요.

음원 08-3

토드	어서와, 무슨 일이야?
신디	내 여동생이 곧 봄 방학을 하거든.
	그래서 여행을 가기로 했어, 그래서…
토드	아, 강아지를 봐달라고?
신디	응, 맞아. 봐줄 수 있어?
토드	그럼 내가 봐줘야지! 내가 강아지를 얼마나 좋아하는지 알잖아.
	내가 너네 강아지 아주 잘 봐줄게, 약속해.

CHAPTER 1

Todd	Hey, what's up?
Cindy	My little sister **has her spring break soon.**
	And we're planning to go on a trip. So…
Todd	Oh, you want me to take care of your dog?
Cindy	Yes, that's right. Can you?
Todd	I'd be **happy to help**! You know I'm a dog person.

024   I promise you I'll **take good care of your dog.**

VOCABULARY

spring break 봄 방학   **a dog person** 강아지를 좋아하는 사람   **promise** 약속하다

KEY EXPRESSIONS

1 **곧 봄 방학을 하다**
have/has one's spring break soon
'누구에게 봄 방학이 곧 다가온다'고 할 때 영어로 have/has를 써서 말할 수 있어요. I have my spring break soon.처럼요. Spring break is coming up.이라고도 하죠.

2 **기꺼이 돕다**
happy to help
'남을 기꺼이 돕는다'고 할 때 영어로 happy to를 아주 자주 씁니다. '그럼, 내가 도와주고 말고!'라고 할 때 I'd be happy to help.라고 하는데 I'd는 I would를 줄인 말이예요.

3 **누구의 강아지를 잘 돌봐주다**
take good care of one's dog
'아이나 강아지, 고양이 등을 봐준다'고 할 때 take care of를 쓸 수 있는데요, '잘 보살피다, 신경 써서 잘 봐주다'라고 할 때 take good care of ∼, take great care of ∼라고 해요.

SPEAKING PATTERNS

너 ~하겠어!
You're going to ~!

애들 깨우겠어!
You're going to wake the kids!

네가 다 망치게 생겼다!
You're going to screw it up!

네가 성공시키겠는데!
You're going to make it successful!

상황을 보니까 상대방이 어떻게 하게 생겼을 때 이 패턴을 써보세요.

우리 ~하고 있을게.
We'll be ~ing.

당신, 기다리고 있을게.
We'll be wait**ing** for you.

우리 뭐 좀 빨리 먹고 있을게.
We'll be eat**ing** something quick.

우리 영화 보고 있을게.
We'll be watch**ing** a movie.

우리가 어떤 것을 하고 있겠다고 할 때 이 패턴을 써보세요.

내가 ~하겠다고 약속할게.
I promise you I'll ~.

내가 네 강아지를 아주 잘 봐줄게.
I promise you I'll take good care of your dog.

내가 온 힘을 다하겠다고 약속할게.
I promise you I'll give it my all.

내가 약속하는데, 가능한 한 일찍 도착할게.
I promise you I'll get there as early as possible.

상대방에게 내가 어떻게 하겠다고 약속한다고 할 때 이 패턴을 써보세요.

Stop being so noisy!
여기서 be는 무슨 뜻이죠?

Q

Stop being so noisy!에서 be는 무슨 뜻이 죠?

A

Stop being so noisy!에서 be는 '어떻게 굴 다' 즉, '뒤에 나오는 형용사처럼 굴다, noisy 하게 시끄럽게 굴다, 행동하다'라는 뜻이예 요. '넌 왜 그렇게 시끄럽게 그러니?'라고 하 면 Why are you being so noisy?라고 할 수 있어요. Why are you so noisy?(너 왜 그렇게 시끄럽니?)와는 살짝 다른 느낌이죠.

CHAPTER 1

지금 뭐 하고 있는 거 있어?
Are you doing anything right now?

상대방에게 어떤 것을 하라고 하거나 하자고 하고는 싶은데, 상대방의 지금 상황을 모르니까, 혹 시 지금 다른 거 뭐 하던 중이었는지 물을 수 있겠죠? '지금 뭐 하던 중이었어?'라는 의미로 Are you doing anything right now?라고 해보세요.

TV에서 뭘 좀 보라고 할 때

A 아담, 너 지금 뭐 하고 있는 거 있어? TV 켜봐!
B 왜? 무슨 일 생겼어?

A Adam, **are you doing anything right now?** Turn on the TV!
B Why? Did something happen?

지금 만나자고 할 때

A 너 지금 뭐 하고 있는 거 있어? 우리 만나자!
B 아, 미안해. 나 지금 회의 중이야.

A **Are you doing anything right now?** Let's meet up!
B Oh, sorry. I'm in the middle of a meeting.

그래도 예쁘다, 내 가족이니까

사랑하니까 돈은 드네…;; / 용돈, 아껴 써라 / 닮아도, 안 닮아도 사랑스러워

TRY IT IN ENGLISH

사랑하는 사람, 가족, 친구들을 챙기려면 돈, 시간, 관심, 애정 등등이 다 필요하죠. 사랑이 듬뿍 담긴 대화문들을 익히면서 여러분이 사랑하는 사람들을 떠올려보세요.

강의 **09**

캐시 톰, 너 오늘 집안일을 네가 다 하는 거니?
     이리 와서 뭐가 필요한지 말해봐.

톰   엄마, 저 봄 옷 좀 사러 가야 해요.

캐시 돈은 어디서 나는데?

톰   그거야 엄마가 주시겠죠.

캐시 엄마한테 머리 쓰지 말아라.

톰   진정하세요, 엄마. 아울렛에 가겠다는 거지,
     비싼 백화점에 가려는 게 아니에요.

아들이 엄마한테 옷 살 돈이 필요하다고 하는 상황입니다. 우리말 대화를 보고 영어로 생각해본
다음에 영어 대화문을 보세요.

음원 **09-1**

CHAPTER 1

Cathy	Tom, why are you doing all the house chores today? Come and tell me what you want.
Tom	Mom, I need to go shopping for spring clothes.
Cathy	Where are you going to get the money?
Tom	**025** That's where you come in, Mom.
Cathy	Don't get smart with me.
Tom	Relax Mom. I'll just go to an outlet, not a fancy department store.

VOCABULARY

clothes 옷   **smart** 똑똑한, 머리를 쓰는   **relax** 진정하다   **outlet** 아울렛
fancy 화려한, 고급의   **department store** 백화점

KEY EXPRESSIONS

1 **집안일을 다 하다**
do (all) the house chores
청소, 빨래 등 '집안일'을 영어로 house chores라고 해요. '집안일을 하다'라는 말은 do the
house chores라고 하고, '그 많은 집안일을 다 하다'라는 느낌으로는 do all the house
chores라고 합니다.

2 **봄 옷을 사러 가다**
go shopping for spring clothes
'무엇을 사러 간다'는 말은 〈go shopping for + 무엇〉이라고 하죠. 그리고 뭔가가 꼭 필요
해서 사러 가는 것보다는 그냥 '기분 전환으로 뭔가 사러 간다'고 할 때는 go shopping for
fun이라고 해요.

3 **누구를 상대로 머리를 쓰다**
get smart with + 누구
smart는 '머리 좋고, 똑똑한' 것을 가리키는데요, '누구를 상대로 머리를 쓴다'는 말을 〈get
smart with + 누구〉라고 해요. '우리 애가 이제 저한테 머리를 쓰려고 하더라고요'는 My
kid is trying to get smart with me.라고 합니다.

엄마가 아이에게 용돈을 아껴 쓰라고 하면서 돈을 주시는 상황입니다. 우리말 대화를 보고 영어로
생각해본 다음에 영어 대화문을 보세요.

음원 09-2

리타	그래, 옷을 사는 데 얼마가 필요하다는 거니?
밥	저 아시죠, 엄마. 그냥 10만 원만 있으면 돼요.
리타	10만 원!? 그렇게 많이.
밥	왜 그러세요, 엄마.
	요새 싼 게 없잖아요.
리타	뭐가 필요한데?
밥	봄에 입을 셔츠랑 청바지가 필요해요.

Rita So **how much are you saying you need** for clothes shopping?

Bob You know me, Mom. **026** **All I need is** 100,000 won.

Rita 100,000 won!? That's **a lot of money**.

Bob Come on, Mom.
Nothing is cheap these days.

Rita What do you need?

Bob I need **some shirts and jeans for spring**.

VOCABULARY

clothes shopping 옷 사러 가는 것   **a lot of ~** 많은 ~   **cheap** 싼   **jeans** 청바지

KEY EXPRESSIONS

1 **얼마가 필요하다고 말하는 건지**
how much are you saying you need
상대방에게 얼마가 필요한지 물을 때는 How much do you need?라고 하죠. 그런데, '지
금 얼마가 필요하다는 건데?'라는 느낌으로는, How much are you saying you need?라
고 해요. How much 뒤에 are you saying을 넣고 그 뒤에 주어, 동사의 순서로 말하는 거
죠.

2 **많은 돈 a lot of money**
'많은 돈'은 영어로 a lot of money, lots of money, 또는 much money라고 하죠.

3 **봄에 입을 셔츠와 청바지**
some shirts and jeans for spring
언제 입을 옷, 어떤 행사 때 신을 신발, 어떤 모임에서 쓸 모자 등을 가리킬 때 for를 써요.
봄에 입을 거면 for spring, 할로윈 파티 때 신을 거면 for Halloween party라고 하죠.

음원 **09-3**

서로 누구를 닮았는지 말하면서 부모님 사진을 보며 비교하는 상황입니다. 우리말 대화를 보고 영어로 생각해본 다음에 영어 대화문을 보세요.

매트	넌 누구 닮은 것 같아?
글로리아	친구들은 내가 엄마 닮았대.
	엄마 외모를 닮긴 했는데, 성격은 아빠 닮은 것 같아.
	너는?
매트	잘 모르겠어. 난 엄마 아빠를 둘 다 닮은 것 같아.
글로리아	전화기에 부모님 사진 있어?
매트	그럼. 잠깐만.

CHAPTER 1

Matt Who do you think you take after?

Gloria My friends tell me that I **take after my mother**.
I **have her physical features**,
but **027** I think my personality is similar to my dad's.
How about you?

Matt I'm not sure. I **have features of both my parents**, I guess.

Gloria Do you have their photos on your phone?

Matt Sure. Wait a sec.

VOCABULARY

take after 닮다 **features** 성격, 기질, 특징 **personality** 성격 **a sec** 잠깐

KEY EXPRESSIONS

1 **우리 엄마를 닮다 take after my mother**

'누구를 닮았다, 어떤 것처럼 생겼다'라고 할 때 take after를 써요. '넌 누구 닮았니?'는 Who do you take after?라고 하고, '난 누굴 닮았는지 모르겠어'는 I don't know who I take after.라고 해요.

2 **어떤 사람의 신체적인 특징을 가지고 있다**
have one's physical features

누구를 닮았다고 할 때 '외모, 특징, 기질, 성격' 등을 영어로 feature라고 하는데요, 성격이나 기질 말고 보이는 특징, 키나 생김새 등 '신체적인 특징'을 영어로 physical feature라고 해요.

3 **우리 부모님 두 분의 특성을 둘 다 가지고 있다**
have features of both my parents

부모님 두 분의 특징을 다 닮았다고 할 때 '부모님 두 분'을 영어로 both my parents라고 합니다.

핵심 패턴 025

거기가 바로 ~하는 데잖아.
That's where ~.

엄마가 주시겠죠.
That's where you come in, Mom.

네가 거기서 태어났단다.
That's where you were born.

거기가 바로 우리가 10년 전에 처음 만났던 곳이야.
That's where we first met 10 years ago.

'거기가, 그곳이 바로 누가 뭐뭐한 곳이다'라고 할 때 이 패턴을 써보세요.

핵심 패턴 026

저는 ~만 있으면 돼요.
All I need is ~.

저는 10만 원만 있으면 돼요.
All I need is 100,000 won.

저는 이 책이랑 검은 색 펜 하나만 있으면 돼요.
All I need is this book and a black pen.

나한테 필요한 건 좀 더 많은 자유라고요.
All I need is more freedom.

다른 건 필요 없고 딱 어떤 것만 있으면 된다고 할 때 이 패턴을 써보세요.

핵심 패턴 027

난 ~가 …를 닮은 것 같아.
I think ~ is similar to ...

난 내 성격이 아빠의 성격이랑 비슷한 것 같아.
I think my personality **is similar to** my dad's.

이 그림, 반고흐의 그림들이랑 비슷한 것 같은데.
I think this painting **is similar to** Van Gogh's paintings.

네 목소리, 남동생이랑 비슷한 것 같아.
I think your voice **is similar to** your brother's.

누군가가 다른 누구랑 혹은 무언가가 다른 어떤 거랑 비슷해 보일 때 이 패턴을 써보세요.

CHAPTER 1

Nothing is cheap these days.

th-와 d-를 같은 소리처럼 발음해도 되나요?

Q

Nothing is cheap these days.를 빨리 말하려고 하니까요, these의 th- 소리와 days의 d- 소리를 똑같이 내게 되는데, 그래도 되나요?

A

안 됩니다. these를 발음할 때 th-를 소리 낼 때는 혀끝을 살짝 윗니와 아랫니 사이로 내민 상태에서 당기면서 발음해야 해요. 그리고 days를 발음할 때 d- 소리는 혀끝을 입천장에 댄 상태에서 떼면서 발음하고요. th-와 d-는 완전히 다른 자음이고 완전히 다른 소리가 납니다.

내가 낼게. / 제가 알아서 할게요.
I'll take care of it.

데이트를 하거나, 일행과 식사를 하고 나오면서, '계산을 내가 하겠다'는 말을 buy를 쓰지 않고 할 수 있는데요, 일상 생활에서 많이 쓸 수 있는 이 말, '내가 낼게.'라는 말을 영어로 I'll take care of it.이라고 해요.

돈을 내겠다고 할 때

A 계산은 어떻게 하시겠습니까?
B 저 주세요. 제가 낼게요.

A How would you like the bill?
B Give it to me. **I'll take care of it.**

뒷수습을 하겠다고 할 때

A 사고였어요. 댁의 아들이 깨려고 그랬던 게 아니고요.
B 걱정 마세요. 제가 처리하겠습니다.

A It was an accident. Your son didn't mean to break it.
B Don't worry. **I'll take care of it.**

UNIT 10

내가 양보할게

그럼 가는 길에 내려줄게 / 내가 데리러 갈게 / 일은 많지만 당신이 먼저

TRY IT IN ENGLISH
아끼고 사랑하는 사람을 위해서 양보하고 배려하는 대화문들을 익히면서 양보와 배려, 마음 씀씀이에 대해 생각해보세요.

강의 **10**

바이올렛 나 이번 주말에 엄마 댁에 다녀오려고.

프레드 그래? 근데 나 주말에도 회사 가봐야 하는데.

바이올렛 걱정 마. 나 혼자 다녀올게.

회사 가는 길에 나 좀 내려줄 수 있어?

프레드 그럼. 아니면 내가 차를 두고 버스 타고 회사 가도 돼.

바이올렛 그럴래? 고마워.

그럼 내가 엄마를 근처에 있는 맛집에 모시고 가야겠다.

그럼 가는 길에 내려줄게

주말에 아내한테 차가 필요해 보여서 남편이 차를 두고 버스를 타고 가겠다고 하는 상황입니다.
우리말 대화를 보고 영어로 생각해본 다음에 영어 대화문을 보세요.

음원 **10-1**

Violet	I'm going to visit my mom this weekend.
Fred	Really? But I have to go in to work on the weekend.
Violet	No worries. Let me visit her alone.

028 Can you drop me off on your way?

Fred	Sure. Or I can leave the car and take a bus to work.
Violet	Will you? Thanks.
	Then I'll take my mom to a nearby fancy restaurant.

VOCABULARY

visit 찾아가보다, 찾아 뵙다　**this weekend** 이번 주말에　**leave** 어디에 뭔가를 두고 가다
nearby 근처에 있는

KEY EXPRESSIONS

1 **회사에 출근하다, 일하러 가다**
go in to work

우리말로 할 때 '나 회사에 들어가봐야 해'라는 말을 하죠? 여기에 딱 맞는 표현이 go in to
work, 혹은 come in to work예요.

2 **가는 길에 누구를 내려주다**
drop + 누구 + off on your way

drop off는 뭔가를 떨어뜨린다는 느낌이죠? 우리말로도, '나 거기 좀 떨어뜨려줘'라고 하기
도 하는데, 영어로도 생각을 비슷하게 하는 것 같아요. on your way는 '가는 길에, 가다가'
라는 뜻이고요.

3 **차를 두고 버스를 타다**
leave the car and take a bus

leave와 put의 차이를 아세요? put은 '뭔가를 어디에 두다'라는 뜻으로, 그야말로 어떤 것
을 두는 동작에만 집중하는 뜻인 반면에, leave는 '뭔가를 어디에 두고 간다'는 의미예요.

아이가 몇 시에 끝나는지 확인하고, 퇴근을 일찍해서 데리러 가겠다고 하는 상황입니다.
우리말 대화를 보고 영어로 생각해본 다음에 영어 대화문을 보세요.

음원 **10-2**

(전화로)

신디　어, 여보, 무슨 일이야?

해리　바비 학교에 있나?

신디　그렇지. 3시에 나올 거야.

해리　그럼 내가 바비를 집에 데리고 갈게.

신디　그럴 수 있어? 오늘 일찍 퇴근하는 거야?

해리　응. 내가 뭐 먹을 거 포장해갈까?

신디　그래, 그래줄래? 쌀 피자 어때?

(on the phone)

Cindy　Hi, honey. What's up?

Harry　Is Bobby at school?

Cindy　Sure. He gets out at 3.

Harry　Then let me take him home.

Cindy　Can you? Do you leave work early today?

Harry　Yes. Do you want me to get some takeout food?

Cindy　Yeah, 029 would you do that? How about rice-crust pizza?

■■■　**VOCABULARY**

at school 학교에, 학교에 있는　　**take** 데리고 가다　　**rice-crust pizza** 쌀 피자

KEY EXPRESSIONS

1　**3시에 나오다　get out at 3**

'회사에서 몇 시에 나오다, 학교에서 몇 시에 나오다'처럼 말할 때 영어로 get out을 써요. 그대로 직역해도 '나오다'라는 뜻이죠? '나 오늘 5시쯤에 나와'라는 말은 I get out at about 5 today.라고 할 수 있어요.

2　**일찍 퇴근하다　leave work early**

'퇴근한다'는 말은 여러 가지 표현이 있어요. leave work, finish work 혹은 get off work 라고도 하죠. '일찍 퇴근한다'는 말은 leave work early라고 하고, '저 오늘 좀 일찍 퇴근해도 되나요?'라는 말은 May/Can I leave work early today?라고 합니다.

3　**치킨을 포장해오다　get some takeout food**

매장에서 먹지 않고 음식을 포장해간다고 할 때 to go나 takeout을 쓸 수 있는데요, 포장해간다고 할 때 takeout을 동사로는 쓰지 않아요. takeout food, for takeout처럼만 쓰죠.

SITUATION 3 일은 많지만 당신이 먼저

친한 동료에게 맛있는 저녁을 사려고 하는 상황입니다. 우리말 대화를 보고 영어로 생각해본 다음에 영어 대화문을 보세요.

음원 10-3

글로리아	브래드, 오늘 저녁에 약속 있어요?
브래드	실은, 오늘 야근을 해야 할 것 같아요. 왜요?
글로리아	그렇군요. 내가 맛있는 저녁 사려고 했거든요.
	매일 아침에 회사에 데려다주셔서요. 그래서…
브래드	아, 그럼 좋아요.
	우리 저녁 먹으러 가요.
글로리아	일은 어쩌고요?
브래드	나중에 해도 될 것 같아요.

Gloria Brad, do you **have any plans tonight**?

Brad Actually, I'm afraid I **need to work overtime**. Why?

Gloria I see. **030** I wanted to treat you to a nice dinner.
You **take me to work every morning**, so...

Brad Oh, then okay.
Let's go for dinner.

Gloria What about your work?

Brad I think that can wait.

VOCABULARY

plans 계획, 일정, 약속 **tonight** 오늘 저녁에

KEY EXPRESSIONS

1 **오늘 저녁에 약속이 있다** **have any plans tonight**
우리말로 '약속이 있어'라고 할 때 '약속'은 영어로 plans라고 해요. '나 오늘 선약이 있어서'는 I have plans tonight.이라고 하고, '너 주말에 약속 있어?'는 Do you have plans for /on the weekend?라고 해요.

2 **야근을 해야 하다** **need to work overtime**
'야근을 한다'는 말은 work overtime이라고 해요. '나 오늘 야근이야'는 I need to work overtime.이라고 하고, '당신 또 야근이야?'는 Do you need to work overtime again?이라고 해요.

3 **매일 아침에 출근을 시켜주다, 회사까지 데려다주다**
take + 누구 + to work every morning
'누구를 어디로 데려다준다'는 말은 〈take + 누구 + to + 어디〉라고 해요. 그런데 '집에 데려다준다'고 할 때는 home 앞에 to를 붙이지 않고 〈take + 누구 + home〉이라고 하죠.

핵심 패턴 028

나 좀 내려줄 수 있어?
Can you drop me off ~?

가다가 나 좀 내려줄 수 있어?
Can you drop me off on your way?

주엽역에서 좀 내려줄래?
Can you drop me off at Juyeop station?

나, 제일 가까운 지하철역에 좀 내려줄래?
Can you drop me off at the nearest subway station?

상대방에게, 상대방의 차로 같이 가다가 어딘가에 내려 달라고 할 때 이 패턴을 써 보세요.

핵심 패턴 029

~하실래요?
Would you ~?

그럴래요?
Would you do that?

이 일, 하실래요?
Would you take this job?

나 기다릴래?
Would you wait for me?

상대방에게 공손하게, 혹은 부드럽게, 어떤 것을 하겠느냐고 물을 때 이 패턴을 써 보세요.

핵심 패턴 030

제가 ~를 사드리고 싶어요.
I want to treat you to ~.

제가 맛있는 저녁 사드리고 싶어서요.
I want to treat you to a nice dinner.

제가 근사한 브런치를 사드리고 싶어서요.
I want to treat you to a fancy brunch.

내가 너, 닭 칼국수 사주고 싶은데.
I want to treat you to chicken noodle soup.

상대방에게 뭔가를 대접하고 싶다고 할 때 이 패턴을 써보세요.

Do you have any plans tonight?

plans에서 -s는 /스/처럼 소리내나요?

Q

Do you have any plans tonight?에서요 plans의 끝소리 -s는 /스/처럼 소리내는 거 맞나요?

A

아닙니다. plans의 끝소리 -s는 /즈/처럼 /z/로 소리 내셔야 해요. 기본적으로 단어 끝에 붙는 -s는 앞소리가 무성음이면 무성음인 /s/로 소리 나고 앞소리가 유성음이면 -s도 유성음인 /z/로 소리 나요. plans에서 -s 앞에 있는 소리가 n-이죠? 성대가 울리는 소리, 유성음이예요. 그래서 n- 뒤에 있는 -s도 성대가 울리는 유성음인 /z/로 소리나는 거예요. 그러니까 plans는 /플랜즈/처럼 발음하시면 됩니다.

이번이 마지막이야.
This is the last time.

상대방이 같은 걸 자꾸 묻거나, 일을 미루거나 할 때 '이번이 마지막이야'라고 할 수 있을 텐데요. 이 말을 영어로 This is the last time.이라고 합니다.

파스타 만드는 법을 가르쳐주면서

A   이 파스타, 어떻게 만드는지
    다시 한 번 가르쳐줄래?
B   알겠어, 근데 **이번이 마지막이야.**

A   Can you teach me how to cook
    this pasta again?
B   Okay, but **this is the last time.**

마술을 보여주면서

A   그 마술, 다시 한 번 해줄래?
B   그래. 이번이 마지막이다.

A   Can you do the magic trick again!
B   Yes. **This is the last time.**

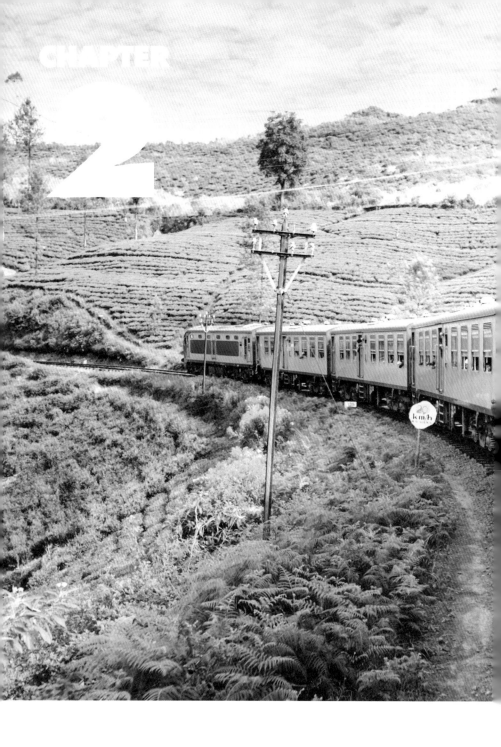

계획·미래·꿈 편

네가 좋으면 그게 최고야

누가 뭐래도 난 이 옷 / 다 비우고 좋은 것들만
/ 다른 데 왜 가? 난 거기가 좋아!

**TRY IT IN
ENGLISH**

남이 뭐라고 하든 내 취향, 내가 하고 싶은 것, 내가 좋아하는 것들이 있죠? 눈치 보지
말고 내 삶을 내가 주도적으로 만들어가는 대화문들을 익히면서 여러분의 세계도 만
들어보세요.

강의 11

바이올렛 스캇, 나 이 자켓 입으니까 어때?

스캇 좋네. 당신은 빈티지한 옷을 좋아하는 것 같아.

바이올렛 사실, 이 자켓, 내가 10년 전에 여행하다가 산 거거든.
유행에 뒤떨어져 보여?

스캇 무슨 상관이야? 그 옷이 당신한테 잘 어울리는데.

바이올렛 고마워. 난 이 절개선과 소재가 마음에 들어.

스캇 아무리 오래돼도, 당신이 마음에 들면, 그게 당신한테
제일 좋은 거야.

'유행이 지났든 말든 나는 이게 좋아'라고 말하는 상황입니다. 우리말 대화를 보고 영어로 생각해
본 다음에 영어 대화문을 보세요.

음원 11-1

Violet	Scott, **031** how do I look in this jacket?
Scott	You look nice. It looks like you're into vintage clothes.
Violet	Actually, I got this jacket while traveling ten years ago. Does it look out of fashion?
Scott	Does it matter? That outfit looks good on you.
Violet	Thanks. I like the cut and the materials.
Scott	No matter how old that is, if you like it, then that's the best one for you.

VOCABULARY

vintage 오래된 느낌의   **outfit** 옷, 의상   **material** 소재, 재료

KEY EXPRESSIONS

1 빈티지, 레트로를 좋아하다
be into vintage clothes
'어떤 것에 빠져 있다, 아주 좋아하고 있다'라고 할 때 be동사 뒤에 into를 써서 말해요. '난
요즘 뽀빠이 바지가 그렇게 좋더라'라는 말은 I'm into overalls these days.라고 하죠.

2 누구에게 잘 어울리다
look good on + 누구
누구에게 어떤 옷이 잘 어울린다는 말은 그 사람이 그것을 입어서 좋아 보인다는 거죠. 옷
이나 모자, 선글라스 등 어떤 것이든 주어 자리에 쓰고, 〈look good on + 누구〉라고 말해
보세요.

3 누구한테 제일 좋은 거
the best one for + 누구
누구에게 제일 잘 어울리는 옷이든, 제일 잘 맞는 일이든, 어떤 것이든 그 사람에게 최고로
좋은 것을 〈the best one for + 누구〉라고 해요. one 말고 다른 명사를 써도 되죠.

너무 많은 것들을 쌓아두고 살지 말고, 좋은 것만 놔두고 나머지는 정리하려고 하는 상황입니다.
우리말 대화를 보고 영어로 생각해본 다음에 영어 대화문을 보세요.

음원 **11-2**

짐	로즈, 우리 집에 있는 잡동사니들 좀 치울까?
로즈	좋지. 나도 그러려던 참이었어. 내가 좋아하는 거나 필요한 걸로만 채우고 싶어.
	근데 다른 걸 버리는 게 쉽지가 않네.
짐	우리 관심사나 취향, 스타일이 바뀌었잖아.
	우리가 가지고 싶은 것에만 집중해보자.
로즈	그리고 나머지는 다 버리고?

Jim　Rose, how about we clear the clutter in this house?

Rose　Sounds good.

I've been meaning to do that.

032 I'd like to surround myself only with things I like
or need.

But it's still not easy to let go of other things.

Jim　Our interests, tastes, and styles have changed.

Let's focus on what you want to keep.

Rose　And then just get rid of the rest?

VOCABULARY

clutter 잡동사니, 이런저런 물건들　**still** 그래도, 아직도　**interest** 관심, 관심사, 흥미
get rid of ~ ~를 치우다, 버리다, 제거하다

KEY EXPRESSIONS

1 내 주변을 내가 좋아하는 것들로만 채우다
surround myself only with things I like
누군가의 주변을 무엇으로 채우는 것, 그것들로 둘러싸여 있게 하는 게 surround예요. '내
주변에 어떤 것들만 두고 싶다'는 건 〈surround myself only with + 무엇〉이라고 하고,
things I like는 '내가 좋아하는 것들'이라는 뜻이죠.

2 다른 것들을 버리는 게 쉽지 않은　### not easy to let go of other things
뭔가를 버린다는 게 〈let go of + 무엇〉입니다. let it go가 우리말로 '다 잊어'라고 해석되
었었죠? not easy(쉽지 않죠) to let go of(버리는 게요) other things(다른 것들을), '다른 것
들을 버리는 게 쉽지 않다' 이렇게 되는 구조의 표현입니다.

3 가지고 있고 싶은 것에만 집중하다　### focus on what you want to keep
〈focus on + 무엇〉은 '무엇에 집중하다, 그것만 신경쓰다'라는 말이고, what you want to
keep은 '당신이 가지고 있고 싶은 것들'이라는 뜻이예요. 그것들만 놔두고 다 버리라는 거죠.

다른 데 왜 가? 난 거기가 좋아!

'나는 모든 여행지 중에서 여기가 최고야'라고 말하는 상황입니다. 우리말 대화를 보고 영어로 생각해본 다음에 영어 대화문을 보세요.

음원 11-3

베티   넌 남미에 여행을 많이 다녔잖아, 그치? 남미를 그렇게 좋아하는 이유가 뭐야?

매트   응, 물론 다른 데도 여행할 곳은 많지.

남미는, 묘사하려면 최상급이 필요해.

제일 높은 곳에 있는 호수, 가장 건조한 사막, 제일 큰 폭포, 이렇게.

베티   알겠다. 느낌이 좀 오려고 해.

매트   그리고 나이가 들면서 거기서 훨씬 더 많은 것들의 가치를 알아보게 되더라고.

Betty   You've been traveling to South America a lot, right?

033 What is it about South America that you like so much?

Matt   Yeah, there are many other places to travel, for sure.

I need superlatives to describe South America.

The highest lakes, the driest desert, and the largest waterfall.

Betty   Got it. I can kind of get a feeling for it.

Matt   And with age I can appreciate even more many of the things there.

CHAPTER 2

VOCABULARY

so much 그렇게 많이, 그렇게나   **describe** 묘사하다   **desert** 사막   **waterfall** 폭포

KEY EXPRESSIONS

1   **여행하러 갈 수 있는 다른 많은 곳들   many other places to travel**

'많은 곳들'은 many other places이고, '여행을 할' 곳이니까 to travel이라고 했는데요, '가볼 곳' to visit, '살아볼 곳' to live 혹은 to live in과 같은 말을 쓸 수도 있죠.

2   **남미를 묘사할 때 최상급이 필요하다**

need superlatives to describe South America

형용사의 형태 중에서 가장 어떠한이라는 뜻의 '최상급'을 superlatives라고 해요. 남미를 묘사하려면 최상급 형용사들이 필요하다는 거니까 남미가 어떤 곳이라는 건지 느껴지시죠?

3   **훨씬 더 많은 것들의 진가를 알아보다**

appreciate even more many of the things

appreciate는 '고마워하다, 가치를 알아보다'라는 뜻인데 여기서는 even more many of the things '그것들에 대해 훨씬 더 많은 것의 가치를 알아보다'라는 뜻으로 쓰인 거예요.

SPEAKING PATTERNS

핵심 패턴 031

나 ~ 입으니까 어때 보여?

How do I look in ~?

나 이 원피스 입으니까 어때 보여?
How do I look in this dress?

나 이 셔츠 입으니까 어때 보여?
How do I look in this shirt?

나 이 블라우스 입으니까 어때 보여?
How do I look in this blouse?

내가 입고 있는 것이 어울리는지 묻고 싶을 때 이 패턴을 써보세요.

핵심 패턴 032

난 내 주변을 ~로 채우고 싶어.

I'd like to surround myself with ~.

난 내 주변에 좋은 사람들만 있었으면 좋겠어.
I'd like to surround myself with good people.

난 주변에 쓸모 있는 것들만 두고 싶어.
I'd like to surround myself with useful things.

나는 내 인생을 풍요롭게 만들어주는 것들로만 내 주변을 채우고 싶어.
I'd like to surround myself with things that enrich my life.

내 주변에 어떤 것들, 혹은 어떤 사람들만 있었으면 좋겠다고 할 때 이 패턴을 써보세요.

핵심 패턴 033

~가 어디가 그렇게 좋아?

What is it about ~ that you like so much?

이 책이 어디가 그렇게 좋아?
What is it about this book **that you like so much**?

그 도시가 어디가 그렇게 좋은데?
What is it about the city **that you like so much**?

그녀의 어디가 그렇게 좋은 거니?
What is it about her **that you like so much**?

상대방이 어떤 것을 무척 좋아한다고 할 때 그 이유를 묻고 싶으면 이 패턴을 써보세요.

surround myself only with things I like or need
수동태에서 with를 쓰나요? by를 쓰나요?

Q

내 주변에 어떤 것들 혹은 어떤 사람들이 있다고 할 때 be surrounded with ~라고 하나요? 아니면 be surrounded by ~라고 하는 게 맞나요?

A

어떤 상황, 어떤 의미냐에 따라 둘 다 쓸 수 있습니다. 예를 들어, '저 가수가 팬들한테 둘러싸여 있어.' 이럴 때는 That singer is surrounded by so many people.이라고 해요. 그런데, '저 집은 참 아름다운 꽃들로 둘러싸여 있네.'라고 할 때는 That house is surrounded with beautiful flowers.라고 해요. 차이가 뭘까요? by를 쓰는 경우는 뭔가가 혹은 어떤 사람들이 적극적으로 둘러싸고 있다는 의미이고, with를 쓰는 건, 둘러싸고 있는 그것이 주어의 일부일 때, 혹은 그냥 거기 있는 것일 때입니다.

정말 그러고 싶은 거 맞아?
Is that really what you want?

상대방이 어떻게 하고 싶다는 말을 듣고, 정말 그러고 싶은 게 맞는지 확인하고 싶을 때 있죠? '뭐라고? 네가 어쩌고 싶다고?'라는 느낌으로 이 문장을 말해보세요.

사귀던 여자와 헤어지고 싶다고 할 때

A 나 그 여자랑 헤어져야 할 것 같아.
B 정말 그러고 싶어?

A I think I should break up with her.
B Is that really what you want?

하던 일을 계속 하겠다고 할 때

A 지금 하는 일 계속 해야 할 것 같아.
B 정말 그러고 싶은 거 맞아?

A I guess I'll keep working at my job.
B Is that really what you want?

UNIT 12 영어는 나의 무기, 날개 장착!

일단 영어는 잘하고 볼 일 / 영어 배우기 좋은 방송과 영상
/ 영어 잘 하는 비결, 그것을 알려주마!

TRY IT IN ENGLISH

앞으로 어떻게 될지 몰라도 무조건 잘 해놓으면 좋은 것들 중에 영어가 있죠. 영어 실력을 쌓는 여러가지 방법을 대화문을 통해 익히면서 의욕을 불태워보세요.

강의 **12**

놀란	어떻게 그렇게 영어를 잘하게 되셨어요?
	올해 제 새해 계획은 영어를 잘하는 거예요.
리즈	유창하다니요.
놀란	어디서 어떻게 영어를 배우신 거예요?
	독학으로 하셨어요?
리즈	아니요. 제 비결은 '이지잉글리시'랍니다.
놀란	매일 하는 그 라디오 프로그램 말씀이세요?

일단 영어는 잘하고 볼 일

매년 새해 목표에 들어가는 영어 잘하기를 올해는 꼭 해내고 말겠다고 다짐하는 상황입니다. 우리
말 대화를 보고 영어로 생각해본 다음에 영어 대화문을 보세요.

음원 **12-1**

Nolan	**034** **How could you become so good at speaking in English?**
	My resolution this year is to **be fluent in English**.
Liz	I'm far from fluent.
Nolan	How and where did you learn English? **Self-taught?**
Liz	No. **My secret weapon** is *Easy English*.
Nolan	You mean that daily radio show?

VOCABULARY

resolution 결심, 마음먹은 것   **fluent** 유창한   **secret** 비밀의, 비밀스러운
weapon 무기

KEY EXPRESSIONS

1 **영어를 유창하게 잘 하다**
be fluent in English
어떤 말을 잘 한다고 할 때, fluent를 써요. Wow, you're fluent in English. '와, 영어를 정
말 잘하시네요' My mother is fluent in German. '우리 엄마, 독일어를 아주 잘 하셔'처럼
요.

2 **독학으로 배우셨어요?**
Self-taught?
teach는 '가르치다'라는 뜻이잖아요? '스스로 독학했다'는 말은 self-taught라고 해요. Are
you self-taught? Yes, I'm self-taught.처럼 말합니다.

3 **저의 비밀 무기, 믿는 구석**
my secret weapon
내가 숨겨놓은 나만의 어떤 비결이 있을 때 이 말을 쓰시면 돼요. 요리를 잘 하는 비법이든,
영어를 잘 하게 된 비결이든 어떤 것도 my secret weapon이라고 할 수 있어요.

CHAPTER 2

영어 배우기 좋은 방송과 영상

영어를 배우기 좋은 방송과 영상을 볼 수 있는 곳을 알려주는 상황입니다. 우리말 대화를 보고 영어로 생각해본 다음에 영어 대화문을 보세요.

음원 12-2

폴라	그거, 아침에 하는 방송인가요, 아니면 저녁에 하는 방송인가요?
피터	아침 방송인데요, 재방송도 해요. 진행하시는 선생님이 유튜브도 하세요.
폴라	그것이 도움이 돼요?
피터	당연하죠. 도움이 많이 돼요. 저는 배운 걸 큰 소리로 말해보고 다 외우려고 해요. 전에는 영어로 말하려면 쑥스러웠는데, 이제는 자신감이 생겼어요.

Paula	Is it a morning show or an evening show?
Peter	A morning show, but **there are reruns**. The teacher who hosts the show is doing Youtube, too.
Paula	Is it helpful?
Peter	Definitely. They help a lot. I **try to speak out loud and memorize everything** I learn. **035** **I used to be** shy while speaking in English, **but now** I'm confident.

VOCABULARY

rerun 재방송　**definitely** 당연히　**speak out** 소리 내어 말하다　**confident** 자신감에 찬

KEY EXPRESSIONS

1 재방송을 하다

there are reruns

'재방송'을 영어로 rerun이라고 해요. 그래서 본방송을 놓쳐도 재방송을 들으면 된다고 할 때 There are reruns.라고 하죠. 재방송을 보는 건 watch reruns, 재방송을 듣는 건 listen to reruns라고 해요.

2 모든 걸 큰 소리로 말하고 외우려고 하다

try to speak out loud and memorize everything

영어를 유창하게 잘 할 수 있는 비결 두 가지. speak out loud '소리 내어 크게 말하기'와 memorize everything '모든 것을 외우는 것'을 하려고 한다는 뜻입니다.

3 전에는 영어로 말할 때 쑥스러웠다

used to be shy while speaking in English

전에는 수줍음을 타고 쑥스러워 했는데 지금은 아니라는 거죠. '수줍음을 탔다'는 used to be shy, '뭐뭐 할 때'는 while 뒤에 ~ing 형태로 써요.

영어를 잘 하려고 할 때 실수를 두려워 말고 배운 것을 늘 소리 내어 말해보라고 알려주는 상황입니다. 우리말 대화를 보고 영어로 생각해본 다음에 영어 대화문을 보세요.

음원 **12-3**

다나	배운 걸 쓰시나요?
프레드	그럼요. 만나는 외국인한테 다 말을 해봐요.
다나	우와. 용감하시네요. 저는 쑥스러워서 못 해요.
프레드	진행자들이, 실수하는 걸 두려워하지 말라 하더라고요.
	그래서, 과정을 즐기려고 해요. 실수하고 실력이 늘고.
다나	인상적이네요.

CHAPTER 2

Dana	**036** Do you use what you learn?
Fred	Sure. I try to talk to every foreigner I meet.
Dana	Wow. You are brave.
	I am too shy to do that.
Fred	The hosts tell us not to be afraid to make mistakes.
	So, I try to enjoy the process: making mistakes
	and getting better.
Dana	That's impressive.

VOCABULARY

foreigner 외국인   **afraid** 두려운, 무서운   **make mistakes** 실수를 하다   **process** 과정

KEY EXPRESSIONS

1   **배운 걸 써먹다**   use what you learn

use '쓰다', what you learn '배운 것을'. 언어를 잘 하는 비결은 배운 걸 자꾸 써보는 거죠. '사용하다, 활용하다, 써보다, 써먹다'라고 할 때 use를 쓰시면 돼요.

2   **실수하는 것을 두려워하다**   be afraid to make mistakes

afraid는 뭔가를 두려워하고 겁을 내는 건데요. 영어를 배워서 입으로 소리 내어 말하려고 할 때 '실수할까 봐 두려워하지 마'라는 말은 Don't be afraid of making mistakes.라고 합니다.

3   **실수하고 실력이 느는 과정을 즐기다**
enjoy the process: making mistakes and getting better

산을 오르든 영어를 배우든 '뭔가를 하는 과정을 즐기라'는 말이 enjoy the process입니다. 그 과정에 해당하는 것이 making mistakes and getting better '실수를 하면서 더 나아지는' 거죠.

핵심 패턴 034

어떻게 그렇게 ~하게 되셨어요?

How could you become ~?

어떻게 그렇게 영어를 잘하게 되셨어요?
How could you become so good at speaking in English?

어떻게 그걸 그렇게 잘 하게 된 거야?
How could you become so skillful at that?

어떻게 그렇게 용감해졌어?
How could you become so courageous?

상대방이 어떻게 변했을 때 그 이유, 비결을 묻고 싶다면 이 패턴을 써보세요.

핵심 패턴 035

전에는 ~했었는데, 지금은 …예요.

I/He/We used to ~, but now …

전에는 영어로 말하려면 쑥스러웠는데, 이제는 자신감이 생겼어요.
I used to be shy while speaking in English, **but now** I'm confident.

내 남자 친구는 전에는 말이 참 많았는데, 지금은 조용해.
He used to be talkative, **but now** he's quiet.

우리가 전에는 꽤 자주 만났었는데, 지금은 못 만나.
We used to get together very often, **but now** we can't.

전엔 어땠었지만 지금은 그 때와 다른 것을 말할 때 이 패턴을 써보세요.

핵심 패턴 036

…한 걸 ~하세요?

Do you ~ what you …?

배운 걸 사용하시나요?
Do you use **what you** learn?

나한테 했던 말, 기억해?
Do you remember **what you** told me?

내가 너한테 줬던 거 아직 가지고 있어?
Do you still have **what I** gave to you?

상대방에게 어떤 것을 뭐뭐 하느냐고 물을 때 이 패턴을 써보세요.

My resolution this year is to be fluent in English.

year와 ear의 발음

Q

year의 발음과 ear의 발음이 같은가요, 다른 가요? 다르다면 각각을 어떻게 발음해야 하는지 알려주세요.

A

네, year와 ear의 발음은 다릅니다. year를 발음할 때는 치아가 많이 보이지 않아요. yeah 를 소리 내보세요. 그 입 모양에서 year를 발음하시면 돼요. 그리고 ear를 발음할 때는 cheese를 발음할 때처럼 치아가 많이 보이게 입을 옆으로 벌려 /이어ㄹ/라고 소리내시면 됩니다.

LEVEL UP EXPRESSIONS

난 돈 관리를 잘 해.
I'm good with money.

자신의 장점은 널리 알리면 좋겠죠? 돈을 적절하게 쓸 곳에 쓰고 그렇지 않을 때는 아끼고 하면서 '돈 관리를 잘 한다'고 할 때 I'm good with money.라고 해요. 문맥에 따라 '재테크를 잘한다'는 말도 되겠죠.

돈을 꽤 모은 사람이

A 어떻게 그렇게 많은 돈을 모은 거야?
B 내가 꽤 돈 관리를 잘 하는 것 같아.

A How did you save so much?
B I guess I'm pretty good with money.

돈 관리를 잘 하는 사람을 소개해주면서

A 주식을 살까?
B 멜리사하고 얘기해봐.
   돈 관리를 정말 잘 하거든.

A Should I buy stocks?
B Talk to Melissa.
   She's really good with money.

하고 싶은 게 너무 많아? 해!

**꿈? 많아도 좋고, 없어도 괜찮고! / 키우고 싶은 게 너무 많아
/ 일단 하기로 했으면 해야지!**

**TRY IT IN
ENGLISH**

지금 확실하게 이루고 싶은 꿈이 있든 없든, 하기로 한 건 해내고, 꿈을 찾아 꾸준히
많은 경험을 하는 대화문들을 통해 여러분의 숨어 있는 꿈도 찾아보세요.

강의 13

(마이크가 삼촌 데이비드와 같이 있다.)

마이크   삼촌, 삼촌은 어렸을 때 뭐가 되고 싶었어요?

데이비드   나? 모르겠구나.

그냥 매 순간 즐겁게 놀고 그런 생각은 해보지 않았는데.

너는 나중에 해보고 싶은 게 있니?

마이크   솔직히, 우주 비행사도 되고 싶고, TV 진행자나

또 많아요.

그리고 책도 읽고 싶고 영상도 보고 싶은데,

시간이 없어요.

데이비드   그런 것도 할 수 있는 시간을 만들어봐.

음원 13-1

삼촌이 초등학생 조카와 함께 꿈과 미래, 계획에 대해 얘기를 나누는 상황입니다. 우리말 대화를 보고 영어로 생각해본 다음에 영어 대화문을 보세요.

(Mike is with his uncle, David.)

Mike　David, what did you want to be when you were young?

David　Me? I have no idea.

　　　　I just enjoyed every moment and didn't think about that.

　　　　037　Is there something you'd like to do in the future?

Mike　Honestly, I'd love to be an astronaut, a TV host, and a lot of other things.

　　　　And I want to read books and watch videos, but I don't have time.

David　Try to make time for you to do those things, too.

VOCABULARY

in the future 나중에, 미래에　**astronaut** 우주 비행사　**host** 진행자
make time 시간을 내다

KEY EXPRESSIONS

1　**순간순간 재미있게 놀다**
　enjoy every moment
　매 순간을 즐겁게 최대한 잘 보내는 것, 순간순간에 최선을 다하는 걸 enjoy every moment라고 하죠. '걱정하지 말고 그냥 매 순간을 즐겨'라는 말을 Just enjoy every moment.라고 해요.

2　**네가 나중에 해보고 싶은 것**
　something you'd like to do in the future
　something '뭔가', you'd like to do '네가 하고 싶은 것', in the future '나중에, 미래에'. 즉, '나중에 하고 싶은 뭔가'라는 뜻인데요, Is there 혹은 Do you have 뒤에 붙여서 말해 보세요.

3　**네가 그런 것을 할 수 있는 시간을 만들다**
　make time for you to do those things
　make time은 '시간을 내다'라는 뜻입니다. 정해지고 주어진 시간 속에서 뭔가를 할 시간을 일부러 내는 게 make time이죠. 어떤 걸 하고 싶으면 그걸 할 시간을 내라는 말입니다.

음원 **13-2**

아이가 이런저런 동물을 키워보고 싶다고 엄마를 조르는 상황입니다. 우리말 대화를 보고 영어로 생각해본 다음에 영어 대화문을 보세요.

라이언	엄마, 저 카멜레온 키워도 돼요?
케이트	뭐라고? 카멜레온?
	왜 그걸 키우고 싶은데?
라이언	토니가요, 제가 키운다고 하면 한 마리 준대요.
케이트	그건 생각을 잘 해봐야 할 것 같다, 라이언.
	그걸 키우는 게 귀찮을 수도 있거든.
라이언	카멜레온이 안 되면, 거북이는요?

Ryan   Mom, can we have a chameleon?

Kate   What? A chameleon?

     038   **What makes you** want to have one?

Ryan   Tony said he could give one to me if I wanted.

Kate   We **need to really think about it**, Ryan.

     It **can be a hassle** to raise one.

Ryan   If we can't have a chameleon,

     how about turtles?

VOCABULARY

chameleon 카멜레온   **need to ~** ~해야 하다   **turtle** 거북이

KEY EXPRESSIONS

1   **네가 한 마리 키우고 싶게 만들다**
make you want to have one

〈make + 누구 + 동사원형〉은 '누구로 하여금 그것을 하게 만든다'는 말이에요. 그래서 make you want to have one은 '뭔가가 너로 하여금 한 마리를 키우고 싶게, 그것을 가지고 싶게 한다'는 말이죠.

2   **그것에 대해 진지하게 생각을 해봐야 하다**
need to really think about it

need to는 뭔가를 해야 할 때, 그럴 필요가 있을 때 쓰는 말이죠. 당장은 결정하기 힘들고 '정말 진지하게 생각을 해봐야겠다'는 말이 need to really think about it입니다.

3   **귀찮은 일이 될 수도 있다**   **can be a hassle**

뭔가 '귀찮고 성가시고 신경 쓰이는 일'이 a hassle입니다. 어떤 일이든 그게 귀찮은 일이 될 수도 있다고 생각되면 〈무엇 + can be a hassle〉이라고 말해보세요.

일단 하기로 했으면 해야지!

일단 마라톤에 나가기로 신청했으니까 그때까지는 먹고 싶은 거 다 참고 해낼 거라고 말하는 상황입니다. 우리말 대화를 보고 영어로 생각해본 다음에 영어 대화문을 보세요.

음원 13-3

(전화로)

프레드   여보세요, 신디. 나랑 한 잔 할래?

신디   그러고는 싶지만, 나 마라톤 끝날 때까지는 안 돼.

프레드   너 또 마라톤 신청했어?

신디   응! 신나 죽겠어.
          이번에는 꼭 완주했으면 좋겠는데.

프레드   우와, 너는 내가 만난 사람 중에 제일 열정이 넘치는 사람이야. 응원할게!

(on the phone)

Fred   Hello, Cindy. Do you want to have a drink with me?

Cindy   I'd love to, but **not until the marathon finishes**.

Fred   You **signed up for a marathon** again?

Cindy   Yes! I'm excited.

039 I hope I can complete the marathon this time.

Fred   Wow, you're **the most enthusiastic person I have ever met**.
            I'm rooting for you!

VOCABULARY

until ~ ~까지   **sign up for ~** ~에 등록하다, 신청하다   **complete** 끝내다, 마무리하다
enthusiastic 열정적인

KEY EXPRESSIONS

1 **마라톤 끝날 때까지는 안 돼**
   not until the marathon finishes
   until ~은 '그때까지'라는 말이고, not until ~이라고 하면 '그때까지는 아니다, 안 된다'라는 뜻이예요. 그러니까 not until the marathon finishes '마라톤이 끝날 때까지는 안 된다'는 말이죠.

2 **마라톤에 참가하겠다고 신청하다**   **sign up for a marathon**
   수영 강습, 영어 강좌 등에 등록한다고 할 때도 sign up for를 쓰고, 마라톤, 모델 대회, 말하기 대회에 나간다고 할 때도 sign up for를 씁니다.

3 **내가 만난 중에 제일 열정이 넘치는 사람**
   the most enthusiastic person I have ever met
   enthusiastic '열정적인'이라는 뜻의 형용사의 최상급, 즉, '가장 열정이 넘치는, 가장 열정적인'이라는 말이 the most enthusiastic입니다.

CHAPTER 2

Big 3 SPEAKING PATTERNS

핵심 패턴 037

~하고 싶은 뭔가가 있어?
Is there something you'd like to ~?

너는 나중에 해보고 싶은 게 있니?
Is there something you'd like to do in the future?

한국에서 뭐 먹어보고 싶은 거 있어?
Is there something you'd like to eat in Korea?

여기 온 김에 뭐 해보고 싶은 거 있어?
Is there something you'd like to try while you're here?

상대방이 뭔가 해보고 싶거나 먹어보고 싶거나 그런 게 있는지 물을 때 이 패턴을 써보세요.

핵심 패턴 038

뭐 때문에 ~해?
What makes you ~?

왜 그렇게 생각해?
What makes you think so?

뭐 때문에 그렇게 한 거야?
What makes you do that?

뭐 때문에 그거 해본 거야?
What makes you try that?

뭐 때문에 상대방이 그런 건지 이유가 궁금하다면 이 패턴을 이용해서 말해보세요.

핵심 패턴 039

내가 ~할 수 있었으면 좋겠어.
I hope I can ~.

이번에는 꼭 마라톤을 완주했으면 좋겠는데.
I hope I can complete the marathon this time.

내가 이 약속을 지킬 수 있었으면 좋겠다.
I hope I can keep this promise.

내가 너 그거 하는 걸 도와줄 수 있었으면 좋겠는데.
I hope I can help you with that.

내가 뭔가를 할 수 있었으면 좋겠다고 할 때 이 패턴을 써보세요.

I'd love to be an astronaut.
I'd는 I would? I had? I did?

Q

I'd love to be an astronaut.에서 I'd는 뭘 줄인 말인가요? 어떤 데서는 I'd가 I would를 줄인 말이라고 하고, 또 다른 데서는 I had를 줄인 말이라고 하던데요.

A

네, 문장 속에서가 아니라 그냥 'I'd는 뭘 줄인 말인가요?'라는 질문 자체가 잘못된 거예요. 왜냐하면 뒤에 무엇이 오느냐에 따라 다르거든요. 예를 들어, I'd love to be an astronaut.에서 I'd는 I would를 줄인 말이예요. You'd better go now.에서 You'd는 You had를 줄인 말이고, I'd rather stay home.에서 I'd는 I had를 줄인 말이예요. 그러니까 I'd love to는 I would love to를 줄인 말, You'd better는 You had better를 줄인 말, 그리고 I'd rather는 I had rather를 줄인 말입니다.

입소문으로 알렸어.
They got the word out.

'사람들이 어떤 제품이 좋다고 입소문을 냈어.'라는 말을 영어로 They got the word out.이라고 해요. the word, 그 제품이나 방송이 좋다는 말을 out, 퍼뜨린 거죠.

사람들이 제품에 대한 입소문을 냈을 때

A 어떻게 그 제품을 인기 제품으로 만드신 거예요?

B 다른 사람들이 입소문을 냈어요.

A How could you make your product popular?

B Other people got the word out.

책이 좋다고 사람들이 입소문을 냈을 때

A 누가 입소문을 그렇게 낸 거야?

B 이 책을 산 사람들이.

A Who got the word out?

B The people who bought this book.

UNIT 14

준비된 자에게 기회가 온다!

우선 몸 만들기 / 건강과 정신력 강화 / 자전거로 체력 단련

TRY IT IN ENGLISH

어떤 기회가 오기 전에 미리 해두어야 하는 것이 준비죠. 그 중에서도, 몸과 건강, 체력을 단련시키는 게 우선이라고 말하는 대화문을 익히면서 여러분도 오늘 운동을 시작해보실래요?

강의 **14**

(팥빙수를 먹으면서)

티나　그러니까, 매일 그렇게 일찍 일어나서 운동을 한단 말이야? 완전 변했네!

에릭　하하. 조깅하고 나서 씻는 기분이 끝내줘.

티나　너 정말 대단하다.
　　　솔직히, 네가 그렇게 하겠다고 했을 때 안 믿었거든.

에릭　칭찬으로 들을게.

티나　당연히 칭찬이지!

일찍 일어나서 운동을 하니까 정말 기분이 좋다고 말하는 상황입니다. 우리말 대화를 보고 영어로 생각해본 다음에 영어 대화문을 보세요.

(While eating patbingsoo)

Tina   So, you wake up that early and exercise every day?
That's quite a change!

Eric   Haha.

040   It feels amazing to freshen up after jogging.

Tina   You're one of a kind.
Honestly, I didn't buy it when you told me you would
do that.

Eric   I'll take that as a compliment.

Tina   It sure is a compliment!

VOCABULARY

change 변화, 달라진 것   **amazing** 놀라운, 대단한   **freshen up** 씻다   **buy** 믿다

KEY EXPRESSIONS

1   **그렇게 일찍 일어나서 운동을 하다**
wake up that early and exercise
'잠에서 깬다'고 할 때 get up도 쓰고 wake up도 써요. '일찍'은 early, '그렇게 일찍'은 that early라고 하고요. 상대방이 말한 기상 시간이 아주 이르다고 느낄 때 쓰죠.

2   **조깅하고 나서 깨끗하게 씻다**
freshen up after jogging
freshen up은 몸을 씻고 단장하는 것을 말합니다. '저 잠깐 가서 씻고 올게요'라는 말을 Let me go freshen up. I'll go freshen up.이라고 해요.

3   **그것을 칭찬으로 받아들이다**
take that as a compliment
take는 '어떤 말을 어떻게 받아들이다'라는 말이예요. take that '그 말을 받아들이는데', as a compliment '칭찬으로 받아들이다' 즉, '이게 칭찬 맞죠?'라고 말하고 싶을 때 쓸 수 있죠.

하루에 두 번씩 운동을 하면서 몸을 만들고 있다고 말하는 상황입니다. 우리말 대화를 보고 영어로 생각해본 다음에 영어 대화문을 보세요.

음원 **14-2**

(전화로)

리타　탐? 어젯밤에 계속 네 걱정했어.
　　　어젯밤에 왜 내 전화 안 받았어?

탐　　미안. 다른 때보다 일찍 잤어. 격렬하게 운동을 했더니, 녹초가 됐거든.

리타　다시 체육관 운동 시작했어?

탐　　체육관에서만 하는 게 아니야.
　　　아침 6시에는 밖에 나가서 하고, 저녁 8시에 체육관에서 또 해.

(on the phone)

Rita　Tom? I was worried about you all night.
　　　　How come you didn't answer my phone call last night?

Tom　Sorry. I went to bed earlier than usual.
　　　　I had a grueling workout, and that drained me.

Rita　You started exercising at the gym?

Tom　**041**　Not only at the gym.
　　　　I run outside at 6 a.m. and work out at the gym at 8 p.m.

VOCABULARY

grueling 격렬한　**drain** 녹초가 되게 하다　**outside** 밖에서, 밖에 나가서

KEY EXPRESSIONS

1　**다른 때보다 더 일찍 잠자리에 들다**
go to bed earlier than usual
go to bed는 '자다'라는 뜻이죠. 그런데 '평소보다 좀 일찍' 잠자리에 든다면 earlier than usual을 이어서 써요. 내가 '평소보다 좀 일찍 잠에서 깼다'면 wake/get up earlier than usual이라고 해요.

2　**격렬한 운동을 하다**　**have a grueling workout**
have a workout은 '운동, 특히나 근력 운동을 한다'는 말인데요. 운동의 강도가 아주 셀 때, 격렬한 운동이라고 할 때는 grueling을 넣어서 이렇게 말합니다.

3　**체육관에서만 하는 게 아니야.**　**Not only at the gym.**
not only는 '무엇만이 아니다, 더 있다'라는 의미죠. 그래서, 〈Not only at + 어디〉라고 하면 '어디에서만이 아니다'라는 뜻이고, 〈Not only at + 시간〉을 쓰면 '그때만 그런 건 아니다'라는 말이 됩니다.

음원 **14-3**

힘들어도 자전거로 통학을 하면서 몸도 정신도 튼튼하고 맑게 지켜가고 있다고 말하는 상황입니다. 우리말 대화를 보고 영어로 생각해본 다음에 영어 대화문을 보세요.

지니	휴우, 숨차다.
밥	너 또 자전거 타고 여기 왔어?
	자, 여기, 물 좀 마시고 숨 좀 돌려.
지니	응, 난 학교 올 때 운동하는 게 너무 좋아.
밥	차들 사이로 자전거 타는 거 위험하지 않아?
지니	자전거 도로가 없는 곳에서는 그렇지.
	근데 난 천천히, 안전하게 타려고 하니까.

Jinny	Ugh, I'm out of breath.
Bob	You rode your bicycle here again?
	Hey, here, drink some water and catch your breath.
Jinny	Yeah, I love getting exercise while coming to school.
Bob	**042** Isn't it dangerous to ride in traffic?
Jinny	When there are no bike lanes, yes.
	But I try to ride slowly and safely.
Bob	I see.

━━ **VOCABULARY**

ride one's bicycle 자전거를 타다　**get exercise** 운동을 하다　**bike lane** 자전거 도로
safely 안전하게

KEY EXPRESSIONS

1 **숨이 찬, 숨을 헐떡거리는**
out of breath
운동을 하거나 뛰거나 빨리 걸었을 때 숨이 차죠? 이럴 때 out of breath를 써요. I ran all
the way here. I'm out of breath. '여기까지 뛰어 왔어. 숨차다.'처럼 말합니다.

2 **또 자전거를 타고 여기까지 오다**
ride one's bicycle here again
ride one's bicycle은 '자전거를 탄다'는 말이고, here를 쓰면 '여기까지' 자전거를 타고 온
다는 말이예요. 다른 곳까지 타고 가면 here 자리에 〈to + 어디〉라고 쓰면 돼요.

3 **숨을 돌리다**
catch one's breath
'숨이 차서 숨을 좀 돌리다'라는 말이 catch one's breath예요. I'm out of breath. I need
to catch my breath. '숨차다. 나 숨 좀 돌려야겠어.'처럼 말하죠.

SPEAKING PATTERNS

~하는 게 기분이 정말 좋아.
It feels amazing to ~.

조깅하고 나서 씻는 기분이 끝내주게 좋아.
It feels amazing to freshen up after jogging.

화초들이 자라는 걸 보는 게 너무 좋아.
It feels amazing to see the plants grow.

아침 일찍 조깅하는 게 너무너무 좋아.
It feels amazing to jog early in the morning.

어떤 것을 하면 기분이 참 좋다고 할 때 이 패턴을 써 보세요.

~에서만이 아니야.
Not only at ~.

체육관에서만 하는 게 아니야.
Not only at the gym.

집에서만 하는 게 아니야.
Not only at home.

식당에서만 그러는 게 아니야.
Not only at a restaurant.

어디에서만 그런 게 아니고, 다른 곳에서도 뭐뭐한다고 할 때 이 패턴을 써보세요.

~하는 거 위험하지 않아?
Isn't it dangerous to ~?

너무 빨리 운전하는 거 위험하지 않니?
Isn't it dangerous to drive too fast?

바다에서 수영하는 거 위험하지 않아?
Isn't it dangerous to swim in the ocean?

저 담장 위에 앉는 거 위험하지 않아?
Isn't it dangerous to sit on that fence?

뭔가를 하는 것이 위험해 보일 때, 이 패턴을 써보세요.

When there are no bike lanes, yes.

lane이 '도로'를 뜻하는 말인가요? line은요?

Q.

When there are no bike lanes, yes.에서요, bike lane이 '자전거 도로'죠? 그럼 bus lane, bus line은 무슨 뜻인가요?

A.

lane은 자전거나 버스, 승용차 등이 다니는 길을 가리키는 말입니다. 그래서 bike lane 은 '자전거 전용 도로' 그리고 bus lane이 '버스 전용 차선'이라는 뜻이고요, bus line은 버스가 다니는 노선, 즉 버스 노선도를 가리키는 말이예요. 또, 도로의 중앙 차선, 실선, 점선, 황색선 등 선들도 line이라고 하죠.

LEVEL UP
EXPRESSIONS

너무너무 힘들어요!
It's like pulling teeth!

어떤 일이나 상황 등이 너무너무 힘들고 고통스럽다면 It's like pulling teeth.라고 말할 수 있습니다. 그야말로 pull teeth, 이를 뽑는 것을 상상해보세요. 아주 고통스럽고 괴로운 것이 느껴지시죠? 그런 느낌으로, It's like pulling teeth.라고 말해보세요.

입을 안 여는 사람 때문에 힘들 때

A	뭐가 잘못된 건지 말을 하든?	A	Did you get him to say what's wrong?
B	도무지 입을 안 열어. 너무너무 힘드네!	B	He won't talk. **It's like pulling teeth!**

여러 사람의 스케줄을 맞추는 게 어려울 때

A	모든 사람들의 스케줄에 맞춰 파티를 하는 게 힘들 거야.	A	It must be hard matching everyone's schedules for the party.
B	그러게, 다들 같은 시간에 모이게 하는 게 정말 힘드네!	B	Yeah, **getting everyone together at the same time is like pulling teeth!**

UNIT 15

경험을 쌓는 게 진정한 투자!

**해봐야 좋은지 싫은지 알지! / 여행이 최고지!
/ 당당하게 경쟁하고 순위는 깔끔하게 인정**

TRY IT IN ENGLISH

내가 정말 뭘 좋아하는지 모를 때는 다양한 것들을 해보는 것도 좋은 방법이죠. 다양한 경험을 통해 나에게 투자하는 대화문을 보면서 여러분도 스스로에게 투자해보세요.

강의 **15**

스캇　우리 오늘 전시회 갈까?

리사　미술 전시회요? 글쎄, 난 별로 관심이 없어요, 아빠.

스캇　그러지 말고, 가자.
　　　더 많은 걸 보고 경험을 쌓을수록, 세상을 보는 게
　　　더 넓어지는 거야.

리사　알겠어요, 아빠. 가서 옷 입고 올게요.

스캇　노트랑 펜 꼭 챙겨오고.

리사　메모할 전화기가 있는데요, 뭘.

아버지가 딸에게, 지금은 별로 관심이 없는 것들도 해보는 게 필요하다고 알려주는 상황입니다.
우리말 대화를 보고 영어로 생각해본 다음에 영어 대화문을 보세요.

음원 **15-1**

Scott	How about we visit an exhibition today?
Lisa	Art exhibition? Well, I'm **not that interested**, Dad.
Scott	Come on. **I insist.**
	The more you see and experience, **the wider your worldview becomes**.
Lisa	Okay, Dad. I'll go get dressed.
Scott	**043** Don't forget to bring your notebook and a pen.
Lisa	I have a phone to write things on.

CHAPTER 2

VOCABULARY

exhibition 전시회   **insist** 주장하다, 조르다   **worldview** 세계관, 세상을 보는 시각
get dressed 옷을 입다

KEY EXPRESSIONS

1 그다지 관심이 없는
not that interested

어떤 것에 관심이 있는 건 interested라고 하고 관심이 없으면 not interested라고 하죠. 그런데 '어떤 것에 그다지, 그럴 정도로 관심이 있는 것은 아니다'라고 할 때 not that interested라고 해요.

2 하자, 가자, 그러지 말고…
I insist.

I insist.는 상대방이 거절하거나 머뭇거릴 때 조르는 말이예요. '그러지 말고… 하자, 응?'이라고 하거나, 내가 밥을 사겠다고 했는데 상대방이 괜찮다고 하면 '제가 살게요'라고 밀어붙일 때 쓰는 거죠.

3 세상을 보는 시각이 더 넓어지다
the wider one's worldview becomes

wide는 넓은 건데, the wider ~ becomes는 '뭔가가 더 넓어진다'는 거죠. 뭐가요? 어떤 사람의 worldview가요. '세상을 보는 눈, 세계관' 정도의 뜻입니다.

익숙한 것에서 벗어나 다른 경험을 하는 최고의 투자, 여행의 가치에 대해 얘기하는 상황입니다.
우리말 대화를 보고 영어로 생각해본 다음에 영어 대화문을 보세요.

음원 **15-2**

(놀란과 손녀 신디가 얘기를 나누고 있다.)

신디   할아버지가 만약에 제 나이로 돌아오신다면, 뭘 하고 싶으세요?

놀란   혼자 여행을 많이 할 것 같구나.

신디   엄마가 그러시는데, 할아버지는 젊었을 때 여행을 많이 다니셨다면서요.

놀란   그랬지, 근데 그건 다 일 때문에 간 거였어.
       놀러 여행을 갈 시간을 낼 수가 없었단다.
       별로 계획도 할 필요 없는 신나는 여행 말이야.
       그냥 짐 싸서 가는 거야!

(Nolan and his granddaughter, Cindy, are talking with each other.)

Cindy   If you could go back to my age, what would you like to do?

Nolan   I would **travel a lot on my own**.

Cindy   Mom said that you traveled a lot when you were young.

Nolan   Yes, but those trips were only for work.

044   I couldn't make time to **travel for fun**.

You know, a fun trip with **no need for much planning**.

Just pack and go!

VOCABULARY

for work 일 때문에, 일로   **your age** 네 나이, 상대방의 나이   **just for fun** 그냥 놀러

KEY EXPRESSIONS

1   **혼자 여행을 많이 하다   travel a lot on my own**

travel a lot은 여행을 많이 하는 거죠. 그런데 누구랑 같이 하는 게 아니라, on my own '나 혼자' 하는 것을 말해요. '혼자 여행 중이세요?'라고 할 때는 Are you traveling on your own?이라고 해보세요.

2   **놀러 여행 갈 시간을 내다   make time to travel for fun**

make time to는 어떤 것을 할 시간을 내는 건데, travel for fun, 일로 여행이나 출장을 가는 게 아니라 그냥 놀러, 여행을 위한 여행을 갈 시간을 낸다는 말이죠.

3   **많이 계획을 할 필요도 없는   no need for much planning**

need는 '뭔가를 필요로 하다'라는 동사로, '필요성'이라는 명사로도 쓰이는데 여기서는 명사로 쓰인 거죠. No need for ~ '어떤 것에 대한 필요성이 없다', much planning '계획을 많이 해야 하는', 즉 그럴 필요가 없다는 거죠.

친구 두 명이 경연 대회에 나가기로 하고, 서로를 도와주며 준비하고 정정당당히 겨뤄보자고 말하는 상황입니다. 우리말 대화를 보고 영어로 생각해본 다음에 영어 대화문을 보세요.　음원 **15-3**

팸	토드, 그 소식 들었어?
	다음 달에 말하기 대회가 열린대.
토드	정말? 나 신청할래.
팸	나도.
	아… 그럼 우리가 서로 경쟁을 하게 되는 거구나.
토드	아니면 서로 우승하게 도와줄 수도 있지.
팸	좋다! 이거 봐봐. 이게 주제야.
토드	이 세상을 더 좋은 곳으로 만들 아이디어?

Pam	Todd, did you hear the news?
	There's **a speech contest being held next month**.
Todd	Really? I'll sign up for that.
Pam	Me too.
	Awww… then we're going to **compete against each other**.
Todd	Or **045** **we can help each other win.**
Pam	Nice! Check this out. This is the topic.
Todd	Ideas on how we can make this world a better place?

VOCABULARY

speech contest 말하기 대회　**compete** 경쟁하다, 겨루다　**topic** 주제

KEY EXPRESSIONS

1　**다음 달에 열리는 말하기 대회**
a speech contest being held next month
a speech contest '말하기 경연 대회'인데, being held '열리는' 거죠, next month '다음 달'에요. '어떤 행사를 열다'는 건 hold라고 하고, '열린다'는 건 be held라고 해요.

2　**서로 경쟁하다**　**compete against each other**
compete는 '경쟁을 한다'는 말입니다. 뒤에 against each other를 쓰면 '서로' 경쟁하는 거고, against you라고 하면 '상대방과' 경쟁을 한다는 말이 되죠.

3　**서로 우승을 할 수 있게 도와주다**　**help each other win**
help each other는 '서로를 돕다'라는 건데요, 각자 상대방이 어떻게 하게 돕는 거냐면 win '우승을 하게' 돕는다는 말이예요. 〈help + 누구 + 동사원형〉의 구문입니다.

SPEAKING PATTERNS

~하는 거 잊지 마. / 잊지 말고 꼭 ~해.
Don't forget to ~.

노트랑 펜 꼭 챙겨오고.
Don't forget to bring your notebook and a pen.

잊지 말고 화분에 물 줘.
Don't forget to water the plants.

꼭 전화기 배터리 가지고 와.
Don't forget to bring a phone battery.

상대방에게 뭔가를 잊지 말고 꼭 하라고 말할 때 이 패턴을 써보세요.

~할 시간을 낼 수가 없었어.
I couldn't make time to ~.

여행할 시간을 낼 수가 없었어.
I couldn't make time to travel for fun.

그럴 시간을 낼 수가 없더라.
I couldn't make time to do that.

보고서를 검토할 시간을 낼 수가 없었어.
I couldn't make time to check your report.

어떤 것을 할 시간을 낼 수가 없었다고 할 때 이 패턴을 써보세요.

~는 서로 …하게 도울 수 있어.
~ can help each other ...

우리는 서로 발전하게 도울 수 있어.
We **can help each other** improve.

너희들은 서로 성공하게 도울 수 있어.
You two **can help each other** succeed.

너희들은 목표에 도달하게 서로 도울 수 있어.
You **can help each other** reach your goals.

누군가가 서로 도와서 무엇을 할 수 있게 해준다고 할 때 이 패턴을 써보세요.

I have a phone to write things on.

on을 꼭 써야 하나요?

Q

I have a phone to write things on.에서 on
은 꼭 써야 하나요? 그냥 I have a phone to
write things.이라고 하면 안 되나요?

A

안 됩니다. 그러면 완전한 문장이 되지 않아
요. I have a phone to write things on.은
write things on a phone이라는 의미거든요.
전화기나 종이에 쓴다고 할 때는 on을 쓰고,
펜이나 연필 등으로 쓴다고 할 때는 with를
쓰죠. 그리고 어떤 내용, 소재, 주제에 대해서
쓴다고 할 때는 about을 써요. I need a pen
to write with. I'm looking for something
to write about.처럼요.

CHAPTER 2

LEVEL UP
EXPRESSIONS

슬슬 시작해보자.

Let's get this show on the road.

Let's get this show on the road.는 '길을 나서자, 출발하자'라고 할 때도 쓸 수 있지만, 회의,
공연, 이벤트 같은 것을 '시작해보자'고 할 때도 쓸 수 있는 표현입니다.

길을 나서자고 할 때

A 우리 갈 준비 다 된 거야?
B 응! 출발해보자!

A Are we all ready to go?
B Yeah! **Let's get this show on the
road!**

회의를 시작하자고 할 때

A 우리 이제 회의를 시작해볼까요?
B 네. 시작해봅시다.

A Can we start the meeting now?
B Of course. **Let's get this show on
the road.**

UNIT 16

삶을 더 나아지게 하는 기술과 노력

자율 주행차 / 방수 카메라, 방수 스마트폰 / 절수 샤워기

TRY IT IN ENGLISH

우리의 삶을 보다 더 풍요롭고 편리하게 해주는 다양한 것들에 대한 대화문을 익히면서 삶이 편리해진 만큼 더 생겨난 시간을 더욱 더 가치 있게 써보세요.

강의 **16**

피오나	자율 주행차에 대한 이 영상 봤어?
테드	응. 대단하더라, 근데 좀 무서워.
피오나	처음에는 무서울 수도 있겠지.
	근데 차가 혼자 주차도 하고, 환상적이지 않아?
테드	한 대 사게?
피오나	그러고 싶지, 근데 차 값이 내려갈 때까지
	기다려야할 것 같아.
테드	그때쯤이면, 드론 택시도 나올 걸.

자율 주행차에 대한 영상을 보면서 여러 가지 의견을 나누는 상황입니다. 우리말 대화를 보고 영어로 생각해본 다음에 영어 대화문을 보세요.

음원 16-1

Fiona	Have you seen this video on self-driving cars?
Ted	Yes. They look amazing, but also a bit scary.
Fiona	I think we can be scared at first.
	But isn't it fancy that the car parks itself?
Ted	Would you like to get one?
Fiona	I wish, but **046** I'll have to wait until the prices go down.
Ted	By then, drone taxis will come out.

VOCABULARY

self-driving 스스로 운전하는, 자율 주행의   **scary** 무서운   **at first** 처음에는
go down (가격 등이) 내려가다

KEY EXPRESSIONS

1   **자율 주행차에 대한 영상**
video on self-driving cars
〈video on + 무엇〉이라고 하면 '무엇에 대한 영상'을 말해요. 보통 그냥 '영상'은 video라고 하고 소위 '짤'이라고 하는 '짧은 영상'은 video clip이라고 하죠.

2   **알아서 주차를 하다**
park itself
park는 '주차하다'라는 동사인데요. 주어 자리에 차를 써서 This car parks itself.라고 하면 '이 차는 스스로 알아서 주차를 해요'라는 말이 되죠.

3   **가격이 내려갈 때까지 기다리다**
wait until the prices go down
wait until ~은 '어떤 시점까지 기다린다'는 말인데요. the prices go down, 즉 '가격이 내려갈 때까지 기다린다'는 말입니다. wait until those cars get cheaper라고 해도 되죠.

CHAPTER 2

방수가 되는 카메라와 전화기에 대한 얘기를 나누는 상황입니다. 우리말 대화를 보고 영어로 생각해본 다음에 영어 대화문을 보세요.

음원 **16-2**

리타	아, 비가 많이 오네.
	네 카메라, 비 오는데 괜찮아?
밥	그럼. 괜찮을 거야.
	이 카메라, 생활 방수 되거든.
리타	생활 방수? 그게 무슨 소리야?
밥	비가 오나 바람이 부나 먼지가 껴도 괜찮다는 소리야.
리타	좋네! 나도 그거 하나 사야겠다.

Rita Oh, it's raining a lot.

Is your camera okay in the rain?

Bob Of course. **047** It should be okay.

This camera is weatherproof.

Rita Weatherproof? What does that mean?

Bob It means it's okay with rain, wind, and dust.

Rita Cool! I should get one of those.

VOCABULARY

a lot 많이   **weatherproof** 생활 방수가 되는   **dust** 먼지   **cool** 멋진, 근사한

KEY EXPRESSIONS

1 **비가 와도 괜찮은**
okay in the rain
옷이나 전자 기기 등이 비가 와도 괜찮다고 할 때 okay in the rain이라고 하고 눈을 맞아도 괜찮다면 okay in the snow라고 합니다.

2 **비나 바람, 먼지에도 끄떡없는**
okay with rain, wind, and dust
비를 맞던 바람이 불던 먼지가 들어가던 다 괜찮다고 할 때 with 뒤에 이렇게 쓸 수 있어요. 비나 눈이 올 때 괜찮다는 건 okay in the rain, okay in the snow라고 하죠.

3 **그거 하나를 사다**
get one of those
장을 볼 때 '저거 하나 주세요'라는 말을 원어민들은 아주 흔하게 I'll get one of those.라고 합니다. 딱 하나만 두고 파는 게 아니니까요.

누르고 있을 때만 물이 나오는 절수 샤워기에 대해 얘기를 나누는 상황입니다. 우리말 대화를 보고 영어로 생각해본 다음에 영어 대화문을 보세요.

댄	요즘은 많은 호텔에서 물을 절약할 수 있는 똑똑한 아이디어를 쓰더라: 샤워기가 작동하게 하려면 버튼을 누르고 있어야 하는 거지.
헤더	그거 짜증나겠다.
댄	그럴 수도 있지, 근데 일단 익숙해지면, 그렇게 나쁘지도 않아. 몸을 닦는 동안 물을 절약하는 거잖아.
헤더	우리가 쓰게 그 샤워기 사고 싶다는 말은 아니지.
댄	짜잔! 벌써 샀지롱!

Dan　These days many hotels use a neat trick to save water: you have to hold down a button for the shower to work.

Heather　That sounds annoying.

Dan　It can be, but once you get used to it, it's not so bad. You save water when you're scrubbing your body.

Heather　**048** Don't tell me you'd like to get that shower for us.

Dan　Tada! I already got it!

VOCABULARY

save 절약하다, 아끼다　**work** 작동하다, 돌아가다　**scrub** 문지르다
Tada 뭔가를 보여줄 때 쓰는 의성어, 짜잔

KEY EXPRESSIONS

1　**물을 절약할 수 있는 똑똑한 방법**
a neat trick to save water

뭔가 머리를 쓴 기발한 방법을 표현할 때 trick이라고 해요. neat는 '단정한, 정돈된'이라는 뜻도 있지만, a neat trick에서처럼, '깔끔한'이라는 뜻도 가지고 있어요.

2　**샤워기를 작동시키려면 버튼을 누르고 있다**
hold down a button for the shower to work

hold down은 '계속 누르고 있다'는 걸 말해요. 그러니까 hold down a button은 '버튼을 누르고 있다'는 건데요. 이유는? for the shower to work '샤워기를 작동시키기 위해서'죠.

3　**일단 익숙해지면**
once you get used to it

once는 '일단 뭐뭐하면'이라는 뜻이예요. get used to it은 '그것에 익숙해진다'는 거죠. Once you get used to it, it's not that hard. Once you get used to it, it's easy.라고도 해요.

SPEAKING PATTERNS

핵심 패턴

046

~할 때까지 기다려야 할 것 같아.
I'll have to wait until ~.

그거 값이 내려갈 때까지 기다려야 할 것 같아.
I'll have to wait until the prices go down.

날씨가 따뜻해질 때까지 기다려야 할 것 같아요.
I'll have to wait until the weather gets warm.

아이들이 돌아올 때까지 기다려야 할 것 같은데요.
I'll have to wait until my kids come back home.

어떤 시점까지 기다려야겠다는 생각이 들 때 이 패턴을 써보세요.

핵심 패턴

047

~할 거야.
It should be ~.

월요일까지는 끝날 거야.
It should be done by Monday.

그건 그들이 알아서 할 거야.
It should be taken care of by them.

괜찮을 거야. 그러니까 걱정 마.
It should be okay, so don't worry.

무엇이 어떻게 될 거라고 생각이 될 때, 그럴 것 같을 때 이 패턴을 써보세요.

핵심 패턴

048

설마 ~하고 싶다는 건 아니겠지.
Don't tell me you'd like to ~.

우리가 쓰게 그 샤워기 사고 싶다는 말은 아니지.
Don't tell me you'd like to get that shower for us.

너 또 그만두겠다는 건 아니지.
Don't tell me you'd like to quit again.

너 설마 하나 더 사고 싶다는 건 아니겠지.
Don't tell me you'd like to get another one.

'상대방이 설마 이렇게 하고 싶다는 건 아니겠지'라는 생각이 들 때 이 패턴을 써보세요.

I think we can be scared at first.

scared는 '무서운', '무서운 영화'는 scaring movie?

Q

scared는 '무섭다, 두렵다'라는 거잖아요. 그럼 영화나 얘기가 '무섭다'는 건 scaring이라고 해요?

A

아니에요. **I think we can be scared at first.** 에서 scared는 '무서움을 느끼다, 두렵다'라는 뜻이잖아요? 그런데 영화나 누가 해준 얘기가 '무섭다'라고 할 때는 scary라고 해요. 많은 경우 동사의 과거완료는 사람이 어떤 느낌을 받는다는 말이고, 현재완료는 사람으로 하여금 어떤 느낌을 받게 만든다는 뜻이 되죠? '정신이 산만하다'는 건 distracted, '신경을 분산시키다'는 건 distracting이죠. 그런데 scared, scary와 같은 몇몇 단어들은 달라요.

위험을 무릅쓸 순 없지.
We shouldn't take any chances.

굳이 위험을 무릅쓰지 말고 안전하게, 확실하게 하자고 할 때 이 문장을 써보세요.

아프면 병원에 가자고 할 때

A 그렇게 많이 아프지 않아. 우리, 병원에 갈 필요 없어.

B 아, 위험을 감수하지 말자.

A It doesn't hurt that bad. We don't need to go to the hospital.

B Well, **we shouldn't take any chances.**

확실하게 식당 예약을 하자고 할 때

A 오늘 저녁에 우리 예약할 필요 없겠지, 그치?

B 미리 전화해보자. 위험을 무릅쓰지 말자고.

A We don't need to make a reservation tonight, right?

B Let's call ahead. **We shouldn't take any chances.**

UNIT 17
뭐든 이루려면 행복한 가정이 최고!

누구 닮으면 좋겠어? / 일도 좋지만 가정이 우선 / 직접 가서 뵙기로

TRY IT IN ENGLISH

내가 제일 사랑하는 내 가족을 위해 더 많은 시간과 정성을 들이며 사는 사람들의 대화문을 익히면서 여러분의 소중한 사람들을 떠올려보세요.

강의 **17**

베티	손, 우리 쌍둥이가 태어나면 누구를 닮으면 좋겠어?
손	난 당신을 닮았으면 좋겠는데.
	아, 우리 아이들이 태어나서 누구를 닮을지 보여주는 어플이 있어.
베티	정말? 그거 지금 해보자.
손	이 아기들 좀 봐!
	당신과 나를 꼭 닮았어.
베티	그러게. 정말 똑똑한 어플이다!

아이들이 태어나면 누구를 닮을지 얘기하는 상황입니다. 우리말 대화를 보고 영어로 생각해본 다음에 영어 대화문을 보세요.

음원 **17-1**

Betty	Sean, who do you think our twin girls will resemble?
Sean	I hope they look like you.
	049 Oh, there's an app to show us what our babies will look like.
Betty	Really? Let's try that now.
Sean	Look at these babies!
	They look just like you and me.
Betty	Yes. What a smart application!

CHAPTER 2

VOCABULARY

resemble 닮다 **show** 알려주다, 보여주다 **try** 해보다 **application** 어플, 앱

KEY EXPRESSIONS

1 **누구를 닮다**
look like + 누구

〈look like + 누구〉는 '누구를 닮다, 누구처럼 생기다'라는 뜻이예요. 사람을 닮았다고 할 때도 쓰지만, Look! Doesn't that moon look like my eyebrow? '저것 좀 봐! 저 달이 내 눈썹같이 생기지 않았니?' 이렇게도 말하죠.

2 **우리 아기들이 누구를 닮을지를 알려주는/보여주는 앱**
an app to show us what our babies will look like

an app은 '앱'이죠. 그런데 어떤 앱이냐면 to show us '우리에게 보여주는' 앱이죠. What our babies will look like '아기들이 태어나면 어떻게 생겼을지를 보여주는 앱'이라는 말입니다.

3 **똑똑한 앱**
a smart application

smart는 사람이 똑똑할 때만이 아니라 기계, 전자 제품 등의 기능이 좋다고 할 때도 써요. A smart TV, a smart phone, a smart washing machine, 익숙하시죠?

일도 일이지만 가족이 더 중요하다고 생각되어 근무 시간을 조정했다고 말하는 상황입니다. 우리
말 대화를 보고 영어로 생각해본 다음에 영어 대화문을 보세요.

음원 **17-2**

잭	여보, 나 우리 사장님한테 근무 시간 줄여달라고 했어.
줄리	당신도? 나도 그랬는데.
잭	좋은 생각은 누구나 하는 법이네.
	돈을 더 벌기보다는, 우리 가족을 더 잘 챙기자.
줄리	그럼 이제 집에 몇 시쯤에 오는 건데?
잭	4시나 4시 반쯤.
줄리	우리 번갈아가면서 아이들을 유치원에서 데려올 수 있겠다.

Jack	Honey, I asked my boss to shorten my working hours.
Julie	You did? I did that, too.
Jack	Great minds think alike.
	050 　Instead of making more money,
	let's take care of our family more.
Julie	Then what time will you be coming home now?
Jack	Around 4 or 4:30.
Julie	We can take turns picking up our kids from kindergarten.

VOCABULARY

shorten 단축하다, 줄이다 　**instead of ~** ~하는 것 대신에
take care of ~ ~를 챙기다, 돌보다 　**kindergarten** 유치원

KEY EXPRESSIONS

1 **근무 시간을 줄이다**
shorten my working hours
short에 -en을 붙인 shorten은 '줄이다, 감축하다'라는 뜻의 동사입니다. shorten은 시간
을 줄이는 것 말고도 소매 단, 바지 길이를 줄일 때도, shorten the sleeves of my shirt,
shorten the length of my pants라고 해요.

2 **우리 가족을 더 챙기다**
take care of our family more
take care of는 사람이나 동물, 화초 등 어떤 대상을 '돌봐주다, 챙겨주다'라는 뜻이죠. 이
밖에도 문제나 일을 '해결하다'라고 할 때도 씁니다.

3 **돌아가면서 교대로 아이들을 데리러 가다**
take turns picking up our kids
take turn 뒤에 동사의 ~ing 형태를 쓰면 '돌아가며, 번갈아 그것을 하다'라는 뜻이 돼요.
pick up our kids는 우리 아이들을 데리러 가는 거니까 그걸 교대로 한다는 거죠.

어버이날, 현금만 보내드리는 것보다는 직접 가서 뵙고 시간을 같이 보내자고 하는 상황입니다.
우리말 대화를 보고 영어로 생각해본 다음에 영어 대화문을 보세요.

음원 **17-3**

(그레그가 식당에서 릴리와 점심을 먹고 있다.)

릴리	그레그, 매트한테 시간 내줘서 고마워.
그레그	내가 도움이 되었다니 다행이다.
릴리	근데, 너 오늘 부모님 댁에 갈 거야?
그레그	그럼. 오늘 어버이날이잖아. 그러니까… 전엔 그냥 용돈 보내드리고 전화를 드렸는데.
	근데 지금은 그분들과 시간을 함께 하는 게 얼마나 소중한 건지 알거든.
릴리	그래. 인생은 짧지.

CHAPTER 2

(Greg is having lunch with Lily at a restaurant.)

Lily Greg, I appreciate you making some time for Matt.

Greg I'm glad I could help him.

Lily By the way, are you going to visit your parents today?

Greg Of course. Today is Parents' Day, so... I used to just send them money and call them. But now

051 I know how precious it is to spend time with them.

Lily Right. Life is short.

VOCABULARY

appreciate 고마워하다, 감사해 하다   **glad** 기쁜, 기분이 좋은   **precious** 소중한, 값진
Parents' Day 어버이날

KEY EXPRESSIONS

1 부모님을 찾아 뵙다 visit one's parents

〈visit + 누구〉라고 하면 '누구를 찾아가 만나다, 찾아가서 뵙다'라는 뜻인데요, go to see
~ 혹은 차를 타고 간다고 해서 drive to see ~, 비행기를 타고 가면 fly to see ~라고 할
수도 있어요.

2 그분들에게 돈을 보내드리고 전화를 드리다
send them money and call them

'누구에게 뭔가를 보낸다'는 건 〈send + 누구 + 무엇〉의 순서로 쓰거나 〈send + 무엇 + to
+ 누구〉라고 써요. 그리고 '누구에게 전화를 하다'라는 건 〈call + 누구〉 혹은 〈give + 누구
+ a call〉이라고도 하죠.

3 그분들과 시간을 같이 보내는 게 얼마나 소중한 일인지
how precious it is to spend time with them

how precious는 감탄문의 형식이예요. 'to 이하가 얼마나 소중한지'라는 뜻이죠.

SPEAKING PATTERNS

049

아, ~해주는 어플이 있어.
Oh, there's an app to ~.

아, 우리 아이들이 태어나서 누구를 닮을지 보여주는 어플이 있어.
Oh, there's an app to show us what our babies will look like.

아, 우리 성격이 어떤지를 알려주는 어플이 있어.
Oh, there's an app to tell us what our personalities are like.

아, 좋은 습관을 가질 수 있게 해주는 어플이 있어.
Oh, there's an app to show us how to build up good habits.

어떻게 해주는 어플이 있다고 알려줄 때 이 패턴을 써보세요.

핵심 패턴
050

~하기보다는 …하자.
Instead of ~ing, let's …

돈을 더 벌기보다는, 우리 가족을 더 챙기자.
Instead of mak**ing** more money, **let's** take care of our family more.

몸무게를 많이 줄이기보다는, 좀 더 건강해지는 데에만 집중하자.
Instead of los**ing** lots of weight, **let's** just focus on getting healthier.

많은 일을 하기보다는, 몇 가지 일에만 집중하자.
Instead of do**ing** a lot of things, **let's** focus on only a few things.

두 가지 중에서 어떤 하나를 하는 대신에, 다른 어떤 것을 하고 싶다고 표현할 때 이 패턴을 써보세요.

핵심 패턴
051

~하는 게 얼마나 소중한 건지 난 알아.
I know how precious it is to ~.

그분들과 같이 시간을 보내는 게 얼마나 소중한 건지 알아.
I know how precious it is to spend time with them.

친구들을 돕는 게 얼마나 값진 일인지 알아.
I know how precious it is to help our friends.

인생의 매 순간을 즐기는 게 얼마나 소중한 일인지 알아.
I know how precious it is to enjoy every moment in life.

어떤 것을 하는 것이 아주 소중하고 값진 것이라는 걸 알고 있다고 할 때 이 패턴을 써서 말해보세요.

I asked my boss to shorten my working hours.

short는 '짧은', shorten은 '줄이다'?

Q

short는 '짧은'이라는 뜻의 형용사고, shorten은 '짧게 하다. 줄이다'라는 뜻의 동사잖아요. 그럼 모든 형용사 뒤에 -en을 붙이면 동사가 되나요?

A

아니요. 그렇지는 않습니다. 형용사 뒤에 -en을 붙여서 동사가 되는 것들이 있고 (ex. bright 밝은, brighten 밝게 하다, 밝히다) 형용사 앞에 -en을 붙여서 동사가 되는 것들도 있어요. 예를 들어, '부유한'이라는 뜻의 형용사는 rich죠? 이 앞에 -en을 붙이면 enrich가 되는데요, '부유하게 만들다, 부유하게 하다, 풍요롭게 하다'라는 뜻의 동사입니다. 단어마다 다르니까, 나올 때마다 외워두세요.

이거 가지고 있어.
Hang on to it/these/those.

어떤 것을 상대방에게 가지고 있으라고 말할 때 아주 자주 유용하게 쓸 수 있는 말이 **Hang on to it/these/those.**입니다. **Hang on to** 뒤에 가지고 있으라고 말하는 물건을 넣어서 말할 수도 있습니다.

유로화를 가지고 있으라고 할 때

A 유로화가 좀 있는데.
B 그건 네가 가지고 있어.

A Here are some euros.
B Hang on to those.

상대방에게 책을 가지고 있으라고 할 때

A 이 책, 네가 가지고 있을래?
B 그냥 네가 가지고 있어.

A Will you keep this book with you?
B Just hang on to that.

내 인생의 버킷 리스트 여행지

여행지 하면 아프리카지, 아니, 남미지 / 걸어서 세계 밖으로 / 이런 상상도 괜찮잖아?

TRY IT IN ENGLISH
꼭 한 번 가보고 싶은 여러 여행지에 대해 얘기를 나누는 대화문을 익히면서 여러분이 꼭 가보고 싶어 숨겨둔 그곳에 대해서도 영어로 얘기해보세요.

강의 18

(트레이시와 테드가 여행에 대한 얘기를 나누고 있다.)

트레이시 다음엔 어디 갈 거야?

테드 아마 아프리카?

트레이시 멋지다! 넌 아프리카 대륙에 있는 나라에 가봤어?

테드 응, 이집트만. 할 수 있다면, 아프리카 전역을 다 여행하고 싶어. 너는 다음에 어디 갈 건데?

트레이시 나는 남미에 갈 거야: 페루랑 칠레, 아르헨티나, 그리고 다른 곳도.

테드 멋지다! 우린 정말 여행 중독자들이야.

두 사람이 각자 가보고 싶은 여행지에 대해 얘기를 나누는 상황입니다. 우리말 대화를 보고 영어로 생각해본 다음에 영어 대화문을 보세요.

(Tracy and Ted are talking about traveling.)

Tracy What's your next destination, Ted?

Ted Maybe Africa?

Tracy Cool! Have you been to any countries on the African continent?

Ted Yes, but only Egypt.
052 If I could, I'd love to travel all over Africa.
What's your next destination?

Tracy I'll go to South America: Peru, Chile, Argentina, and a few other places.

Ted Nice! We're such travelers.

CHAPTER 2

VOCABULARY

destination 목적지 **continent** 대륙 **a few** 몇몇의 **traveler** 여행자

KEY EXPRESSIONS

1 **아프리카 대륙에 있는 나라들**
any countries on the African continent
어떤 나라들에 가봤는지 묻는 의문문에서는 any countries를 쓰고요. '어떤 대륙에 있는'이라고 할 때는 on을 씁니다. 그리고 아프리카 대륙은 African continent라고 해요.

2 **아프리카 전역을 여행하다**
travel all over Africa
travel은 '여행을 한다'는 뜻이고, 〈all over + 어디〉는 '어디 전역 모두'를 가리키죠. '아프리카 전역을 여행한다'고 하면 travel all over Africa, '아시아 전역을 여행한다'고 하면 travel all over Asia라고 해요.

3 **정말 여행을 좋아하는 사람들**
such travelers
such나 so는 둘 다 강조할 때 쓰는 말인데요. 명사가 있을 때는 such를, 명사가 없고 형용사만 있을 때는 so를 써요. such a lovely place, such sweet people, so lovely, so sweet, 이렇게요.

SITUATION 2　걸어서 세계 밖으로

걸어서 여행하는 것이 꿈이라고 말하는 상황입니다. 우리말 대화를 보고 영어로 생각해본 다음에
영어 대화문을 보세요.

음원 18-2

짐	내 버킷 리스트에 있는 첫 번째는 걸어서 여행하는 거야.
폴라	걸어서? 교통수단을 이용하지 않고?
짐	비행기만 빼고, 보행자 구역이 많은 도시들을 골라야지.
	아니면 프랑스에서 스페인까지 순례자 길을 걸을 수도 있고.
폴라	진짜 모험이네! 너무 좋을 것 같다.
짐	같이 갈래?

Jim	The first thing on my bucket list is to travel on foot.
Paula	On foot? 053 Without using any kind of transportation?
Jim	Except a plane. I'll pick cities with many pedestrian areas.
	Or I can walk along the pilgrimage route
	from France to Spain.
Paula	What an adventure! It sounds too good to be true.
Jim	Will you join me?

VOCABULARY

on foot 걸어서　　**transportation** 교통수단　　**pedestrian** 보행자　　**pilgrimage** 순례자

KEY EXPRESSIONS

1　**버킷 리스트의 1순위에 있는 것**
the first thing on one's bucket list
kick the bucket이라는 말은 '죽다'라는 의미의 슬랭 표현이예요. 그래서 bucket list는 아
시다시피, '죽기 전에 꼭 해보고 싶은 것들을 적은 목록'을 말합니다.

2　**보행자 구역이 많이 있는 도시들**
cities with many pedestrian areas
cities '도시들'인데, 그 도시에 뭐가 많은 도시냐면, pedestrian areas 차가 못 다니고 '사
람들이 걸어 다닐 수만 있는 곳'이 많은 도시를 가리키는 표현입니다.

3　**순례자의 길을 따라 걷다**
walk along the pilgrimage route
walk along ~은 '어디를 따라 걷다'라는 말이예요. the pilgrimage route는 '순례자의 길'
을 가리키는 말이고요.

황당하게 들릴 수 있는 이유로 어떤 도시에 여행을 가보고 싶다고 말하는 상황입니다. 우리말 대화를 보고 영어로 생각해본 다음에 영어 대화문을 보세요.

음원 18-3

해리   그래, 네 버킷 리스트에는 어떤 나라들이 있는데?
리타   우선, 페루지. 페루는 온갖 경이로움과 다양한 경험들이 가득한 곳이잖아.
해리   나는 로스앤젤레스에 있는 비버리 힐즈에 가보고 싶어.
        자기 반려견을 산책시키는 잭 블랙이랑 마주치는 걸 상상해봐!
리타   그게, 네가 로스앤젤레스에 가고 싶다는 이유야?
        으휴, 해리야…

Harry   So, what countries are on your bucket list?
Rita   **054**   First off, I would say Peru.
         Peru is full of wonder and many diverse experiences.
Harry   I'd like to go to Beverly Hills in Los Angeles! Imagine
         running into Jack Black while he is walking his dog!
Rita   Is that the reason you'd like to travel to Los Angeles?
         Oh, Harry…

VOCABULARY

bucket list 죽기 전에 꼭 해보고 싶은 일을 적은 목록   **wonder** 경이로움
diverse 다양한, 다채로운   **run into ~** ~와 우연히 마주치다

KEY EXPRESSIONS

1   **경이로움과 다양한 경험들이 가득하다**
    be full of wonder and many diverse experiences
    '무엇으로 가득 차 있다'고 할 때 〈be full of + 무엇〉이라고 해요. wonder는 '경이로움, 경이로운 것'을 가리키고, diverse experiences는 '다양한 경험할 거리들, 다채로운 경험할 거리들'을 뜻하죠.

2   **자기 반려견을 산책시키는 잭 블랙과 마주치다**
    run into Jack Black while he is walking his dog
    〈run into + 누구〉는 '우연히 누군가와 마주치다'라는 뜻이예요. bump into도 같은 뜻입니다. 누군가와 마주치는데, while he is walking his dog '그 사람이 자기 강아지를 산책시키고 있을 때' 그러다가 우연히 마주친다는 말입니다.

3   **네가 거기 가고 싶어 하는 이유**
    the reason you'd like to travel to + 장소
    the reason은 '이유'를 말하는데요, 뒤에 why를 쓰지 않고 바로 주어, 동사를 쓸 수 있어요. 어떤 이유냐면, you'd like to travel there '네가 거기로 여행을 하러 가고 싶어하는' 이유라는 뜻이죠.

Big 3
SPEAKING PATTERNS

핵심 패턴 052

할 수만 있다면, ~하고 싶어.
If I could, I'd love to ~.

할 수만 있다면, 아프리카 전역을 다 여행하고 싶어.
If I could, I'd love to travel all over Africa.

할 수만 있다면, 한 마리 더 입양하고 싶어.
If I could, I'd love to adopt one more dog.

할 수만 있다면, 거기 더 오래 있고 싶어.
If I could, I'd love to stay there longer.

'뭔가를 할 수 있을까?' 싶을 때, 할 수만 있다면 정말 하고 싶다는 생각이 들 때 이 패턴을 써보세요.

핵심 패턴 053

~하지 않고?
Without ~ing?

교통수단을 이용하지 않고?
Without us**ing** any kind of transportation?

쉬지도 않고?
Without tak**ing** a break?

표지판을 안 보고 말이야?
Without look**ing** at the signs?

어떤 것을 하지 않고 무엇을 했다는 말인지 확인할 때 이 패턴을 써보세요.

핵심 패턴 054

우선, 나는 ~할 거야/~하겠어.
First off, I would ~.

우선, 페루지.
First off, I would say Peru.

무엇보다도, 친구들이랑 놀 거야.
First off, I would hang out with my friends.

우선, 집부터 치워야지.
First off, I would clean up my place.

다른 것보다도 어떤 것을 우선적으로 하겠다고 할 때 이 패턴을 써보세요.

First off, I'd say Peru.
페루? 퍼루?

Q

Peru라는 나라를 우리는 /페루/라고 발음하는데요, 영어 발음을 들어보니까 /퍼루/라고 하는 것 같아요. 나라나 도시 이름들이 영어로는 발음이 다 다른가요?

A

네, 나라 이름, 도시 이름, 사람 이름 등 고유명사의 발음을 우리는 그 나라에서 발음하는 대로 하고 있는데요, 미국식 영어로는 미국식 영어 단어를 발음하는 식으로 바꿔서 발음해요. 그러니까 예를 들면, 독일의 도시인 뮌헨(Munchen)을 미국 영어로는 /뮤닉/이라고 발음하고, 스웨덴(Sweden)이라는 나라는 미국 영어로는 스웨덴이 아니라 /스위든/이라고 발음해요. 철학자 아리스토텔레스는 미국 영어로 Aristotle /애뤼스타를/과 같이 발음하죠.

CHAPTER 2

LEVEL UP
EXPRESSIONS

그런 거 늘 갖고 싶었는데.
I've always wanted one like that.

상대방이 어떤 물건에 대해서 말을 했을 때, 마침 나도 그것을 아주 갖고 싶었던 참이었다고 말을 할 수 있을 겁니다. 이럴 때 영어로 I've always wanted one like that.이라고 말할 수 있어요.

강아지를 키우고 싶었다고 할 때

A 새로 데리고 온 우리 강아지 좀 봐!
B 우와! 난 늘 그런 강아지 한 마리 키우고 싶었는데.

A Check out my new puppy!
B Wow! **I've always wanted one like that.**

소파를 갖고 싶었다고 할 때

A 나, 거실에 소파 새로 샀어.
B 그런 거 늘 갖고 싶더라.

A I just got a new couch for the living room.
B **I've always wanted one like that.**

UNIT 19

인생의 멘토를 찾아라

멘토가 되어줘 / 세상 최고의 은사님 / 진정한 친구가 되고 싶니?

TRY IT IN ENGLISH

누구나 인생에 멘토 한 분이 있으면 훨씬 더 깊이 있는 좋은 인생을 살 수 있을 것 같다고 말하는 다양한 대화문들을 익히면서 여러분의 멘토에 대해 생각해보세요.

강의 **19**

베티 밥, 나 부탁 하나 해도 될까?

밥 음, 어떤 부탁이냐에 따라 다르지.
(웃으면서) 하하, 농담이야. 말해봐.

베티 프리랜서가 되고 싶어하는 조카가 있는데.
그 친구한테 조언을 좀 해줄 수 있을까?
멘토가 필요하거든.

밥 내가 뭐 도움이 될지 잘 모르겠네.

베티 왜 이러셔. 넌 너무 겸손해.

친구에게, 조카를 위해 좋은 멘토가 되어 달라고 부탁하는 상황입니다. 우리말 대화를 보고 영어
로 생각해본 다음에 영어 대화문을 보세요.

음원 19-1

Betty	Bob, can I ask you a favor?
Bob	Well, it depends on what that is.
	(laughing)
	Haha, I'm kidding. Tell me.
Betty	I have a nephew who wants to be a freelancer.
	Can you give him some good advice? He needs a mentor.
Bob	**055** I'm not sure if I can be of help.
Betty	Come on. You're too humble.

VOCABULARY

favor 부탁   **kid** 농담하다   **cousin** 사촌   **humble** 겸손한

KEY EXPRESSIONS

1   **그게 뭐냐에 따라 다르다**
depend on what that is
〈depend on + 무엇〉은 '무엇에 달려 있다, 그것에 따라 달라진다'라는 말이예요. 보통
〈That/It depends on + 무엇〉이라고 쓰는데요, 간단하게 That/It depends. '그게 뭐냐에
따라 다르지'라고 하기도 합니다.

2   **그 사람에게 조언을 해주다**
give him/her some good advice
give 누구 뒤에 advice를 쓰면 '그 사람에게 조언을 해준다'는 말이예요. advice는 하나, 둘
셀 수 없는 명사로서, 앞에 some을 쓰거나 a piece of advice와 같이 쓰죠.

3   **내가 도움이 될 수 있을지 잘 모르는**
not sure if I can be of help
sure는 '잘 알겠다, 확신하다'라는 뜻이고, not sure는 '잘 모르겠다'는 말이예요. If는 '뭐뭐
인지 아닌지'라는 뜻이고, be of help는 '도움이 되다'라는 뜻입니다.

CHAPTER 2

내 인생 최고의 은사님과 통화를 하고 선생님에 대해 얘기를 나누는 상황입니다. 우리말 대화를
보고 영어로 생각해본 다음에 영어 대화문을 보세요.

음원 **19-2**

(로라가 전화를 끊고 나서)

마이크	당신, 누구랑 통화했어?
로라	내가 제일 존경하는 선생님, 데이 선생님께 전화 드렸어.
마이크	그 선생님이 당신한테 왜 그렇게 특별한 건데?
로라	그분은, 돈보다 자산이 더 중요하다고 늘 말씀하셨어.
	그 자산에는, 우리 주변에 있는 좋은 사람들이 들어 있다고.
마이크	그런 분이 선생님이셨으니, 당신은 참 운이 좋았네.
로라	그러게 말이야.

(After Lora hung up the phone.)

Mike	Who did you talk to?
Lora	**056** I called the teacher whom I respect the most, Ms. Day.
Mike	Why is that teacher so special to you?
Lora	She always said assets were more important than money.
	Those assets include the good people around us.
Mike	You were so lucky to have her as your teacher.
Lora	I know.

▬▬▬ **VOCABULARY**

respect 존경하다   **asset** 자산   **include** 포함하다   **lucky** 운이 좋은, 행운인

KEY EXPRESSIONS

1 **내가 제일 존경하는 선생님**
the teacher whom I respect the most
the teacher '선생님'인데, 그분이 누구시냐면, whom I respect the most '내가 가장 존
경하는 그런 선생님'이라는 뜻입니다. 일상생활에서는 whom 대신에 who를 쓰기도 해요.

2 **돈보다 자산이 더 중요하다**
assets are more important than money
assets는 '돈'만을 가리키는 것이 아니라 더 넓은 의미의 '자산'이라는 뜻이예요. 이 assets
가 money '돈'보다 훨씬 더 중요하다는 말이죠.

3 **그분이 선생님이시라니 너는 참 운이 좋은**
so lucky to have her as your teacher
so lucky는 '아주 운이 좋은'이라는 말이죠. 왜 운이 좋다고 하느냐면, to have her as
your teacher '그분을 선생님으로 모실 수 있었으니까'라는 의미입니다.

진정한 친구가 되려면 먼저 마음을 열고 솔직하고 진솔하게 대하라고 알려주는 상황입니다. 우리 말 대화를 보고 영어로 생각해본 다음에 영어 대화문을 보세요.

프레드	엄마, 어떻게 하면 좋은 친구가 될 수 있을까요?
헤더	친구를 사귈 때는, 솔직하고 진실되야 해.
프레드	알겠어요. 다른 건요?
헤더	마음을 열어야지. 친구를 판단하려고 하지 말고.
프레드	네. 사실은, 리사가 아주 붙임성이 있고 활달하거든요. 저도 활달한 척해야 할까요?
헤더	아니야. 내가 말했듯이, 진실되게 하라니까. 그냥 네 모습 그대로.

CHAPTER 2

Fred   Mom, how can I be a true friend?

Heather **057** When making a new friend, **be** honest and genuine.

Fred   Okay. Anything else?

Heather Be open-minded. Don't try to judge your friend.

Fred   I see. Actually, Lisa is very friendly and outgoing.
        Should I pretend to be outgoing, too?

Heather No. Be genuine, like I said.
        Just be yourself.

VOCABULARY

genuine 솔직한, 진실된   **open-minded** 마음이 열려 있는, 편견이 없이 대하는
actually 사실, 실은   **outgoing** 외향적인

KEY EXPRESSIONS

1   **솔직하고 진실된** honest and genuine
    솔직하고 정직한 것이 honest이고 거짓이나 위선으로 가리고 어떤 척을 하지 않고 있는 그 대로 대하는 것을 genuine이라고 해요. 가짜와 진짜 중에서 진품을 가리킬 때도 쓰죠.

2   **마음을 여는, 마음을 열고 대하는** open-minded
    마음을 열고 대하거나 포용력을 가지고 어떤 것을 대할 때 open-minded라고 해요. Be open-minded. '늘 마음을 열고 대해' She's always open-minded. '그녀는 늘 마음을 열 고 사람들을 대해'처럼 말하죠.

3   **친구를 판단하려고 들다** try to judge your friend
    try to ~는 '어떻게 하려고 하다, 그렇게 하려고 애쓰고 노력한다'는 것을 말하죠. 그리고 judge your friend처럼 누군가를 judge한다는 것은 내 기준에서 어떤 사람을 평가하려고 하는 것을 뜻해요.

핵심 패턴 055

~할 수 있을지 잘 모르겠어.
I'm not sure if I can ~.

내가 뭐 도움이 될지 잘 모르겠네.
I'm not sure if I can be of help.

내가 제시간에 도착할 수 있을지 잘 모르겠어.
I'm not sure if I can make it on time.

너희 집을 내가 잘 찾을 수 있을지 모르겠다.
I'm not sure if I can find your place okay.

내가 뭔가를 할 수 있을지 없을지 잘 모르겠다고 할 때 이 패턴을 써보세요.

핵심 패턴 056

…한 ~에게 전화를 했어.
I called ~ who/whom …

내가 제일 존경하는 선생님께 전화 드렸어.
I called my teacher **whom** I respect the most.

내가 제일 의지하는 절친한테 전화했어.
I called my best friend **whom** I count on the most.

늘 내 머리를 해주시는 헤어 디자이너에게 전화 걸었어.
I called the hairdresser **who** always does my hair.

내가 어떤 사람에게 전화를 걸었다고 할 때 이 패턴을 써보세요.

핵심 패턴 057

~할 때는, …해.
When ~ing, 동사원형 …

새 친구를 사귈 때는, 솔직하고 진실해야 해.
When mak**ing** a new friend, **be** honest and genuine.

결정을 내릴 때는, 시간을 갖고 천천히 해.
When mak**ing** a decision, **take** your time.

뭔가를 떠날 때는, 뒤돌아보지 말고 앞으로 계속 나아가.
When leav**ing** something, **don't look** back and just move on.

무엇을 할 때는 어떻게 하라고 알려주고자 할 때 이 패턴을 써보세요.

Those assets include the good people around us.

people의 복수는 peoples?

Q

Those assets include the good people around us.에서 the good people은 '좋은 사람들'이라는 복수죠? 혹시 사람의 복수형은 peoples가 아닌가요?

A

아닙니다. people은 그냥 '사람들'을 가리키는 명사로 뒤에 -s를 붙이지 않아요. peoples라고 하면 여러 인종들의 사람들을 가리키는 말이 돼요. 반면에 person은 단수, 복수형이 있죠. 한 명은 a person이라고 하고, 두 명 이상의 사람들은 persons라고 해요.

**LEVEL UP
EXPRESSIONS**

네가 큰 도움이 되었어.
You were a big help.

상대방이 큰 도움을 주었을 때 쓸 수 있는 말입니다. **You helped a lot.**이라고 할 수도 있는데, **You helped a lot.**은 '상대방이 많이 도와줬다'는 것을 의미하고, **You were a big help.**는 '상대방이 큰 도움이 되었다'라는 거니까 뉘앙스가 약간 다르죠?

상대방이 작업을 도와주었을 때

A 자아, 그게 마지막 박스야.

B 우와, 고마워! 네가 오늘 큰 도움을 줬어.

A Okay, that's the last box.

B Wow, thanks! **You were such a big help today.**

큰 도움이 된 사람한테 고마워하면서

A 그 사람 없었으면 이거 못했을 거야.

B 그러게. 그 사람이 큰 도움이 되었어.

A I couldn't have done it without him.

B Yeah. **He was a big help.**

UNIT 20

인내는 쓰고 열매는 달다

SNS 반응이 왜 이렇게 느리지? / 일관성이 중요해 / 이 또한 다 지나가리니

새로운 일을 시작하든, 힘든 상황에 부딪히든, 중요한 건 꾸준히 일관성을 가지고 헤쳐
나가는 거라는 지혜를 알려주는 대화문을 통해 조금 더 나아질 미래를 기대해보세요.

강의 **20**

피오나	내가 소셜 미디어에 우리 제품을 올렸어.
잭	그랬어? 우리 계정을 새로 만든 거야?
피오나	응. 근데 아직 팔로워가 많진 않아.
잭	누구도 소셜 미디어에서 금방 성공할 수는 없어. 하룻밤에 결과가 나오지는 않으니까, 차분하게 기다려보자.
피오나	맞네. 난 가능한 한 우리 팔로워들에게 답을 많이 달아볼게.
잭	좋아. 나는 광고할 수 있는 다른 방안을 찾아보도록 할게.

SNS 반응이 왜 이렇게 느리지?

SNS 홍보에 대한 반응이 느리자, 조급해 하는 사람에게 인내심을 가지라고 말해주는 상황입니다.
우리말 대화를 보고 영어로 생각해본 다음에 영어 대화문을 보세요.

음원 **20-1**

Fiona	I posted pictures of our products on social media.
Jack	You did? Did you make a new account for us?
Fiona	Yes. But there aren't many followers yet.
Jack	No one can grow a social media account in one day.
	Results don't come overnight, so let's just be patient.
Fiona	You're right.
	I'll just reply to our followers as much as I can.
Jack	Cool.　058　I'll try to find another way to advertise.

CHAPTER 2

VOCABULARY

post (사진이나 글 등을) 올리다　**grow** 성장하다, 성공하다　**patient** 인내심을 가진, 차분한
advertise 광고하다, 홍보하다

KEY EXPRESSIONS

1　**소셜 미디어에서 성장하다**
grow a social media account
grow a plant라고 하면 '화초를 기른다'는 거죠? grow a social media account라고 하
면 소셜 미디어에서 팔로워 수나 구독자 등을 늘려가는 것을 말합니다.

2　**결과 등이 즉각적으로 나오다**
come overnight
'어떤 결과가 나온다'고 할 때 come을 써요. 그런데 그 결과가 '갑자기 바로, 즉각적으로' 나
온다는 표현을 할 때 overnight을 쓰는 거예요.

3　**광고/홍보를 할 수 있는 다른 방안을 찾다**
find another way to advertise
find another way는 이미 해봤던 방법이나 지금 하고 있는 방법 외에 '다른 방법을 찾는
다'는 말입니다. 그런데 to advertise니까 '광고를 할 수 있는, 홍보를 할' 다른 방법을 찾는
거죠.

조급해 하지 말고 일관적으로 꾸준히 좋은 콘텐츠를 올리다보면 결과가 좋아질 거라고 말하는 상황입니다. 우리말 대화를 보고 영어로 생각해본 다음에 영어 대화문을 보세요.

음원 20-2

샐리	어떻게 하면 우리 계정을 유명하게 만들 수 있을까요?
제이슨	중요한 건, 좋은 컨텐츠를 계속 올리는 거예요.
샐리	알겠어요. 일관되게 컨텐츠를 올리도록 해보겠습니다.
제이슨	바로 그거죠! 그런 자세가 마음에 들어요.
샐리	감사합니다. 우리, 제품 사진을 새로 찍을까요?
제이슨	좋죠. 마케팅팀에서 도와줄 겁니다. 내가 당장 연락을 해볼게요.

Sally What should I do to **make our social media accounts popular**?

Jason **059** **What matters is that** we **keep posting good content.**

Sally I see. I'll try to be **consistent with the content.**

Jason That's it! I like your attitude.

Sally Thanks. Shall we take new photos of our products?

Jason Sure. The marketing team will help us with that.
Let me reach out to them right away.

VOCABULARY

matter 중요하다 **content** 콘텐츠 **maybe** 아마, 아마도
reach out to ~ ~에게 연락을 취하다

KEY EXPRESSIONS

1 우리 소셜 미디어 계정을 유명하게 만들다
make our social media accounts popular
〈make + 무엇 + 형용사〉는 '무엇이 그렇게 되게 만들다'라는 뜻이예요. 그러니까 우리가 만든 계정, our social media accounts를 popular '유명하게 만든다'는 뜻이죠.

2 계속 좋은 컨텐츠를 올리다
keep posting good content
〈keep + 동사 ~ing〉는 '그 동작, 그 행동을 계속 한다'는 말입니다. 그래서 이 표현은, keep posting good content '좋은 콘텐츠를 올리는 것을 계속 한다'는 뜻이 돼요.

3 컨텐츠의 일관성을 유지하는
consistent with the content
consistent는 '일관성이 있는, 일관적인, 변함없는' 등의 뜻을 가지고 있어요. 〈consistent with + 무엇〉이라고 하면 '무엇에 있어 일관성이 있는'이라는 말이죠.

이 또한 다 지나가리니

코로나 때문에 다들 사기가 떨어지고 힘든 이 상황도 언젠가는 다 지나갈 거라고 말하는 상황입니다. 우리말 대화를 보고 영어로 생각해본 다음에 영어 대화문을 보세요.

음원 20-3

(매트는 제니의 오빠이다.)

제니　난 점점 사회성을 잃어가고 있는 기분이야.
　　　요새는, 누구랑 만나서 노는 것보다는 혼자 있는 게 더 좋아.
매트　다른 사람들하고 얘기할 때 주눅이 드니?
제니　그런 것 같아. 전엔 안 그랬는데.
매트　요새 기분이 처지는 건 너뿐만이 아니야.
　　　뭔가 집중할 수 있는 걸 찾아봐. 다 좋아질 거야.

(Matt is Jenny's older brother.)

Jenny I feel like I'm becoming less and less social.
These days, **060** I prefer being alone to hanging out.

Matt Do you feel intimidated while talking with other people?

Jenny I think so. I didn't used to be like this.

Matt It's not only you who feels depressed these days.
Try to find something you can focus on.
Everything's going to be okay.

VOCABULARY

social 사회적인, 사회성이 좋은　**these days** 요새, 요즘　**intimidated** 의기소침해지는
depressed 기분이 처지는

KEY EXPRESSIONS

1 **점점 더 사회성을 잃어가다**
become less and less social
become 뒤에 형용사를 쓰면 '그렇게 되다, 그렇게 변하다'라는 뜻이죠. less and less라고
하면 less를 한 번만 쓴 것보다 더 강조가 됩니다.

2 **누구랑 어울려서 노는 것보다는 혼자 있는 것을 더 좋아하다**
prefer being alone to hanging out
prefer 뒤에 있는 ~ing 형태가 나타내는 것을, to 뒤에 있는 ~ing 형태가 나타내는 것보
다 더 좋아한다는 뜻의 표현이고, hang out은 어른들이 만나서 노는 것을 다 가리켜요.

3 **다른 사람들과 얘기할 때 주눅이 들다**
feel intimidated while talking with other people
intimidated는 '기가 죽고 의기소침하고 자신감이 없는' 것을 말합니다. 그러니까 '다른 사
람들과 얘기를 할 때 자신감이 없고 주눅이 든다'는 말이죠.

핵심 패턴
058

내가 ~할 수 있는 다른 방도를 찾아보도록 할게.
I'll try to find another way to ~.

내가 홍보할 수 있는 다른 방법을 찾아보도록 할게.
I'll try to find another way to advertise.

내가 그렇게 할 수 있는 다른 방법을 찾아보도록 할게.
I'll try to find another way to make it happen.

내가 그 사람들을 설득시킬 다른 방법을 찾아보도록 할게.
I'll try to find another way to persuade them.

내가 무엇을 할 수 있는 다른 방법, 방도, 방안을 찾기 위해 애써보겠다고 할 때 이 패턴을 써보세요.

핵심 패턴
059

중요한 건, ~야.
What matters is that ~.

중요한 건, 좋은 컨텐츠를 계속 올리는 거야.
What matters is that we keep posting good content.

중요한 건, 우리가 소통을 더 잘 하는 거야.
What matters is that we communicate better.

중요한 건, 모든 팀원들이 최선을 다하는 거야.
What matters is that every member does his or her best.

중요한 게 어떤 거라고 말할 때 이 패턴을 써보세요.

핵심 패턴
060

나는 B하는 것보다 A하는 걸 더 좋아해.
I prefer A~ing to B~ing.

난 운전하는 것보다 걷는 게 더 좋아.
I prefer walk**ing to** driv**ing**.

난 텔레비전 보는 것보다 책 읽는 걸 더 좋아해.
I prefer read**ing** books **to** watch**ing** TV.

난 외식하는 것보다 집에서 먹는 게 더 좋아.
I prefer eat**ing** at home **to** eat**ing** out.

어떤 다른 것을 하는 것보다는 이것 하는 것을 더 좋아한다고 할 때 이 패턴을 써보세요.

I posted pictures of our products on social media.

social media를 SNS라고 하나요?

Q

I posted pictures of our products on social media.에서요, social media가 소셜 미디어니까 SNS라고 해도 되나요?

A

아니요. 영어로는 SNS라고 하지 않아요. 대부분의 외국인들에게 물어보면 "SNS?"라고 갸우뚱해요. 한국에 오래 살아서 SNS를 배우게 된 외국인들만 "Ah, you mean social media?"라고 하죠. SNS를 가리키는 올바른 영어 표현은 social media입니다.

CHAPTER 2

다 지나갈 거야.
I'm sure it'll pass.

힘들고 어려운 때를 겪고 있을 때는 이게 도저히 끝나지 않을 것 같은 막막함에 사로잡히기 쉽죠. 이럴 때, 위로의 말로, '이 또한 지나가리니…'라고 하잖아요? '이 일도 언젠가는 다 끝날 거야' 하는 말을 I'm sure it'll pass. 혹은 I'm sure it'll go away.라고 해요.

하는 일이 제대로 되지 않을 때

A 우리 프로젝트가 채택되지 않은 이유가 뭐야! 우리 일이 제대로 되는 게 없네.

B 다 지나가겠지.

A Why are all our projects being rejected! Nothing's going right for us.

B **I'm sure it'll pass.**

경제적인 문제를 겪고 있을 때

A 요새는 누구나 다 힘들어.

B 이것도 다 지나갈 거야.

A Everyone is having a hard time these days.

B **I'm sure it'll pass.**

CHAPTER 3

취업·승진·이직·창업 편

UNIT 21

승진, 보너스, 인센티브, 휴가

보너스라고요? 앗싸!!! / 보너스로 휴가를? / 올해의 직원상은 내 것

TRY IT IN ENGLISH

일을 하면서 보너스, 인센티브를 받는 경우, 휴가를 가게 되고 일 잘했다고 상을 주고, 이런 보상들이 있으니 더 힘이 나죠. 이런 대화들을 익히면서 간접 희열을 느껴보세요.

강의 21

(전화로)

해리 　릴리, 참 잘했어요.
　　　우리가 다른 경쟁사들보다 확실한 우위를 차지할 수
　　　있게 되었어요.

릴리 　우와, 그렇게 말씀해주셔서 감사해요.
　　　그 말씀 들으니 기분이 너무 좋아요.

해리 　잭이 우리 팀에게 근사한 보너스를 주실 거래요.
　　　얼마나 놀랐는지 몰라요.

릴리 　와, 그거 진짜 좋은 소식이네요!

보너스라고요? 앗싸!!

음원 21-1

마케팅 아이디어를 잘 내서 보너스를 받게 된 상황입니다. 우리말 대화를 보고 영어로 생각해 본 다음에 영어 대화문을 보세요.

(on the phone)

Harry   Lily, you did a great job.
          We can **get some real leverage** over our competitors.

Lily   Wow, thanks for saying that.
          That's really **lifting my spirits**.

Harry   Jack said he would **give our team a nice bonus**!
          061   I was completely shocked by that.

Lily   Oh, that's great news!

VOCABULARY

leverage 영향력   **competitor** 경쟁자, 경쟁사   **spirits** 기분   **completely** 완전히

KEY EXPRESSIONS

1   **확실한 우위를 차지하다**
get some real leverage
leverage는 '영향력, 주도권' 등의 뜻을 가지고 있어요. 그래서 get some real leverage는 '진정한 영향력, 시장에서의 주도권을 가지고 있다'라는 의미가 돼요.

2   **누군가의 기분을 좋게 만들다**
lift one's spirits
lift는 뭔가를 끌어올리는 거죠? 그래서 lift one's spirits라고 하면 '누군가의 사기를 끌어올리다, 기분을 좋게 하다, 기운을 북돋워주다'라는 뜻이 되는 거예요.

3   **어떤 팀에게 근사한 보너스를 주다**
give one's team a nice bonus
give one's team a nice bonus는 '어떤 팀에게 두둑한 보너스를 준다'는 의미예요. '진짜 우리 팀에게 보너스를 준대?'라는 말은 Are you sure they're going to give our team a nice bonus?라고 할 수도 있죠.

CHAPTER 3

음원 21-2

회사에서 보너스로 휴가를 가라고 하는 상황입니다. 우리말 대화를 보고 영어로 생각해본 다음에 영어 대화문을 보세요.

댄	로즈, 그 말 들었어? 우리 보너스로, 돌아가면서 한 주씩 휴가를 가게 된대!
로즈	뭐라고? 우리가 그래도 되나?
댄	봐, 지난 한 해 동안 휴가도 못 가고 엄청 열심히 일했잖아. 그럴 만하니까 그런 거지.
로즈	그렇게 말하니 그런 것도 같네…
댄	휴가를 어떻게 보내는 게 제일 잘 보내는 걸까?

Dan	Rose, did you hear that? **062** **We can take turns** having **a week break** as a bonus!
Rose	What? Do we deserve that?
Dan	Well, we've worked so hard this past year **without a break**. I think we've earned it.
Rose	When you put it that way...
Dan	What would be your **ideal way to spend your time off**?

VOCABULARY

a week break 일주일 휴가   **deserve** 무엇을 받을 만한 자격이 있다   **past year** 지난 일 년간
ideal 이상적인

KEY EXPRESSIONS

1 **돌아가면서 일주일씩 휴가를 가다**
   take turns having a week break

   take turns 뒤에 ~ing 형태를 이어서 쓰면, '그 동작이나 행동을 돌아가면서, 번갈아, 교대로 한다'는 말이예요. have a week break가 일주일을 쉬는 거니까 '번갈아 일주일씩 쉰다'는 말이죠.

2 **쉬지 않고**
   without a break

   '잠시 쉬는 것, 휴가, 방학' 등을 모두 a break라고 할 수 있어요. 그러니까, 쉬지 않고 일만 해왔다고 할 때 without a break를 넣어서 말하죠.

3 **휴가를 보내는 이상적인 방법**
   ideal way to spend one's time off

   ideal way는 '이상적인 방법'이라는 뜻이예요. 무엇을 하는 방법이냐면 to spend one's time off '누군가의 시간을 잘 보낼 수 있는' 이상적인, 좋은 방법이라는 거죠.

음원 21-3

회사에서 일을 잘 해서 연말에 올해의 직원상을 받는 상황입니다. 우리말 대화를 보고 영어로 생각해본 다음에 영어 대화문을 보세요.

바이올렛	짐, 이렇게 너랑 같이 노니까 좋다.
짐	그러게, 우리 데이트하는 게 얼마 만이야?
바이올렛	아마 3개월은 더 됐을 걸?
짐	그런데 말이야, 나 올해의 직원상 받았다.
바이올렛	네가? 축하해!
짐	사실은, 상을 하도 많이 받아서, 예를 들면…
바이올렛	짐, 잘난 척 좀 그만 할 수 없을까?

Violet	Jim, it's cool to hang out with you like this.
Jim	Yeah, how long has it been since we had a date?
Violet	Maybe more than three months?
Jim	By the way, I **got employee of the year**.
Violet	You did? Congratulations!
Jim	Actually, I've **won a lot of awards**, such as …
Violet	Jim, **063** **could you not** be **such a showoff**?

CHAPTER 3

VOCABULARY

like this 이렇게 **have a date** 데이트를 하다 **by the way** 그런데, 그건 그렇고
award 상

KEY EXPRESSIONS

1 **올해의 직원상을 받다**
get employee of the year
employee of the year는 '올해의 직원상'을 뜻해요. '올해 화제의 책'은 book of the
year, '올해의 모델'은 model of the year라고 하죠.

2 **상을 많이 받다**
win a lot of awards
win an award는 '상을 받다, 수상하다'라는 뜻이죠. 그런데 '상을 여러 번 받았다'면 win a
lot of awards라고 할 수 있죠.

3 **너무 잘난 척을 많이 하는 사람**
such a showoff
a showoff는 심심하면 '자기 자랑을 하는 사람, 생색내는 사람'을 가리키는 말이예요. such
a showoff는 강조의 의미로 '너무너무 자랑이 심한 사람, 생색을 너무 내는 사람'을 뜻해요.

핵심 패턴 061

~를 듣고 깜짝 놀랐어.
I was completely shocked by ~.

그 말을 듣고 깜짝 놀랐어.
I was completely shocked by that.

그 소식 듣고 너무너무 놀랐어.
I was completely shocked by the news.

결과를 보고 깜짝 놀랐어.
I was completely shocked by the results.

어떤 얘기를 듣고 많이 놀랐을 때 이 패턴을 써보세요.

핵심 패턴 062

우리가 돌아가면서 ~할 수 있어.
We can take turns ~ing.

우리가 돌아가면서 일주일씩 휴가를 쓸 수 있어.
We can take turns hav**ing** a week break.

우리 돌아가면서 점심 먹으러 다녀오면 돼.
We can take turns go**ing** out for lunch.

우리가 돌아가면서 집안일 하면 되지.
We can take turns do**ing** the house chores.

상대방과 내가 혹은 다른 사람을 포함한 몇 명이서 돌아가면서 어떤 것을 하면 된다고 할 때 이 패턴을 써보세요.

핵심 패턴 063

~ 좀 안 할 수 없니?
Could you not ~?

잘난 척 그만 좀 할 수 없어?
Could you not be such a showoff?

그런 못된 소리 좀 그만할래?
Could you not say such a mean thing?

그만 좀 무례하고 건방지게 굴 수 없니?
Could you not be rude and impolite?

상대방에게 어떤 것을 좀 하지 말아 달라고 할 때 이 패턴을 써보세요.

Do we deserve that?
deserve는 좋은 의미로만 쓰이나요?

Q

대화문에서 일을 잘 한 팀에게 보너스로 휴가를 준다고 하니까 팀원이 **Do we deserve that?** '우리가 휴가를 갈 만큼 잘 했나?'라고 했는데요. **deserve**는 늘 좋은 것에만 쓰나요?

A

아닙니다. **deserve**는 문맥에 따라 좋은 것을 받을 만큼 잘 했다는 의미로도 쓰이고, 반대로 어떤 결과를 맞이할 만큼 그동안 잘 못했다는 의미로도 쓰여요. 즉, 늘 일도 안하고 핑계만 대고 빈둥거리며 회사 생활을 하던 직원이 해고되었다면 **She/He deserves that.** '그래도 싸지. 그럴 만하지 뭐. 그렇게 일을 안 하더니…'라고 할 수 있어요. 친한 사람이라면, **You deserve it.** '그래도 싸다, 쌤통이다'라고 하기도 해요.

LEVEL UP EXPRESSIONS

뭘 이렇게까지.
You're too much.

유독, 칭찬을 많이 하고, 극찬을 아끼지 않는 사람을 보면, 고마우면서도 겸손한 마음으로, '아니 뭘 그렇게까지 칭찬을 하세요…'라고 말할 수 있죠? 이럴 때, **You're too much.**라고 할 수 있어요.

외모를 극찬하는 사람에게

A 헐리우드 영화배우 같으세요!

B 아, 왜 그러세요. 너무 띄워주시네요.

A You look like a Hollywood movie start!

B Oh please, **you're too much.**

큰 도움을 준 사람에게

A 그리고, 시내에 있는 맛있는 식당들의 이름을 다 적어서 가지고 왔어요.

B 뭘 이렇게나. 도와주셔서 감사합니다!

A And, I also brought you a list of all the great restaurants in town.

B **You're too much.** Thanks for all your help!

UNIT 22 하고 싶은 일은 온 사방에 알려라

그 친구, 취직했어? / 딱 맞는 일자리가 있어 / 취업난이 장난 아니야

TRY IT IN ENGLISH

자기가 하고 싶은 일을 온 사방에 알리면 자기도 모르게 온 우주가 그 일을 돕는다고 해요. 구직, 일자리, 취업에 대한 대화문을 익히면서 여러분이 알리고 싶은 게 뭔지 생각해보세요.

강의 **22**

팸	탐, 요새 밥 뭐해?
	최근에 연락 온 거 있어?
탐	우리 옆집에 살던 그 친구?
	지금 쉬고 있다고 하던데.
팸	그럼 내가 그 친구를 카페 사장님한테 소개시켜볼까?
	거기서 일할 사람을 찾고 계시거든.
탐	우리 단골 카페? 좋지!

일자리가 나서 어떤 사람을 그 자리에 소개해주려고 하는 상황입니다. 우리말 대화를 보고 영어로 생각해본 다음에 영어 대화문을 보세요.

음원 **22-1**

Pam	Tom, what does Bob do these days? Have you heard from him lately?
Tom	**064**　The guy who used to be my next-door neighbor? I heard that he's between jobs.
Pam	Then can I introduce him to the owner of the café? He's looking for someone who can work there.
Tom	Our favorite café? Great idea!

VOCABULARY

these days 요새, 요즘 **lately** 최근에 **introduce** 소개하다, 소개시켜주다
owner 주인, 사장

KEY EXPRESSIONS

1 **일을 쉬고 있는**
between jobs
직장을 다니다가 그만 두고 새로운 일자리를 구하고 있는 상태를 between jobs라고 해요. 전에 하던 일과 새로운 일, 이렇게 둘이니까 jobs라고 하는 겁니다.

2 **누구를 카페 사장에게 소개시키다**
introduce + 누구 + to the owner of the café
〈introduce + 누구 + to 다른 누구〉의 순서로 쓰면 '누구를 다른 어떤 사람에게 소개시켜준다'는 뜻이예요. 우리는 보통 식당이나 카페의 '사장'이라는 표현을 쓰는데 영어로는 owner라고 합니다.

3 **거기서 일할 사람을 찾다**
look for someone who can work there
〈look for + 누구〉는 '누구를 찾고 있다'라는 뜻이예요. someone who can work there는 '거기서 일할 수 있는 사람'이니까 someone who wants to work there라고 해도 되죠.

CHAPTER 3

어떤 사람에게 딱 맞을 만한 일자리가 나서 면접을 볼 수 있게 해주는 상황입니다. 우리말 대화를 보고 영어로 생각해본 다음에 영어 대화문을 보세요.

음원 22-2

달리	캐시한테 어울릴 만한 일자리가 났어.
프레드	지난번에 나한테 말했던 거 말이야? 아직 비어 있어?
달리	그 자리는 찼고, 새로 다른 자리가 생겼어.
프레드	아, 고마워. 내가 캐시한테 지원하라고 할게.
달리	사촌한테 잘 되길 바란다고 전해줘.
프레드	내가 얼마나 고마운지 표현을 못 하겠다.

Dolly	There's **a position that Cathy might be good for**.
Fred	That one you told me about last time? Is it still open?
Dolly	That one has been filled.
	But there's **a new opening**.
Fred	Oh, thanks. I'll **tell her to apply for that**.
Dolly	Wish your cousin good luck for me.
Fred	**065** **I can't express how** grateful **I am.**

VOCABULARY

position 일자리, 취직 자리　**opening** 사람을 뽑는 일자리
apply for ~ ~에 지원하다　**grateful** 감사해 하는, 고마워하는

KEY EXPRESSIONS

1 **누구에게 어울릴 만한 자리, 일자리**
a position that + 누구 + might be good for
a position은 '어떤 자리, 일자리, 직위' 등을 뜻하고 〈누구 + might be good for〉는 '누군가가 그 자리에 어울릴 만한, 그 사람이 그 일을 잘 할 수 있을 것 같은'이라는 의미예요.

2 **새로운 일자리**
a new opening
opening은 '일자리, 일할 사람을 찾고 있는 빈 자리'를 뜻해요. 일자리가 났었는데 사람이 찼고, 다시 다른 일자리가 생겼으면 a new opening이라고 하죠.

3 **누구에게 거기에 지원해보라고 하다**
tell + 누구 + to apply for that
〈tell + 누구〉는 '누구에게 말하다', to apply for that은 '거기에 지원해보라'는 말이니 '거기에 지원해보라고 누구에게 말한다'는 뜻이 됩니다. '지원자'는 영어로 applicant라고 하죠.

계속 면접을 보고 알아보는데도 취업이 안 되서 속상해 하는 상황입니다. 우리말 대화를 보고 영어로 생각해본 다음에 영어 대화문을 보세요.

음원 22-3

놀란	그러니까, 너 이번에도 안 됐구나?
베티	너 뭐 독심술이라도 하는 거니?
놀란	네 얼굴 표정을 보면 다 알아.
	넌 얼굴에 다 씌어 있어, 베티.
베티	요새 취직하기가 너무너무 어렵네.
놀란	그러게… 그래도 힘을 내! 넌 잠재력이 많으니까.

Nolan	So, you didn't get it this time either?
Betty	Are you a mind reader?
Nolan	I can read your facial expressions.
	You're an open book, Betty.
Betty	**066** It's really hard to find a job these days.
Nolan	Yeah… but keep your chin up!
	You have great potential.

CHAPTER 3

VOCABULARY

this time 이번에　**mind reader** 마음을 읽는 사람　**chin** 턱
potential 잠재력, 잠재 가능성

KEY EXPRESSIONS

1　**사람의 얼굴 표정을 읽어내다**
read one's facial expressions
read는 책이나 잡지를 읽는다고 할 때만 쓰는 게 아니라, '얼굴 표정을 읽는다, 얼굴 표정을 알아차린다'라고 할 때도 써요. '무슨 생각을 하는지 알아맞힌다'는 건 read one's mind라고 하죠.

2　**요새 취직하기가 어려운**
hard to find a job these days
hard는 '어려운', not easy는 '쉽지 않은'이죠. 뭐하는 게? to find a job '일자리를 찾는 것'이, hard, not easy하다는 거죠. these days '요즘'이라고 할 때 days의 -s를 꼭 쓰셔야 합니다.

3　**잠재력이 많다**
have great potential
potential은 '잠재력, 잠재 가능성'을 뜻하는 말이예요. 유망해 보이고 잠재력이 많아 보인다고 할 때 promising이라는 단어도 씁니다.

Big 3
SPEAKING PATTERNS

핵심 패턴
064

전에 ~하던 그 사람?
The guy who used to ~?

우리 옆집에 살던 그 친구?
The guy who used to be my next-door neighbor?

여기서 바리스타로 일했던 그 사람?
The guy who used to work here as a barista?

너랑 친하게 지냈던 그 사람?
The guy who used to be close to you?

'전에 뭐뭐했던 그 사람?'이라고 할 때 이 패턴을 써보세요.

핵심 패턴
065

내가[그가] 얼마나 ~한지 표현을 못 하겠어.
I can't express how ~ I am[he is].

내가 얼마나 고마운지 표현을 못 하겠다.
I can't express how grateful **I am**.

내가 얼마나 기분이 좋은지 말로 다 못하겠어.
I can't express how happy **I am**.

그 사람이 얼마나 배려심이 깊은지 말로 다 못해.
I can't express how thoughtful **he is**.

고맙거나 슬프거나 기분이 좋은 나의 느낌이 너무 커서 어떻게 표현을 해야 할지 모르겠다고 할 때 이 패턴을 써보세요.

핵심 패턴
066

요새 ~를 하는 게 힘드네.
It's really hard to ~ these days.

요새 일자리 구하기가 정말 힘들어.
It's really hard to find a job **these days**.

요즘 아파트 사기가 너무 어려워.
It's really hard to buy an apartment **these days**.

난 요새 일찍 일어나는 게 너무 힘들어.
It's really hard for me **to** get up early **these days**.

요즘 어떤 것을 하는 게 힘들다고 할 때 이 패턴을 써보세요. 누가 어떤 것을 하는 게 힘든지를 표현하려면 to 앞에 〈for + 누구〉를 넣어서 말해요.

Is it still open?
'사람 뽑는 자리'를 open이라고 해요?

Q

사람 뽑는다는 걸 보고 전화해서 **Is it still open?**이라고 했잖아요. 이게, '아직 그 자리 사람 안 뽑으셨나요?'라는 의미인 것 같은데, '사람 뽑는 일자리'를 **open**이라고 하나요?

A

정확하게는 그렇게 사람 뽑는 일자리는 **opening**이라고 하죠. 그리고 '그 자리에 사람이 뽑혔다, 충원되었다'면 **That position has been filled.** 즉, 사람이 **filled** '채워졌다, 뽑혔다'라고 하고 아직 빈 자리라면, 즉 아직 사람을 뽑고 있는 중이라면 그 자리가 **open** 상태라고 해요. **Is it still open?** '그 자리 아직 사람 안 뽑으셨나요? 아직 사람 구하는 중이신가요?' **Yes, that position is still open.** '네, 아직 구하는 중입니다.' 이렇게 말할 수 있어요.

힘든 부탁 좀 해도 될까?
Can I ask you a big favor?

상대방에게 그냥 부탁이 아니라 뭔가 좀 힘든 부탁, 들어주기 힘들 수도 있는 부탁을 할 때, **Can I ask you a big favor?**라고 해보세요.

힘든 부탁을 할 때

A 미안한데, 힘든 부탁 좀 해도 될까?

B 그럼. 뭐가 필요한데?

A I'm sorry, but **can I ask you a big favor?**

B Sure. What do you need?

수학 숙제를 해달라고 할 때

A 힘든 부탁을 좀 해도 될까?

B 응. 수학 숙제에 대한 거야?

A **Can I ask you a big favor?**

B Yeah. Is it about the math homework?

면접, 최고로 잘 보기

너 자체가 최고야 / 안 뽑으시면 후회하실 거예요 / 당장 출근하세요

TRY IT IN ENGLISH

면접을 잘 볼 수 있는 방법, 자신 있게 면접을 보는 자세, 그리고 면접에 합격해서 출근하라는 소식을 듣는 대화문들을 통해 자신감을 키워주는 영어 표현들을 익혀보세요.

강의 **23**

(전화로)

그레이스　그 자리에 내가 면접을 본다고?
　　　　　어머, 고마워!

숀　　　　아니야. 타이밍이 좋았어.

그레이스　너무 떨린다.
　　　　　면접이라는 걸 본 지가 너무 오래돼서.
　　　　　어떻게 하면 잘 보일 수 있을까?

숀　　　　걱정하지 마. 너 자체로 훌륭해.

면접을 보러 가는 후배에게 있는 그대로 자신 있게 하라고 말해주는 상황입니다. 우리말 대화를 보고 영어로 생각해본 다음에 영어 대화문을 보세요.

음원 **23-1**

(on the phone)

Grace Am I having a job interview for that position?
Oh, thank you!

Sean No worries. You had good timing.

Grace I've got butterflies in my stomach.
It's been a while since I've had an interview.
How can I make a good impression?

Sean Don't worry.
067 Being yourself is good enough.

■■■ **VOCABULARY**

job interview 면접   **position** 자리, 일자리   **butterfly** 나비   **stomach** 배, 뱃속

KEY EXPRESSIONS

1 **그 자리에 취직을 하려고 보는 면접**
a job interview for that position
우리말로는 '면접'과 '인터뷰'는 각기 다른 것을 의미하는데요, 영어로는 둘 다 interview라고 합니다. a job interview는 당연히 '면접'을 뜻하는 말이죠.

2 **타이밍이 딱 맞다**
have good timing
'타이밍이 좋다'라고 할 때는 good timing이라고도 하고, perfect timing이라고도 해요. 소위 '신호빨이 좋다!'라는 말을 하죠? 이럴 때도 영어로는 Wow, good timing! Perfect timing!이라고 해요.

3 **잘 보이다, 좋은 인상을 주다**
make a good impression
make a good impression의 사전적인 의미는 '좋은 인상을 남기다'라고 되어 있는데요, 우리가 더 많이 쓰는 표현으로는 '잘 보이다, 누구에게 잘 보이다'입니다.

면접관에게 자신 있는 자세로 얘기하고 대답하는 상황입니다. 우리말 대화를 보고 영어로 생각해 본 다음에 영어 대화문을 보세요.

음원 23-2

면접관	면접을 보러 와줘서 고마워요, 빌리.
빌리	저를 최종 면접에 뽑아주셔서 감사합니다.
면접관	좋아요, 어떤 이력을 가지고 있죠?
빌리	다양한 아르바이트를 했고요, 정규직으로 한 번 일했어요.
면접관	그건 왜 그만두었나요?
빌리	저한테 맞지 않는 일 같아서요.
	이 영업 일이 저한테는 딱 맞을 것 같습니다.

Interviewer Thanks for **coming in for an interview**, Billy.

Billy Thank you for **considering me for the job**.

Interviewer OK, `068` **what** experience **do you have?**

Billy I've had **various kinds of part time jobs** and one regular job.

Interviewer Why did you quit that job?

Billy Because I thought I wasn't cut out for that.
I'm sure this selling position is perfect for me.

VOCABULARY

consider 고려하다, 생각해보다   **experience** 경험   **various** 다양한, 여러 가지의
quit 그만두다

KEY EXPRESSIONS

1 **면접을 보러 오다   come in for an interview**

회사나 사무실에 '온다'라고 할 때 come in이라고 많이 쓰고요, 뭐하러 오는지는 뒤에 〈to + 동사원형〉이나 〈for + 명사〉의 형태로 쓰죠. '면접을 보러 온다'고 할 때는 for an interview를 이어서 써요.

2 **누구를 어떤 자리에 뽑을까 하고 생각하다**
consider + 누구 + for the job

consider는 어떤 것을 할까 말까 하고 생각해보는 것을 말해요. 그래서 누군가를 어떤 자리에 뽑을까 하고 고민해보는 건 〈consider + 누구 + for the job〉이라고 합니다.

3 **다양한 종류의 아르바이트**
various kinds of part time jobs

'다양한 종류의 어떤 것, 여러 가지 무엇'이라고 할 때 〈various kinds of + 무엇〉이라고 해요. 그리고 아르바이트라는 말은 독일어이고, 영어로는 a part time job, part time jobs 라고 하죠.

면접을 본 회사에서 합격되었으니 출근하라는 통보를 받는 상황입니다. 우리말 대화를 보고 영어로 생각해본 다음에 영어 대화문을 보세요.

음원 23-3

면접관	됐습니다. 빨리 결정하겠습니다.
에릭	감사합니다. 연락 오기를 기다리고 있겠습니다.
(전화로)	
면접관	연락이 늦어서 죄송합니다.
	에릭 씨가 이 자리에 아주 적합하신 것 같아요.
	월요일부터 출근하실 수 있나요?
에릭	바로 다음 주 월요일요? 사흘 후요? 아, 네, 그럼요!

Interviewer   Alright. I'll be making my decision quickly.

Eric   Thank you.

069   I'll be looking forward to hearing from you.

(on the phone)

Interviewer   Sorry about the delay.
I think you're the right fit for the job.
Can you start working on Monday?

Eric   This next Monday? Three days later? Oh, yes, of course!

VOCABULARY

decision 결정   **delay** 연기, 지체   **right fit** 딱 맞는 사람

KEY EXPRESSIONS

1 **결정을 빨리 내리다**
make one's decision quickly
make one's decision은 '결정을 하다, 마음을 정하다'라는 뜻으로 decide와 같은 의미인데요, 뒤에 결정할 것을 가리키는 목적어를 안 쓸 때는 make one's decision을 더 많이 씁니다. 그리고 quickly는 '빨리'라는 뜻이죠.

2 **누구로부터 연락이 오기를 손꼽아 기다리다**
look forward to hearing from + 누구
look forward to는 'to 뒤에 있는 것을 손꼽아 간절하게 기다린다'는 의미이고, to는 전치사라서 뒤에 명사나 대명사, 동사의 경우 ~ing를 붙인 형태를 씁니다.

3 **월요일부터 일을 시작하다, 출근하다**
start working on Monday
start ~ing는 '무엇하는 것을 시작하다, 그 일을 시작하다'라는 뜻입니다. '언제부터 출근한다'고 할 때 〈start working on + 요일〉을 넣어 말하면 돼요.

SPEAKING PATTERNS

핵심 패턴 067

~하는 거로 충분해.
~ is good enough.

너 자체로 훌륭해.
Being yourself is good enough.

최선을 다하면 그걸로 된 거야.
Doing your best is good enough.

시도해봤으면 그걸로 충분해.
Giving it a try is good enough.

어떻게만 하면 된다, 그렇게만 해도 충분하다고 할 때 이 패턴을 써보세요.

핵심 패턴 068

어떤 ~를 가지고 있어?
What ~ do you have?

어떤 경험을 해보셨나요?
What experience do you have?

어떤 특기를 가지고 계신가요?
What special talent do you have?

어떤 취미들을 갖고 있니?
What kinds of hobbies do you have?

상대방에게 어떤 무엇을 가지고 있는지 물을 때 이 패턴을 써보세요.

핵심 패턴 069

~를 손꼽아 기다리고 있을게요.
I'll be looking forward to ~ing.

연락 오기를 기다리고 있겠습니다.
I'll be looking forward to hearing from you.

다시 뵙기를 기대하고 있을게요.
I'll be looking forward to seeing you again.

아무 데나 여행을 갈 수 있게 되길 눈 빠지게 기다리고 있어.
I'll be looking forward to traveling anywhere.

어떤 것을 손꼽아, 매우 간절히 기다리고 있겠다는 의미로 말할 때 이 패턴을 써보세요.

Why did you quit that job?
quit의 발음이 /큇/ 아닌가요?

Q

quit을 /큇/이라고 발음하니까 외국인이 갸우뚱 하다가 '아하' 하면서 약간 다르게 발음하던데요, 어떻게 발음하는 게 맞나요?

A

quit의 정확한 발음은 /쿠잍/입니다. q-로 시작하는 단어들은 일단 /쿠/라는 소리로 시작해서 재빨리 다른 모음을 연결해서 소리내시면 돼요. 예를 들면, question은 /퀘스천/보다는 /쿠웨스천/처럼, quiz는 /퀴즈/보다는 /쿠위즈/처럼, queen은 /퀸/보다는 /쿠윈/을 빨리 소리 내신다고 생각해보세요. 지금 각 단어를 다섯 번씩 소리내어 발음해보세요.

LEVEL UP
EXPRESSIONS

상대방이 가진 모든 장점을 다 보여주라고 할 때
Give them everything you've got.

면접을 보러 가거나 뭔가 중요한 협상이나 담판을 지으러 갈 때, 주눅 들지 말고 최대한 가진 모든 장점과 특기를 다 보여주라는 의미로 이렇게 말해요.

면접 때 어떻게 하면 좋을지 물을 때

A 어떻게 해야 잘 보일 수 있을까?

A What should I do to make a good impression?

B 그냥 네가 가진 모든 장점을 다 보여줘.

B **Just give them everything you've got.**

마음에 드는 여자에게 어떻게 하면 좋을지 물을 때

A 어떻게 하면 그녀에게 매력적으로 보일까?

A How can I be attractive to her?

B 네가 가진 모든 걸 다 보여줘.

B **Just show her everything you've got.**

UNIT 24
다 잘 될 거야

일은 마음에 들어 / 아이디어 뱅크 / 열심히 하더니 역시…

하고 있는 일이 마음에 들고, 일에 대한 아이디어도 넘치면 매일매일이 행복하겠죠. 그리고 결국 승진도 한다면 금상첨화일 겁니다. 이런 대화문들을 익혀보세요.

강의 **24**

리타	사는 건 지루한 거야.
	회사에서도 지루해.
피터	리타, 너 무슨 일 있어?
	넌 하는 일을 재미있게 하고 있는 줄 알았는데.
리타	그랬지, 근데 수입이 충분치가 않아.
	월세 내고 공과금 내고 나면, 별로 안 남아.
피터	어떻게 하면 행복해질 것 같았는데?
	돈? 돈이 있다고 행복해지는 건 아니야.

일은 마음에 들어

지금 하고 있는 일이 너무 좋긴 한데 수입이 적어 걱정하는 상황입니다. 우리말 대화를 보고 영어로 생각해본 다음에 영어 대화문을 보세요.

음원 **24-1**

Rita	Life is boring. I feel bored at work, too.
Peter	Rita, what's wrong with you? I thought you enjoyed what you were doing.
Rita	I did, but I don't make enough money. After I pay rent and the bills, not much is left.
Peter	**070** What did you think would make you happy? Money? Money doesn't guarantee happiness.

VOCABULARY

boring 지루한, 지겨운   **bored** 지루함을 느끼는, 심심하다고 느끼는   **rent** 월세, 세
bill 계산서, 공과금 고지서

KEY EXPRESSIONS

1 하고 있는 일을 즐기다, 즐겁게 일하다
enjoy what you are doing
enjoy는 뒤에 나오는 것을 '즐기다, 즐겁게 하다'라는 뜻이예요. what you are doing은 '상대방이 지금 하고 있는 일'을 가리킵니다.

2 월세와 공과금을 내다
pay rent and the bills
pay rent는 월세와 같은 '집세를 낸다'는 말이죠. 스튜디오나 창고 등을 대여해서 쓰고 있을 때도 '세를 낸다'고 할 때 pay rent라고 해요. 그리고 각종 '공과금'은 the bills라고 해요.

3 행복을 보장하다
guarantee happiness
guarantee는 뭔가를 보장하다, 꼭 그게 있을 거라고, 하게 될 거라고 보장하는 것을 말하죠. 보통 돈, 성공, 좋은 차, 좋은 집을 주어로 해서 That doesn't guarantee happiness. '그게 있다고 행복해지는 건 아니야'라고 하죠.

CHAPTER 3

음원 **24-2**

회사에서 아이디어 뱅크라고 불리우는 직원을 모두가 기다리며 회의를 준비하는 상황입니다. 우리말 대화를 보고 영어로 생각해본 다음에 영어 대화문을 보세요.

폴라   케빈이 어디 있는지 모르겠네.
매트   그러게. 케빈 없이는 회의를 시작할 수가 없는데.
      아이디어 뱅크잖아.
폴라   이메일을 못 봤나?
      내가 전화해볼게.
      (전화로) 케빈, 어디 있어?
      곧 네가 승진한다는 뉴스를 발표할 거래.

Paula   I wonder where Kevin is.
Matt   Yeah. We can't **start the meeting without him**.
        He's **full of ideas**.
Paula   **071**   **Maybe he didn't** see the email?
        Let me call him.
        (on the phone)
        Kevin, where are you?
        They're going to **announce your promotion soon**.

VOCABULARY

wonder 궁금하다   **full** 가득한   **announce** 발표하다   **promotion** 승진

KEY EXPRESSIONS

1   **누구 없이 회의를 시작하다**
    start the meeting without + 누구
    '회의'는 영어로 meeting 혹은 conference라고 해요. '회의를 시작하다'는 start the meeting인데 '어떤 사람 없이, 그 사람 빼고' 한다고 할 때 〈without + 누구〉라고 합니다.

2   **아이디어가 풍부한, 아이디어 뱅크인**
    full of ideas
    full은 뭔가로 '가득한, 가득 차 있는' 것을 뜻하죠. 사람을 주어로 하고 is full of ideas.라고 하면 '그 사람한테는 아이디어가 가득하다, 즉 아이디어 뱅크다'라는 말이에요.

3   **어떤 사람이 곧 승진한다는 소식을 발표하다**
    announce one's promotion soon
    announce는 '뭔가를 발표하다'라는 뜻이에요. 그걸 하는 사람이 announcer이죠? 그래서 우리는 직업 명사로 아나운서가 너무나 익숙한데, 외국인들은 "announcer?" 하면서 뭘 하는 사람인지 갸우뚱하기도 해요.

열심히 일하고 아이디어도 많이 내던 직원이 드디어 승진을 하는 상황입니다. 우리말 대화를 보고
영어로 생각해본 다음에 영어 대화문을 보세요.

음원 24-3

지니	승진 축하해, 마이크!
마이크	고마워, 지니. 너무 갑작스러웠어.
	일을 정말 열심히 해야겠어.
지니	어떻게 지금보다 더 열심히 할 수가 있어.
마이크	기대되는 게 너무나 많아.
지니	책임이 훨씬 더 많아진 것 같다.
	어쨌든, 우리 나가서 근사한 저녁이나 먹자.

Jinny	**072** **Congratulations on** your promotion, Mike!
Mike	Thanks, Jinny.
	This was such a nice surprise.
	I'm going to have to work very hard.
Jinny	You cannot work any harder than you already do.
Mike	There's so much to look forward to.
Jinny	You seem to have a lot more responsibilities.
	Anyway, let's get out and get a fancy dinner.

VOCABULARY

nice 기분 좋은   **surprise** 놀라운 일   **already** 이미, 벌써   **responsibility** 책임, 책임감

KEY EXPRESSIONS

1 **지금 하고 있는 것보다 더 열심히 일하다**
work any harder than you already do
'일을 열심히 한다'는 건 work hard라고 하고, '일을 더 열심히 한다'는 건 work harder라
고 하죠. 그리고 '지금 일하고 있는 것보다'라는 게 than you already do입니다.

2 **기대되는 게 너무 많은**
so much to look forward to
〈look forward to + 무엇〉은 '무엇을 아주 손꼽아 기다리다, 너무너무 간절하게 기다리다'
라는 말이에요. 그렇게 기다려지는 게 so much '아주 많다'는 말입니다.

3 **책임감이 훨씬 더 크다**
have a lot more responsibilities
responsible은 '책임감이 있는'이라는 뜻의 형용사이고, responsibility는 '책임감'을 뜻하
는 명사예요. '책임감이 더 많아졌다'는 걸 have a lot more responsibilities라고 합니다.

SPEAKING PATTERNS

핵심 패턴 070

뭐가 ~할 거라고 생각했니?
What did you think would make you ~?

넌 뭐가 네 기분을 더 좋게 해줄 거라고 생각했니?
What did you think would make you feel better?

넌 뭐가 너를 더 안전하게 해줄 거라고 생각했어?
What did you think would make you safer?

넌 뭐가 널 더 발전시킬 거라고 생각했어?
What did you think would make you better?

원가가 상대방을 그렇게 만들어줄 거라고 생각했는지 물을 때 이 패턴을 써보세요.

핵심 패턴 071

그/그녀/그들이 ~를 안 했나?
Maybe he/she/they didn't ~?

그가 이메일을 못 봤나?
Maybe he didn't see the email?

그녀가 너를 못 알아봤나 보네?
Maybe she didn't recognize you?

그쪽에서 아직 결정을 못 내렸나 봐?
Maybe they didn't make a decision yet?

'어떤 사람이 뭔가를 안 했나'라는 생각이 들 때 이 패턴을 써보세요.

핵심 패턴 072

~ 축하해!
Congratulations on ~!

승진 축하해!
Congratulations on your promotion!

성공을 축하해!
Congratulations on your success!

약혼 축하해!
Congratulations on your engagement!

상대방에게 어떤 것에 대해 축하를 할 때 이 패턴을 써보세요.

You cannot work any harder than you already do.
any harder는 무슨 뜻이죠?

Q

You cannot work any harder than you already do.에서요, any harder는 정확하게 무슨 뜻인가요? any를 왜 썼는지 모르겠어요.

A

네, any harder는 '조금이라도 더 열심히'라는 뜻입니다. You cannot work any harder '넌 조금도 더 열심히 일할 수가 없어', than you already do '이미 하고 있는 것보다' 즉, 지금 이미 네가 너무나 열심히 일하고 있어서, 그것보다 조금이라도 더 열심히 일하는 건 불가능하다는 거죠. 지금 너무 행복하다는 말을 I couldn't be any happier.라고 하는데요, 지금 너무 행복하니까 지금보다 조금이라도 더 행복해지는 게 불가능할 정도라는 거죠.

LEVEL UP EXPRESSIONS

말문이 막혔어.
I was speechless.

어이가 없거나 너무나 기가 막혀서 뭐라고 말을 해야 할지 모를 때, 지금 상황이면 I'm speechless.라고 하고, '그때 말문이 막히더라'라는 과거형은 I was speechless.라고 하면 됩니다. I was tongue-tied.라고 하기도 해요.

당황스러운 상황을 겪었을 때

A 아, 그거 참 당황스러웠겠다.

B 응, 말문이 막히더라고.

A Oh, that must've been really embarrassing.

B Yes, I was speechless.

무례한 얘기를 듣고 화가 났을 때

A 그 여자가 정말 너한테 그렇게 말했어?

B 그래! 말문이 턱 막히더라.

A Did she really say that to you?

B Yes! I was speechless.

목표가 있는 사람이 오래 산대요

구체적인 목표 세우기 / 하기로 했으면 끝을 봐야… / 하고 싶은 건 다 할 거야

TRY IT IN ENGLISH

목표를 가지고 꾸준히 그것을 이루려고 하는 사람의 수명이 상대적으로 길다고 합니다. 다양한 목표를 이루려고 노력하는 대화문들을 통해 여러분의 목표도 구체화해보세요.

강의 25

탐	난 요즘 자기 계발을 좀 했어.
	이제 난 구체적인 목표를 세울 거야.
티나	하하. 네 전화기 보면 목표가 잔뜩이거든, 탐.
탐	이번엔 진짜라고.
	우선, 책을 한 달에 한 권씩 읽을 계획이야.
티나	좋네.
	그럼 우리 같이 가서 책 좀 골라볼까?

막연하게 말고 구체적으로 목표를 세워 이루겠다고 말하는 상황입니다. 우리말 대화를 보고 영어로 생각해본 다음에 영어 대화문을 보세요.

음원 **25-1**

Tom	I've been working on myself recently.
	Now I'm going to make a specific goal.
Tina	Haha. I see your phone is full of goals, Tom.
Tom	I'm serious this time.
	First off, I'm planning to read one book a month.
Tina	**073** Sounds great.
	How about we go pick up some books together?

VOCABULARY

recently 최근에, 요새 **specific** 구체적인 **serious** 진지한, 심각한, 정말인
pick up 고르다, 사다

KEY EXPRESSIONS

1 **자기 계발을 하다**
work on myself
〈work on + 무엇〉은 '무엇이 가리키는 일을 하다'라는 거예요. work on my book '책을 쓰다', work on the project '프로젝트 작업을 하다'와 같이요. 그런데 work on 뒤에 myself와 같이 쓰면 더 나아지려고 노력하는 것, 즉 '자기 계발을 한다'는 뜻이 됩니다.

2 **구체적인 목표를 세우다**
make a specific goal
make a goal, make a plan은 '목표를 세우다, 계획을 세우다'라는 말인데요, 구체적인 목표나 계획이라고 할 때는 specific을 넣어요. Can you be specific? '구체적으로, 자세하게 좀 말씀해주실래요?'도 많이 쓰는 문장입니다.

3 **같이 책을 고르러 가다**
go pick up some books together
go 뒤에 동사원형을 쓰면 '뭐뭐하러 가다'라는 뜻이예요. pick up 뒤에 뭔가 살 것을 쓰면 그것을 골라서 산다는 말이죠.

CHAPTER 3

음원 **25-2**

마라톤을 완주하겠다는 목표를 세우고 열심히 준비하는 상황입니다. 우리말 대화를 보고 영어로 생각해본 다음에 영어 대화문을 보세요.

토드   마라톤을 완주하는 건 어떤 기분일까?

케이트   난 모르겠어. 그런 경험이 없어서, 뭐…

토드   난 내가 마라톤을 완주하는 상상을 해보고 있어.
     사람들이 그러잖아, 이게 성공으로 가는 좋은 습관이라고.

케이트   이번엔 너 진짜 열심히 운동하는 것 같다.
     분명히 좋은 성과가 있을 거야.

토드   맞아. 나 스포츠 센터 간다.

Todd   **074**   How will it feel to **finish a marathon**?

Kate   I don't even know. I've never experienced that, so…

Todd   I'm imagining myself completing the marathon.
     People say that this is **a good habit for success**.

Kate   I know you've **worked out really hard this time**.
     I'm sure that's going to pay off.

Todd   Alright. I'm off to the gym.

VOCABULARY

imagine 상상하다, 그려보다   **complete** 완주하다, 끝까지 하다   **habit** 습관
pay off 보답을 하다, 보상을 받다

KEY EXPRESSIONS

1   **마라톤을 완주하다**
finish a marathon
'마라톤을 완주한다'고 하면 영어로 꽤 거창한 단어를 쓸 것 같지만 finish나 complete를 쓰면 돼요. finish a marathon, complete a marathon이라고요.

2   **성공하는 좋은 습관**
a good habit for success
a good habit은 '좋은 습관'이고, for success는 '성공을 위한'이므로 '성공을 위한 좋은 습관'이 되죠. '나쁜 습관을 버린다'고 할 때는 kick the habit, kick the bad habits라고 해요.

3   **이번에는 정말 열심히 운동하다**
work out really hard this time
work out은 '운동', 특히 building up muscle '근력 운동'을 가리키는데요, work out really hard는 '정말 열심히 운동을 한다'는 거죠. this time '이번에는'.

SITUATION 3 · 하고 싶은 건 다 할 거야

언젠가는 꼭 뉴질랜드로 여행을 가서 하고 싶었던 것을 다 하겠다고 말하는 상황입니다. 우리말 대화를 보고 영어로 생각해본 다음에 영어 대화문을 보세요.

음원 25-3

바이올렛	릭, 뭐 보고 있어? 여행 영상?
릭	응, 뉴질랜드가 4월에 아름답다더라고. 내년에 가려고 돈을 모으고 있어.
바이올렛	멋지다. 네가 그 얘기 많이 했던 것 같아.
릭	거기 가서 아름다운 산책로를 따라 걸어보고 싶어. 스카이다이빙도 늘 해보고 싶었고.
바이올렛	이제야 네가 왜 그렇게 기분이 업되어 있었는지 알겠다.

Violet	Rick, what are you looking at? A travel video?
Rick	Yes, I heard New Zealand is beautiful in April.
	075 I'm saving up to go next year.
Violet	Cool. I remember you've told me about that a lot.
Rick	I'd love to walk along the beautiful hiking trails there. I've always wanted to try skydiving, too.
Violet	Now I know why you've been so excited.

VOCABULARY

look at ~ ~를 보다 **a lot** 많이 **hiking trail** 등산로, 산책로 **excited** 신나는

KEY EXPRESSIONS

1 **(어디에) 가려고 돈을 모으다**
save up to go (to 어디)

save, save up은 '돈을 모으다, 저축하다'라는 뜻이예요. to go to 어디 '어디에 가려고' 돈을 모은다는 거죠. '뭐하려고 돈을 모아?'라고 하려면 What are you saving up for?라고 합니다.

2 **아름다운 등산로 혹은 산책로를 따라 걷다**
walk along the beautiful hiking trails

walk along ~은 '어떤 길 혹은 어디 주변을 따라 걷는다'는 뜻이예요. 그리고 hiking trail 은 '산책로'나 '등산로'를 가리킵니다.

3 **스카이다이빙을 해보고 싶다**
want to try skydiving

want to try ~는 '~를 해보고 싶다, ~를 해보고 싶어하다'라는 뜻입니다. try 뒤에는 명사 나 대명사를 써도 되고, skydiving과 같이 동사원형에 ~ing를 붙인 형태를 써도 돼요.

CHAPTER 3

Big 3
SPEAKING PATTERNS

핵심 패턴 073

그 말, ~하네.
Sounds ~.

그거 적당한 것 같네요.
Sounds reasonable.

그거 멋진데요.
Sounds amazing.

바보 같은 말이예요.
Sounds stupid.

상대방의 말을 듣고 그 말이 어떻게 생각된다면 이 패턴을 써보세요. sounds 다음에 어떻게 생각되는지에 해당하는 형용사를 넣어서 말해보세요.

핵심 패턴 074

~하면 기분이 어떨까?
How will it feel to ~?

일을 그만두는 기분이 어때?
How does it feel to quit your job?

다시 일하는 기분이 어때?
How does it feel to work again?

다시 싱글이 된 기분이 어때?
How does it feel to be single again?

어떤 것을 하는 기분이 어떤지 물을 때 이 패턴을 써보세요.

핵심 패턴 075

난 ~하려고 돈을 모으는 중이야.
I'm saving up to ~.

난 새 집으로 이사 가려고 돈을 모으고 있어.
I'm saving up to move to a new house.

난 차를 사려고 돈을 모으고 있어.
I'm saving up to buy a car.

나는 유학 가려고 돈을 모으고 있어.
I'm saving up to study abroad.

어떤 목적으로 돈을 모으는 중이라고 할 때 이 패턴을 써보세요.

Now I'm going to make a specific goal.

specific에서 ci의 발음이 우리말의 /씨/인가요?

Q

Now I'm going to make a specific goal.에서, specific의 중간에 있는 ci의 발음이 우리말로 '수박씨'라고 할 때 그 /씨/가 맞나요?

A

아닙니다. 그렇게 발음하시면 안 돼요. 영어에는 우리말로 '수박씨, 호박씨'라고 할 때의 그 /씨/ 소리가 없어요. 정확하게는 /쓰/를 소리낼 때 혀가 입천장과 가까이 있는 상태에서 바람을 내보내다가 이 소리를 연결하는 거예요. 우리말의 /씨/ 소리가 나지 않도록, 영어 알파벳의 C, specific, see, taxi, messy의 발음을 각각 다섯 번씩 해보세요.

그건 목록에서 빼.

Check it off the list.

장을 보거나 쇼핑을 할 때, '이건 빼자'고 할 때 혹은 '샀으니까 지우자'고 할 때 쓰는 말이 Check it off the list.입니다. 아니면 해야 할 일들 중에서 '이미 완료한 걸 지운다'고 할 때도 써요.

우유는 사지 말자고 할 때

A 우유는 아까 샀어.
B 잘됐다! 그건 목록에서 뺄게.

A I bought some milk earlier today.
B Great! **I'll check it off the list.**

도너츠는 장 볼 목록에서 빼자고 할 때

A 우리, 필요 없는데 살 것 목록에 넣은 거 있나?

B 도너츠? 이건 목록에서 빼자.

A Is there something on our shopping list that we don't need?

B Donuts? **Let's check it off the list.**

UNIT 26

현명한 딜, 무리한 요구

그렇게 무리한 요구를… / 더 좋은 사무실에서 / 방학인데 너무해

TRY IT IN ENGLISH

취직을 할 때나 일을 할 때 적당한 타협과 협상은 필요할 수 있지만 지나치게 요구를 했을 때는 아예 기회 자체가 사라질 수도 있죠. 다양한 대화문을 통해 타협을 잘 하는 방법에 대해서 생각해보세요.

강의 **26**

(전화로)

잭　　여보세요. 저 아르바이트 자리에 관심이 있어서요. 아직 자리 있나요?

린다　그러세요? 그럼 면접 보러 오실래요? 시급은…

잭　　잠깐만요. 그 페이가 얼마든지간에, 저는 두 배로 받았으면 해요.

린다　뭐라고요? 저희가 찾고 있는 분이 아닌 듯하네요.

일자리를 구하면서 무리한 요구를 하는 상황입니다. 우리말 대화를 보고 영어로 생각해본 다음에 영어 대화문을 보세요.

음원 **26-1**

(on the phone)

Jack   Hello. I'm **interested in your part-time job offer.**
076   Do you still have openings?

Linda   Are you? Then will you come in for an interview?
You would be paid …

Jack   Wait. **Whatever that payment is,**
I'd like it doubled.

Linda   Excuse me?
I'm afraid you're **not the one we're looking for.**

VOCABULARY

job offer 일자리   **payment** 페이, 월급이나 시급   **doubled** 두 배로, 두 배인
look for ~ ~를 찾다

KEY EXPRESSIONS

1   아르바이트 뽑는 그 자리에 관심이 있는
interested in your part-time job offer
〈interested in + 무엇〉은 '무엇에 관심이 있다, 생각이 있다'라는 말입니다. your part-time job offer는 '상대방이 공고를 낸 아르바이트 자리'를 말하는 거고요.

2   페이가 얼마이던
whatever that payment is
〈whatever + 무엇 + is〉라고 하면 '무엇이 뭐든 간에'라는 뜻입니다. whatever their offer is '그쪽에서 제안한 게 어떤 것이든 간에', whatever the condition is '조건이 뭐든 간에'와 같이 쓸 수 있죠.

3   우리가 찾는 사람이 아닌
not the one we're looking for
the one we're looking for는 '우리가 찾는 사람, 우리가 찾는 것'이라는 뜻이고 앞에 not이 있으니까 우리가 찾는 사람이나 그것이 아니라는 뜻입니다.

CHAPTER 3

일을 잘 하는 직원에게 좋은 환경을 제공해주는 상황입니다. 우리말 대화를 보고 영어로 생각해본
다음에 영어 대화문을 보세요.

마이크	리타, 이 새 사무실 어때요?
	회사에서 당신을 더 좋은 사무실로 옮겨주기로 했어요.
리타	여기로요? 우와, 감사해요.
	이 사무실은 전에 일하던 데보다 훨씬 좋네요.
마이크	그간 잘해줘서 그렇죠.
리타	여기서 일하면 일 효율이 훨씬 더 좋을 것 같아요.
	아주 능률적으로 일할 수 있겠는데요.

Mike	Rita, what do you think about this new office?
	We decided to **move you to a better office**.
Rita	This one?
	Wow, thanks.
	077 This office **is much better than** my old one.
Mike	You've earned it.
Rita	This place will **help me work more efficiently**.
	I feel like I will be really productive.

VOCABULARY

decide 결정하다, 어떻게 하기로 하다   **earn** 얻다, 받다   **efficiently** 능률적으로
productive 일의 능률이 오르는

KEY EXPRESSIONS

1   **누구를 더 좋은 사무실로 옮겨주다**
move + 누구 + to a better office
〈move + 누구 + to 어디〉는 '누구를 어디로 옮겨주다'라는 뜻이에요. '더 좋은 사무실'이
a better office이죠. '나 회사야, 나 회사에 있지'라고 할 때도 office를 써서 I'm at the
office.라고 해요.

2   **내가 전에 일하던 사무실보다 훨씬 더 좋은**
much better than my old one
better는 '더 좋은'이라는 말이고, much better는 '훨씬 더 좋은'이라는 말이에요. '전에 일
하던 내 사무실'은 my old one, my old office라고 하면 되죠.

3   **누가 일을 더 효율적으로 할 수 있게 도와주다**
help + 누구 + work more efficiently
〈help 누구 + 동사원형〉은 '누가 뭐뭐할 수 있게 도와주다'라는 뜻입니다. work more
efficiently는 '일을 더 효율적으로 하다'라는 뜻이고요.

겨울 방학을 앞두고, 방학인데도 할 일이 많다고 엄마와 얘기를 나누는 상황입니다. 우리말 대화를 보고 영어로 생각해본 다음에 영어 대화문을 보세요.

음원 26-3

웬디	이제 일주일만 있으면 겨울 방학이네!
팀	네, 방학이라도 저 개인 수업 해야 하잖아요.
웬디	너 바이올린 교습도 시작할 거야.
팀	제가 바이올린을 안 좋아하면요?
웬디	그러면 뭐, 다른 악기로 바꿀지를 얘기해봐야지.
팀	저는 항상 드럼을 치고 싶었다고요.
웬디	알지 얘야, 근데 우리 아파트에서는 드럼을 못 치잖니.

Wendy　One more week until winter break!

Tim　Yeah, but **078** **I still have to** go to my private classes.

Wendy　You're going to start your violin lessons, too.

Tim　What if I don't like playing the violin?

Wendy　If that's so, we can talk about switching to a different instrument.

Tim　I've always wanted to play the drums.

Wendy　I know honey, but you can't play the drums in our apartment.

VOCABULARY

until ~ ~까지 **winter break** 겨울 방학 **switch** 바꾸다, 교체하다
honey 아이나 배우자, 연인을 부르는 호칭

KEY EXPRESSIONS

1　**개인 수업/과외 하러 가야 하다**
have to go to my private classes
have to는 '무엇을 해야 한다'는 말이고, go to my private classes는 '개인 수업이나 교습, 개인 과외를 받으러 간다'는 말이죠.

2　**다른 악기로 바꿀까를 의논하다**
talk about switching to a different instrument
〈switch A to B〉는 'A를 B로 바꾸다, A에서 B로 갈아타다'와 같은 뜻이예요. 그리고 '악기'는 musical instrument라고 하지만, 문맥상 musical을 빼도 instrument가 '악기'라는 뜻으로 전달됩니다.

3　**우리 아파트에서 드럼을 치다** **play the drums in our apartment**
'드럼을 친다'는 건 play the drums, 혹은 play the drum이라고 하는데요, 드럼이 북처럼 하나로 되어 있는 건지(the drum), 드럼 세트로 여러 개가 있는 건지(the drums)에 따라 다르게 씁니다.

핵심 패턴 076
아직 ~인가요?
Do you still ~?

아직 자리 있나요?
Do you still have openings?

너 아직 그 동네 살아?
Do you still live in that neighborhood?

너 아직 부모님이랑 같이 사니?
Do you still live with your parents?

상대방에게 아직 뭐뭐하고 있는지 물을 때 이 패턴을 써보세요.

핵심 패턴 077
~가 …보다 훨씬 더 좋다.
~ is/looks much better than …

이 사무실은 전에 일하던 데보다 훨씬 좋네요.
This office **is much better than** my old one.

이 가방이 저것보다 훨씬 더 좋다.
This bag **is much better than** that one.

이 히터가 저것보다 훨씬 더 좋아 보여.
This heater **looks much better than** that one.

두 개를 비교했을 때 하나가 다른 것보다 훨씬 더 좋다고 할 때 이 패턴을 써보세요.

핵심 패턴 078
그래도 ~를 해야 해.
I/You/We still have to ~.

그래도 저 개인 수업 가야 하잖아요.
I still have to go to my private classes.

근데 너 할 일이 더 남아 있잖아.
You still have to do some more work.

그래도 우리 내일 여섯 시 전에 일어나야 하잖아.
We still have to wake up before six tomorrow.

어떠한 상황이 되더라도 여전히 해야 하는 일이 있다면 이 패턴을 써서 말해보세요.

I feel like I will be really productive.
productive를 사람한테 쓰나요?

Q

새 사무실에서 일을 하게 되니까 일의 능률이 높아질 것 같다고 하면서 I feel like I will be really productive.라고 했잖아요. 사람이 일하는 능률이 높아진다고 할 때 productive를 쓰나요? efficient는 쓰면 안 되나요?

A

네. '사람이 일하는 능률이 높다, 일이 잘 된다, 오늘따라 왜 이렇게 일이 잘 되지' 할 때처럼 사람이 일하는 능률이 높다고 할 때 productive는 쓸 수 있고요, efficient는 사람한테 쓰지 않아요. 보통 '이렇게 일하는 게 일 효율이 좋다, 효율이 높아진다'라는 의미로 It's efficient to ~.라고 하거나, '어떻게 하면 일을 더 효율적으로(efficiently) 할 수 있다'처럼 말해요.

LEVEL UP
EXPRESSIONS

그거 괜찮은 제안이네.
That's a fair deal.

어떤 제안이 꽤 괜찮아 보일 때, 그래도 될 것 같을 때 쓸 수 있는 말이 That's a fair deal.입니다.

집안일을 분담하자고 할 때

A 내가 요리를 더 하면,
  자기가 집 청소를 좀 더 할 수 있어?

B 당연하지, 그거 괜찮은 것 같다.

A If I do more cooking, can you clean the house a bit more?

B Sure, that seems like a fair deal.

근무 시간을 조정할 때

A 오늘 두 시간 더 일하고,
  내일 일찍 퇴근하는 게 어때요?

B 좋아요, 그거 괜찮네요.

A How about you work 2 hours extra today, and then you can leave early tomorrow?

B Okay, that's a fair deal.

UNIT 27

전근, 이직

일년 간 여기서 근무해 / 여긴 생활비가 비싸네요 / 잘 지내봐요

TRY IT IN ENGLISH

전근이든 이직이든 옮기면서 다양한 경험을 할 수만 있다면 그것을 통해 내게 가장 잘 맞는 일을 찾을 수도 있을 겁니다. 이런 대화문들을 통해 여러분의 취향에 대해 생각해보세요.

강의 **27**

(그레그가 식당에서 팸을 만나고 있다.)

팸   어서 와! 서울 지사로 전근 왔다고?

그레그   응. 여기서 일할 기회를 얻게 돼서 너무 좋아.

팸   다시 만나서 반갑다.

        서울 생활은 어때?

그레그   딱히 힘든 건 없어. 이 분위기가 너무너무 그리웠어.

팸   서울에 언제까지 있는 거야?

그레그   내년 3월까지. 여기서 1년 정도 일하는 거지.

일년 간 근무하러 서울에 온 친구와 대화하는 상황입니다. 우리말 대화를 보고 영어로 생각해본 다음에 영어 대화문을 보세요.

음원 27-1

(Greg meets Pam at a restaurant.)

Pam   Welcome!
          079   You got transferred to the Seoul branch?

Greg Yes. I'm so happy to get the chance to work here.

Pam   Good to see you again.
          How's Seoul been treating you?

Greg I can't complain. I missed this vibe a lot.

Pam   How long are you in Seoul for?

Greg Until next March.
          I'll be working here for about a year.

VOCABULARY

branch 지사   **chance** 기회   **miss** 그리워하다   **vibe** 분위기

KEY EXPRESSIONS

1   **서울 지사로 전근 오다/가다**
    get transferred to the Seoul branch
    〈get transferred to + 어디〉라고 하면 '어디로 전근을 간다'는 말입니다. 주어 자리에 있는 사람이 거기로 전근을 가게 되는 거죠. 그리고 어디 지사라고 할 때는 도시나 지역 이름에 branch를 붙여서 말해요.

2   **여기서 일할 수 있는 기회가 생기다**
    get the chance to work here
    get the chance는 '기회를 얻다, 기회가 생기다'라는 뜻이예요. '나 드디어 여기서 일할 수 있게 되었어'라는 말은 I finally got the chance to work here.라고 하면 됩니다.

3   **이 분위기를 많이 그리워하다**
    miss this vibe a lot
    vibe는 '분위기'를 말하는데요. 한국, 서울, 전주, 제주 하면 느껴지는 그 분위기를 vibe라고 표현할 수 있어요. 어디에 와서, '여기 분위기가 많이 그리웠다'는 걸 이렇게 말합니다.

네덜란드에서 한국에 와서 일을 하고 살면서의 느낌을 얘기하는 상황입니다. 우리말 대화를 보고
영어로 생각해본 다음에 영어 대화문을 보세요.

음원 27-2

캐시	매트, 한국에서 산 지가 얼마나 됐지?
매트	음, 이제 5년쯤 됐네.
	처음으로 여기 온 게 2016년이었어.
캐시	여기 오기 전에 네덜란드에서는 무슨 일 했어?
매트	기술직이었어. 호텔에서 일했지.
캐시	그렇구나. 여기서 살면서 일하는 거 마음에 들어?
매트	대부분은 마음에 들어. 근데 생활비가 너무 비싸.

Cathy	Matt, how long have you been living in Korea?
Matt	Well, about five years now.
	I came here in 2016 for the first time.
Cathy	What did you do in Holland before coming here?
Matt	I was a technician. I worked at a hotel.
Cathy	I see. **080** Do you like living and working here?
Matt	Mostly yes. But the cost of living is too high.

VOCABULARY

technician 기술자, 기술직에 있는 사람   **see** 알다, 알아듣다, 이해하다   **mostly** 대부분
cost of living 생활비

KEY EXPRESSIONS

1   **이제 5년쯤 된**
    about five years now
    우리말로도, '이제 3년쯤 됐나?', '이제 10년 됐네'처럼 말하잖아요? 영어로도 '이제'에 해당
    하는 now를 뒤에 붙여서 말해요. '오늘로 딱 한 달 됐다'처럼 말할 때는 now 말고 today
    를 쓰고요.

2   **처음으로 여기에 2016년에 왔다**
    came here in 2016 for the first time
    '여기에 온다'는 말이 come here이고 '언제'는 〈in + 년도/월〉 혹은 〈숫자 + years/
    months/weeks ago〉처럼 쓰죠. for the first time은 '처음으로'라는 뜻입니다.

3   **생활비**
    the cost of living
    '생활비'를 영어로 the cost of living이라고 해요. 그리고 '생활비가 높다, 그리 높지 않다'
    라고 할 때 high, not too high라고 표현해요.

본사로 발령 받아온 직원과 잘 지내보자고 인사하는 상황입니다. 우리말 대화를 보고 영어로 생각
해본 다음에 영어 대화문을 보세요.

음원 **27-3**

잭	안녕하세요, 만나서 반갑습니다, 브라운 씨, 저는 잭 스캇입니다.
	말씀 많이 들었어요.
엘렌	저도 만나서 반갑습니다. 엘렌이라고 불러주세요.
잭	네, 엘렌 씨. 여기서 얼마나 근무하시나요?
엘렌	올해 말까지요.
잭	잘됐네요. 잘 부탁드립니다.
	제가 사무실로 안내해드릴게요. 이쪽으로 오세요.

Jack	Hi. Nice to meet you, Mrs. Brown. I'm Jack Scott.
	I've **heard a lot about you**.
Ellen	Nice to meet you, too. Please call me Ellen.
Jack	Okay, Ellen. **081** How long will you be working here?
Ellen	Until the end of this year.
Jack	Nice. I'm sure we'll **get along well**.
	Let me take you to your office. Come with me.

▬▬ VOCABULARY

call 부르다   **here** 여기, 여기에서   **until** ~까지   **office** 사무실

KEY EXPRESSIONS

1   **누구에 대한 얘기를 많이 듣다**
hear a lot about + 누구
보통 일하면서 누군가를 처음 만났을 때 우리말로 '말씀 많이 들었습니다'라고 하죠? 영어
로도 똑같아요. I've heard a lot about you.라고 해요.

2   **올해 말까지.**
Until the end of this year.
우리말로는 둘 다 '언제까지'이지만 until과 by는 다릅니다. until은 until 뒤에 있는 시점까
지 계속이라는 뜻이고, by는 by 뒤에 있는 시점에 완료한다는 뜻이예요.

3   **잘 지내다, 사이좋게 지내다**
get along well
우리가 인사할 때 '잘 부탁드립니다'라고 하는 말에 가장 가까운 말, 이럴 때 하는 영어 표현
은 Let's get along. 혹은 I'm sure we'll get along well.입니다.

SPEAKING PATTERNS

핵심 패턴
079

~로 발령 받았다고? / ~로 전근 갔다고?
You got transferred to ~?

서울 지사로 전근 온 거라고?
You got transferred to the Seoul branch?

다른 부서로 발령 받았어?
You got transferred to another department?

더 작은 지사로 옮긴 거야?
You got transferred to a smaller branch?

상대방이 어떤 도시나 부서, 지사 등으로 근무지를 옮기게 되었다고 할 때 이 패턴을 써보세요.

핵심 패턴
080

~하는 게 마음에 드세요?
Do you like ~ing?

여기서 살면서 일하는 거 마음에 드세요?
Do you like liv**ing** and work**ing** here?

사람들을 만나서 설득하는 거 좋으세요?
Do you like meet**ing** people and train**ing** them?

여행을 하면서 새로운 것들을 경험하는 게 좋아요?
Do you like travel**ing** and experienc**ing** new things?

어떤 것을 하는 것을 좋아하는지, 어떤 것이 마음에 드는지 물을 때 이 패턴을 써보세요.

핵심 패턴
081

얼마 동안 ~하실 거예요?
How long will you be ~ing?

여기서 얼마 동안 근무하실 거예요?
How long will you be work**ing** here?

여기에 얼마나 계실 건가요?
How long will you be stay**ing** here?

여기서 얼마나 기다리시려고요?
How long will you be wait**ing** here?

얼마 동안 상대방이 어떤 것을 할지를 물을 때 이 패턴을 써보세요.

What did you do in Holland before coming here?

직업을 묻는 말은 What do you do for a living? 아닌가요?

Q

네덜란드에서 무슨 일을 했었는지 물을 때 What did you do in Holland before coming here?라고 했는데요, 직업을 묻는 말은 What do you do for a living? 아닌가요?

A

네, 원래는 그렇게 묻는 게 맞죠. for a living 이 '생활을 위해서'니까 '생계를 위해서 무슨 일을 하느냐' 즉, '직업이 뭐냐'라는 문장인데 요, 문맥상 직업을 묻는 게 명확하게 이해된 다면 아주 많은 경우 for a living을 쓰지 않 아요. 그냥 What do you do?라고 해도 '무 슨 일을 하세요?'라는 말로 이해됩니다. 그러 니까 What did you do in Holland before coming here?는 완벽하게 맞는 문장이예요.

LEVEL UP
EXPRESSIONS

밥 먹는 것도 잊었어.

I forgot to eat.

열심히, 바쁘게 일하다 보면 밥 때도 놓치고 일하게 되기도 하죠? 이럴 때 '어머, 밥 먹는 것도 잊었네'라는 말을 I forgot to eat.이라고 해요.

점심을 깜박했을 때

A 저기, 너 배고파?

B 응. 오늘 점심 먹는 걸 깜박했어.

A Hey, are you hungry?

B Yeah. **I forgot to eat lunch today.**

아무 것도 안 먹고 논문을 썼을 때

A 쉬지도 않고 이 논문 작업했던 거야?

B 벌써 밤이야? 오늘 먹는 것도 까먹었네.

A You haven't stopped working on your thesis?

B It's night already? **I forgot to eat today.**

창업하기

식당 오픈할 거야 / 요가 강습실이 자리를 잡았어 / 홍보도 잘 되는 중

TRY IT IN ENGLISH

회사 다니면서 많은 분들이 '내 일을 하고 싶다, 창업하고 싶다'라는 얘기들을 하시는 데요. 그런 다양한 상황의 대화문을 익혀봅시다.

강의 **28**

해리	나 너한테 할 말이 있어.
	나, 식당을 차릴까 해.
리사	뭐라고? 정말이야?
	다시 한 번 잘 생각해보지 그래?
해리	쉽지 않을 거라는 건 알아.
	근데 난 벌써 마음을 정했어.
리사	어디다 식당 차릴지도 결정했어?

회사를 그만두고 식당을 차릴까 하는 직원과 얘기를 나누는 상황입니다. 우리말 대화를 보고 영어로 생각해본 다음에 영어 대화문을 보세요.

음원 28-1

Harry	I have something to tell you.
	I'm thinking of **running my own restaurant**.
Lisa	What? Are you serious?
	Why don't you **give it a second thought**?
Harry	I know it's not going to be easy.
	But **082** I've almost made up my mind.
Lisa	Have you **decided where to open your restaurant**?

━━━ **VOCABULARY**

run 운영하다　**serious** 진심인　**thought** 생각　**decide** 결정하다. 정하다

KEY EXPRESSIONS

1　**내 식당을 차리다, 운영하다**
run my own restaurant
run은 '식당이나 가게를 운영하다'라는 뜻이고 '내 식당'은 my restaurant 혹은 강조해서 my own restaurant이라고 하기도 해요.

2　**다시 한 번 잘 생각해보다**
give it a second thought
〈give + 무엇 + a second thought〉는 '무엇에 대해 잘 생각해보다, 다시 한 번 생각해보다'라는 뜻입니다. 처음으로 막 떠오른 생각을 first thought라고 이해하시면, 다시 한 번 생각해보는 게 second thought라는 게 쉽게 이해되시죠?

3　**어디에 식당을 차릴지 결정하다**
decide where to open one's restaurant
decide는 '결정하다'인데요, 〈where to + 동사원형〉은 '어디에 뭐뭐할지, 어디에서 뭐뭐할지'라는 뜻이니까, '어디에서 식당을 개업할지 결정하다'라는 말이죠.

음원 28-2

회사를 그만두고 나가서 차린 요가 강습실이 자리를 잡았다고 말하는 상황입니다. 우리말 대화를 보고 영어로 생각해본 다음에 영어 대화문을 보세요.

(피오나의 전 동료인 매트가 피오나의 사무실에 찾아왔다.)

피오나   와줘서 고마워.

매트   다시 보니까 너무 좋다.
         그래, 요가 사업은 어떻게 잘 돼?

피오나   다행히, 잘 되고 있어. 이제 단골손님들도 많고.

매트   아, 그거 잘 됐다.
         이제 거의 점심시간이니까, 점심 먹으면서 얘기 더 하자.

(Matt, Fiona's ex-colleague, is stopping by Fiona's office.)

Fiona   Thanks for stopping by.

Matt   It's so good to see you again.
         So, how's your yoga business going?

Fiona   **083** Thankfully, it's been going well.
         I have many regulars now.

Matt   Oh, that's great to hear.
         It's almost lunch time, so let's talk more over lunch.

VOCABULARY

stop by 어디에 잠깐 들르다   **go well** 잘 되어가다   **almost** 거의   **lunch time** 점심시간

KEY EXPRESSIONS

1   잘 되어가다   **go well**

어떤 일이나 비즈니스, 사업, 얘기, 회의 등이 '잘 진행된다'고 할 때 go well이라고 해요. How's it going? '잘 되고 있나요?'는 아주 자주 쓰는 인사말이죠.

2   단골손님들이 많다
have many regulars

a regular는 '단골손님'을 가리켜요. 뒤에 customer를 쓰지 않아도요. 그래서 가게를 열었 는데 단골이 많다면 I/We have many regulars.라고 해요.

3   점심을 먹으면서 얘기를 더 하다
talk more over lunch

talk more는 '얘기를 더 한다'는 말이고, over 뒤에 식사나 음료 등을 쓰면 '그것을 먹으 면서' 혹은 '그것을 마시면서'라는 뜻이예요. over dinner '저녁 먹으면서', over a cup of coffee '커피 한 잔 하면서'처럼요.

음원 28-3

퇴직을 하고 차린 가게가 입소문도 많이 나서 잘 되고 있다고 말하는 상황입니다. 우리말 대화를
보고 영어로 생각해본 다음에 영어 대화문을 보세요.

해리　초대해줘서 고마워요. 정말 좋은 가게네요!

엘렌　와주셔서 감사합니다, 해리.

해리　우와, 여기 사람들이 많네요.
　　　입소문은 어떻게 내신 거예요?

엘렌　SNS와 이메일을 이용했어요.

해리　아, 엘렌 씨가 전에 PR 매니저였던 걸 깜박했네요.
　　　사업이 번창하시길 바랍니다.

Harry　Thank you for the invitation.
　　　It's such a nice shop!

Ellen　Thank you for coming by, Harry.

Harry　Wow, there are a lot of people here.
　　　How did you get the word out?

Ellen　I used social media and email.

Harry　084　Oh, I forgot that you worked as a PR manager.
　　　I hope your business goes well.

VOCABULARY

invitation 초대　**come by** 들르다, 와주다　**a lot of ~** 많은 ~　**social media** SNS

KEY EXPRESSIONS

1　**입소문을 내다　get the word out**

어떤 가게, 식당 혹은 제품, 책에 대해서 좋다고 '소문을 낸다'는 걸 get the word out이라
고 해요. '소문을 어떻게 내셨어요?' How did you get the word out? '어떻게 입소문을
내지?' How can I get the word out?처럼 말하죠.

2　**SNS와 이메일을 이용하다**
use social media and email

SNS는 social media라고 해요. 그래서 '홍보를 SNS와 이메일을 통해서 했다'고 할 때 SNS
가 아니라 social media와 email을 써서 말합니다.

3　**PR 매니저로 일하다**
work as a PR manager

work as 뒤에 직업 명사를 가리키는 말을 넣으면 '그 직업을 가지고 일을 하다'라는 말이
됩니다. work as a part-timer '아르바이트생으로 일하다', work as a counselor '카운셀
러로 일하다'처럼요.

CHAPTER 3

SPEAKING PATTERNS

핵심 패턴 **082**	난 거의 ~했어. **I've almost p.p. ~.**

난 거의 마음을 정했어.
I've almost made up my mind.

난 어떻게 할지 거의 정했어.
I've almost decided what to do.

난 할 일을 거의 다 했어.
I've almost finished what I have to do.

> 내가 거의 무엇을 한 상태다, 거의 뭐뭐했다고 할 때 이 패턴을 써보세요.

핵심 패턴 **083**	다행히, ~야. **Thankfully, it's been ~.**

다행히, 잘 되고 있어.
Thankfully, it's been going well.

다행히, 여태 성공적이야.
Thankfully, it's been successful.

다행히도, 큰 성공을 거뒀어.
Thankfully, it's been a great success.

> 다행히, 뭔가가 어떠하다고 할 때 이 패턴을 써보세요.

핵심 패턴 **084**	아, 제가 ~라는 걸 깜박했네요. **Oh, I forgot that~.**

아, 당신이 전에 PR 매니저였던 걸 깜박했네요.
Oh, I forgot that you worked as a PR manager.

아, 네가 미국 사람이라는 걸 깜박했다.
Oh, I forgot that you're from the States.

맞다, 네가 그림을 잘 그린다는 걸 깜박했네.
Oh, I forgot that you're talented in drawing.

> 생각해보니 어떤 것을 깜박하고 있었다고 할 때 이 패턴을 써보세요.

Why don't you give it a second thought?

sleep on도 같은 뜻이죠?

Q

give it a second thought와 같은 의미로 쓸 수 있는 말이 sleep on 맞죠? 혹시 우리가 신는 신발의 종류인 '슬립온'도 연관이 있나요?

A

하하, 아닙니다. 운동화 끈이 없이 그냥 발만 넣으면 되는 신발을 '슬립온'이라고 하는데요, 그건 slip-ons라고 해요. 창업에 대해 다시 한 번 생각해보라고 할 때 Why don't you give it a second thought?라고 했는데 여기서 give it a second thought와 같은 의미로 쓸 수 있는 게 sleep on it인데, 철자가 다르죠? 신발을 가리키는 slip-ons와 전혀 다른 말입니다.

LEVEL UP
EXPRESSIONS

잘 생각해본 거야?

Have you thought this through?

어떤 것에 대해서든, 심사숙고하고 내린 결정인지를 물을 때 쓰는 말이 **Have you thought this through?**입니다.

유럽에 가서 살겠다는 친구에게

A 나 일 그만두고 유럽으로 가서 살 거야!

B 돈도 없이? 충분히 잘 생각해본 거야?

A I'm going to quit my job and move to Europe!

B With no money? **Have you thought this through?**

VR 게임기를 사겠다는 친구에게

A 나, VR 게임기 살 거야.

B 충분히 잘 생각해봤어?

A I'm going to buy a VR game system!

B **Have you thought this through?**

CHAPTER 3

UNIT 29
200퍼센트 효율로 회사 생활 잘 하기

존중하며 일하세요 / 일은 한 번에 하나씩 / 장시간 일하는 게 좋은 게 아니야

TRY IT IN ENGLISH

회사 생활, 남들과 같이 일하는 환경에서는 여러 가지 노하우가 필요하죠. 남들과 함께 일을 더 잘할 수 있는 방법에 대한 대화문을 통해 여러분의 아이디어를 떠올려보세요.

강의 **29**

빌리	나 조언이 좀 필요해.
	어떻게 하면 회사에서 사람들과 잘 지낼 수 있을까?
샐리	우선, 다른 사람들을 존중하려고 해봐.
빌리	어떤 때는 그게 힘들어. 어떤 사람들은 말이지…
샐리	그래 맞아, 그래도 어떤 사람한테서나 좋은 면을 찾을 수 있거든.
	사람들에게서 좋은 것만 보려고 해봐.
빌리	그래, 노력해볼게.

존중하며 일하세요

회사에서는 무엇보다도 남들을 존중하는 자세가 중요하다고 말하는 상황입니다. 우리말 대화를 보고 영어로 생각해본 다음에 영어 대화문을 보세요.

음원 29-1

Billy	I need some advice.
	How can I **get along with people at work**?
Sally	First, try to respect others.
Billy	**085** That can be difficult sometimes.
	Some people are just…
Sally	I know, but you can **find good things in everyone**.
	Just **look for the good in people**.
Billy	Okay, I'll try.

VOCABULARY

advice 조언, 충고   **respect** 존중하다, 존경하다   **sometimes** 가끔은, 어떤 때는
try 노력하다, 애쓰다

KEY EXPRESSIONS

1 **회사에서 사람들과 잘 지내다**
get along with people at work
get along은 '잘 지내다'라는 말이고, with 뒤에 있는 사람 혹은 사람들과 잘 지낸다는 말이에요. 회사 사람들은 보통 people at work라고, company 말고 work를 써서 말합니다.

2 **누구한테서든 좋은 점들을 발견하다**
find good things in everyone
find good things는 '좋은 면을 보게 되다, 발견하게 되다'라는 말이고, in everyone은 '모든 사람들한테서' 즉, '누구에게서나 좋은 면을 발견할 수 있다'는 의미죠.

3 **사람들에게서 좋은 면을 찾다**
look for the good in people
〈look for + 무엇〉은 '무엇을 일부러 찾아내다'라는 걸 말해요. 사람들에게서 일부러라도 좋은 면을 찾으려고 노력한다는 의미로 이렇게 말합니다.

CHAPTER 3

일을 효율적으로 할 수 있는 방법을 듣는 상황입니다. 우리말 대화를 보고 영어로 생각해본 다음에 영어 대화문을 보세요.

음원 29-2

그레그	베티, 내가 도움이 될 만한 비법들을 몇 개 알려줄까요?
베티	좋죠. 말씀해주세요.
그레그	먼저, 일하는 공간을 잘 정리해봐요.
	깨끗한 책상에서 일하면 스트레스가 덜 쌓일 거에요.
베티	알겠어요. 근데 말이죠, 멀티 태스킹이 효과적이라고 생각하세요?
그레그	아니요. 그건 집중력을 저하시켜요.
	한 번에 하나의 일에 집중하는 게 더 낫죠.

Greg	Betty, can I give you some useful tips?
Betty	Of course. I'm all ears.
Greg	First, get your workplace organized.
	A clean desk will make you feel less stressed.
Betty	Got it. By the way, do you think multi-tasking is effective?
Greg	No. That decreases your ability to concentrate.

> **086** It's better to focus on one task at a time.

VOCABULARY

useful 유용한　**stressed** 스트레스를 받는　**effective** 효과적인　**concentrate** 집중하다

KEY EXPRESSIONS

1 일하는 공간을 잘 정리하다

get your workplace organized

get 무엇 뒤에 p.p.(과거분사)를 쓰면 '무엇이 어떻게 되게 하다, 무엇을 어떤 상태로 만들다'라는 뜻이예요. your workplace가 organized되게 하다, 즉 정리하는 거죠.

2 스트레스를 덜 받게 하다

make + 누구 + feel less stressed

사람은 stressed, stressed out되는 거고, 어떤 일, 상황 등이 사람에게 '스트레스를 주는'이라고 할 때는 stressful하다고 해요. Things are stressful these days, so I'm stressed (out). '요새 스트레스 쌓이는 일들이 많아서, 내가 스트레스를 많이 받아.'

3 한 번에 하나씩의 일에 집중하다

focus on one task at a time

〈focus on + 무엇〉은 무엇에 집중하는 거니까 focus on one task는 '하나의 일, 업무, 과제에 집중한다'는 건데요, one task at a time이니까 '한 번에 하나의 일에 집중한다'는 뜻이예요.

음원 **29-3**

오랜 시간 책상 앞에 붙어 있다고 좋은 건 아니라고 말하는 상황입니다. 우리말 대화를 보고 영어로 생각해본 다음에 영어 대화문을 보세요.

잭	캐시, 케빈은 자기가 늘 일주일에 70~80시간을 일을 한다고 자랑을 하더라.
캐시	우와, 그거 많긴 하네.
	케빈이 그렇게 많은 시간을 정말 일을 한다고 생각해?
잭	아니, 아니겠지.
	그 시간을 전부 일을 하는 것 같진 않아.
캐시	책상 앞에 앉아서 몇 시간을 일하는지는 중요하지 않아.
잭	나도 동감이야. 난 일을 효율적으로 하는 거 완전 좋아해.

Jack	Cathy, Kevin always brags that he works 70 or 80 hours a week.
Cathy	Wow, that's a lot.
	Do you think he really works that much?
Jack	No, probably not.
	I don't think he works the entire time.
Cathy	It doesn't matter how many hours you sit at a desk.
Jack	I agree with you. **087** I'm all about working efficiently.

CHAPTER 3

━━━ **VOCABULARY**

brag 자랑하다, 뻐기다 **that much** 그렇게 많이 **sit at a desk** 책상 앞에 앉아 있다
efficiently 효율적으로

KEY **EXPRESSIONS**

1 **일주일에 70~80시간을 일하다**
work 70 or 80 hours a week
work 뒤에 몇 시간을 쓰면 그 시간 동안 일을 한다는 말이예요. a week는 '일주일에'라는 뜻이고 per week라고 할 수도 있어요. 그런데 보통 a week, a month, a year처럼 a를 더 많이 쓰더라고요.

2 **그렇게 오래 일하다** **work that much**
that much는 그야말로 '그렇게 많이'라는 뜻이예요. sleep that much '그렇게 오래 자다', eat that much '그렇게 많이 먹다'처럼 말하죠.

3 **그 시간 내내 일하다**
work the entire time
the entire time은 '어떤 시간 내내'를 가리켜요. work the entire time은' 어떤 시간 내내 일만 한다'는 말이죠. Are you sure you work the entire time? '정말 그 시간 내내 일만 한다고?'

SPEAKING PATTERNS

핵심 패턴 085

그게 가끔은 ~할 수도 있지.
That can be ~ sometimes.

그게 가끔은 어려울 수도 있잖아요.
That can be difficult **sometimes**.

그게 가끔은 짜증이 날 수도 있죠.
That can be annoying **sometimes**.

가끔은 그게 정신을 산만하게 할 수도 있어.
That can be distracting **sometimes**.

뭔가가 가끔은 어떨 수도 있다고 할 때 이 패턴을 써보세요.

핵심 패턴 086

~하는 게 더 나아요.
It's better to ~.

한 번에 하나의 일에 집중하는 게 더 낫죠.
It's better to focus on one task at a time.

같이 일하기 적합한 사람을 찾아보는 게 더 낫지.
It's better to look for the right person to work with.

잠을 좀 자고 다시 일하는 게 낫지.
It's better to get some sleep and then start working again.

어떻게 하는 게 더 낫다고 말할 때 이 패턴을 써보세요.

핵심 패턴 087

나는 ~하는 게 정말 좋아.
I'm all about ~ing.

나는 내 머리카락 손질에 신경을 아주 많이 써.
I'm all about tak**ing** care of my hair.

난 좋은 사람들하고 일하는 걸 정말 좋아해.
I'm all about work**ing** with nice people.

나에게는 내 친구들과 가족들을 행복하게 해주는 게 정말 중요해.
I'm all about mak**ing** my friends and family members happy.

내가 어떻게 하는 것을 정말 좋아한다. 아주 많이 좋아한다고 할 때 이 패턴을 써보세요.

Just look for the good in people.

the good이 '좋은 점'이라는 뜻?

Q

'사람들에게서 좋은 점을 찾아보라'고 할 때 **Just look for the good in people.**이라고 했는데, **the good**이 왜 '좋은 점'이라는 뜻이죠?

A

네, 영어로 **the** 뒤에 형용사를 쓰면 '어떠한 것', 혹은 '어떠한 사람들'을 가리키거든요. **the rich**는 '부자들'을 가리키고, **the physically challenged**라고 하면 신체적으로 도전을 받는, 어려움에 처하는 사람들, 즉 '장애우들'을 가리켜요. **Just look for the good in people.**에서 **the good**은 '좋은 점, 좋은 면'을 뜻합니다.

네가 정곡을 찔렀네.
You hit the nail on the head.

어떤 말이 '정곡을 찔렀다'라는 것은 마치, 못을 박을 때 못의 한 가운데를 탁 때리는 것에 비유할 수 있겠죠. 그래서 누가 한 말이 '정곡을 찔렀다'라고 할 때 **hit the nail on the head**라고 해요. 물론 여기서 **head**는 못의 한 가운데를 가리키죠.

내 생각과 똑같은 말을 듣고

A 내 말에 동의해?
B 응. 네가 정곡을 찔렀다.

A Do you agree with me?
B Yes. **You hit the nail on the head.**

정곡을 찌른 상대방의 의견을 듣고

A 자, 내 의견에 대해서 어떻게 생각해?

B 전적으로 동감이야. 네가 정곡을 찔렀어.

A So, what do you think about my opinion?
B I totally agree. **You hit the nail on the head.**

UNIT 30

좋은 동료, 멀리 가려면 함께 가라

도움은 주고받는 것 / 공 가로채지 않기 / 내 동료는 내가 챙긴다

TRY IT IN ENGLISH

좋은 동료라고 생각되면 그 사람을 위해서 힘을 실어주고 서로 돕고 챙기면서 일하면 정말 행복한 일터가 되겠죠? 그런 대화문들을 통해 이상적인 근무 환경에 대해 생각 해보세요.

강의 **30**

브라이언   나 벌써 할 일 다 했어.

              내가 할 일이 또 뭐 있을까?

로렌   나 이 PPT 만드는 거 너무 힘들어.

              마감일 조정이 안 되면, 나 도움을 좀 받아야겠는데.

브라이언   그럼 우리 같이 하자.

로렌   고마워. 내가 근사한 저녁 살게.

              근데 오늘 저녁은 안 돼. 이거 다 마칠 때까지 기다려줘.

자기 일은 다 하고 동료의 일을 돕겠다고 나서는 상황입니다. 우리말 대화를 보고 영어로 생각해 본 다음에 영어 대화문을 보세요.

음원 **30-1**

Brian	I finished all my duties already.
	088 Is there any additional work I can do?
Loren	I'm having trouble with this PPT.
	If the deadline doesn't change, I will need some help.
Brian	Then let's work on it together.
Loren	Thank you. I owe you a fancy dinner.
	But not tonight. Please wait until we're done with this.

VOCABULARY

duties 할 일, 업무   **trouble** 문제, 고충, 힘듦   **deadline** 마감일   **fancy** 멋진, 근사한

KEY EXPRESSIONS

1   내가 할 일, 나에게 맡겨진 일을 다 하다
finish all my duties

finish는 '일이나 작업을 다 끝내다'라는 뜻이고, all my duties는 '내가 할 일들, 내게 맡겨진 모든 일들'을 가리킵니다.

2   누구에게 근사한 저녁 살 게 있다
owe + 누구 + a fancy dinner

〈owe + 누구 + 무엇〉이라고 하면 '누구에게 무엇을 줄 게 있다, 빌렸다, 갚을 게 있거나 살 게 있다'는 의미예요. 그리고 식사 앞에 fancy를 쓰면 '근사한 식사'라는 뜻이 돼요.

3   우리가 이거 다 마칠 때까지 기다리다
wait until we're done with this

wait는 '기다리다'는 거고, until ~은 '~할 때까지'니까 wait until ~은 '뭐가 어떻게 될 때까지 기다리다'라는 말이죠. We're done with ~, We're finished with ~는 '~를 끝내다'라는 의미입니다.

CHAPTER 3

다른 동료가 한 일에 약간 수정만 했을 뿐이라고 그 동료의 공을 추켜세우는 상황입니다. 우리말 대화를 보고 영어로 생각해본 다음에 영어 대화문을 보세요.

음원 **30-2**

토니   오늘 미팅은 짧게 하겠습니다.

바이올렛   저희 마케팅 전략안은 어땠나요?

토니   아주 좋더라고요.

바이올렛   사실, 마이크가 거의 모든 걸 다 했어요.

          저는 살짝 손만 댔고요.

토니   팀워크가 아주 좋네요.

          작업한 걸 약간만 수정해줄 수 있을까요?

Tony   I'll keep this meeting brief.

Violet   **089**   How did you like our marketing strategy?

Tony   Your idea was sensational.

Violet   Actually, Mike basically did all the work.

          I just fine-tuned it a little.

Tony   Nice teamwork.

          Could you elaborate on how you did that

          just a little bit?

VOCABULARY

brief 짧은, 짧게   **sensational** 좋은, 획기적인   **basically** 기본적으로
fine-tune 약간 손을 보다, 약간 다듬다

KEY EXPRESSIONS

1   **이 회의를 짧게 하다**
keep this meeting brief
〈keep + 무엇 + 형용사〉는 '무엇을 어떤 상태로 유지하다', 혹은 '무엇이 어떻게 되게, 안 변하고 그렇게 되게 하다'라는 뜻입니다. '회의는 짧게 합시다'라는 말은 Let's keep this meeting brief. 혹은 Let's make this meeting brief.라고 해보세요.

2   **약간 손만 보다, 다듬기만 하다**
just fine-tune it a little
fine-tune은 '어떤 것을 다듬다, 수정하다, 더 좋게 손을 보다'와 같은 뜻이에요. 이미 완성된 것을 더 좋게 손을 본다는 게 just fine-tune it a little입니다.

3   **어떤 사람이 한 일을 수정하다, 다듬다**
elaborate on how + 누구 + did that
elaborate는 fine-tune과 비슷한 뜻입니다. elaborate on 뒤에 있는 것을 '더 좋게 손을 보다, 더 좋게 수정하다'라는 뜻이에요.

너무 힘들어 하는 동료에게, 그 동료가 평소에 좋아하던 것을 먹자고 하는 상황입니다. 우리말 대화를 보고 영어로 생각해본 다음에 영어 대화문을 보세요.

음원 **30-3**

닉	리타, 너 너무 지쳐 보여.
리타	맞아. 오늘 너무 힘들다.
닉	(리타의 얘기를 듣고 나서) 그거 참 어렵다.
	고객을 대하는 방식을 좀 바꿔야할 것 같아.
리타	전적으로 동감이야.
닉	그거 떨쳐버리게 우리 스무디나 사 먹으러 가자.
리타	스무디 먹으면 내가 기운 나는 거 어떻게 알았어?

Nick	Rita, you look exhausted.
Rita	I am. I **had a long day today**.
Nick	*(after listening to Rita's story)* That's really complicated.
	We should **modify the way we deal with our customers**.
Rita	I totally agree with you.
Nick	**090** Let's go get some smoothies to take your mind off of it.
Rita	How did you know that smoothies are my pick-me-up drink?

CHAPTER 3

▬▬ **VOCABULARY**

exhausted 지친, 녹초가 된   **complicated** 복잡한   **deal with ~** ~를 대하다
take one's mind off of ~ ~를 떨쳐버리다

KEY EXPRESSIONS

1 **오늘 너무 힘든 하루를 보내다**
have a long day today
have a long day는 '긴 하루를 보내다'라는 뜻이잖아요? 어떤 하루가 너무 고되고 힘들면 그렇게 시간이 안 갈 수가 없죠. 얼굴 표정이 안 좋아도, Why the long face? '왜 그렇게 기분이 안 좋아 보이는 거야?'라고 해요.

2 **우리가 고객들을 대하는 방법을 바꾸다**
modify the way we deal with our customers
modify는 '수정하다, 고치다, 바꾸다'라는 뜻이에요. 하도 진상 고객들이 많아지니까 지금까지 고객이 왕이라고 했던 방침을 좀 바꿔야겠다고 할 때 쓸 수 있겠죠.

3 **어떤 일을 잊어버리다**
take one's mind off of it
⟨take one's mind off of + 무엇⟩은 '무엇으로부터 신경을 끄다, 무엇이 자꾸 신경쓰게 하지 않도록 잊어버리다, 다른 생각을 하다'라는 뜻입니다.

SPEAKING PATTERNS

핵심 패턴
088

~가 더 있나요?
Is/Are there any additional ~?

추가적인 정보가 더 있나요?
Is there any additional information?

추가 요금이 있나요?
Are there any additional charges?

추가 비용이 있어요?
Are there any additional costs?

다른 어떤 게 더 있는지 물을 때 이 패턴을 써보세요.

핵심 패턴
089

~가 어떻든가요?
How did you like ~?

저희가 만든 마케팅 전략안, 어떻든가요?
How did you like our marketing strategy?

내가 짠 휴가 계획 어땠어?
How did you like my vacation plans?

내가 만든 장기적 계획 어떻든?
How did you like my long-term plan?

어떤 것에 대한 상대방의 생각, 의견이 궁금할 때 이 패턴을 쓸 수 있습니다.

핵심 패턴
090

우리 가서 ~나 사 먹자/가져오자.
Let's go get some ~.

우리 가서 스무디나 사 먹자.
Let's go get some smoothies.

우리 가서 간식 좀 사 먹자.
Let's go get some snacks.

우리 가서 냅킨 좀 가져오자.
Let's go get some napkins.

가서 뭔가를 사 먹자거나 사 오자고 할 때 이 패턴을 써보세요.

I'm done with this.
'다 했다'는 I did ~라고 하지 않나요?

Q

'일을 다 했다'고 할 때 I'm done with this.라고 했는데요, I did this.나 I finished this.라고 하지 않나요?

A

네, 다 맞습니다. 내가 어떤 것을 '다 했다, 끝냈다'라고 할 때 희한하게도 영어로는 능동태와 수동태를 둘 다 써요. Did you do this? '이거 네가 했어?' Yes, I did this. '응, 내가 했어.' I'm done with this. '나 이거 다 했어.' I finished this. '나 이거 끝냈어.' I'm finished with this. '나 이거 다 마쳤어.' 이렇게 쓰는 문장들이 다 맞습니다.

LEVEL UP
EXPRESSIONS

제가 사과드릴 일이 있잖아요.
I owe you an apology.

owe는 누구에게 돈을 빌렸다든가 해서 갚아야 할 것이 있을 때 주로 쓰는 말인데요, 사과할 일이 있을 때도 I owe you an apology.라고 할 수 있어요.

죄송한 일이 있을 때

A 제가 사과드릴 일이 있는 것 같습니다.
B 무슨 말씀이세요?

A I think I owe you an apology.
B What do you mean?

오래된 일에 대해서 사과하는 사람에게

A 제가 사과드릴 일이 있잖아요.
B 왜 이러세요. 벌써 다 잊었는데요.

A I owe you an apology.
B Come on. I forgot about that already.

CHAPTER 4

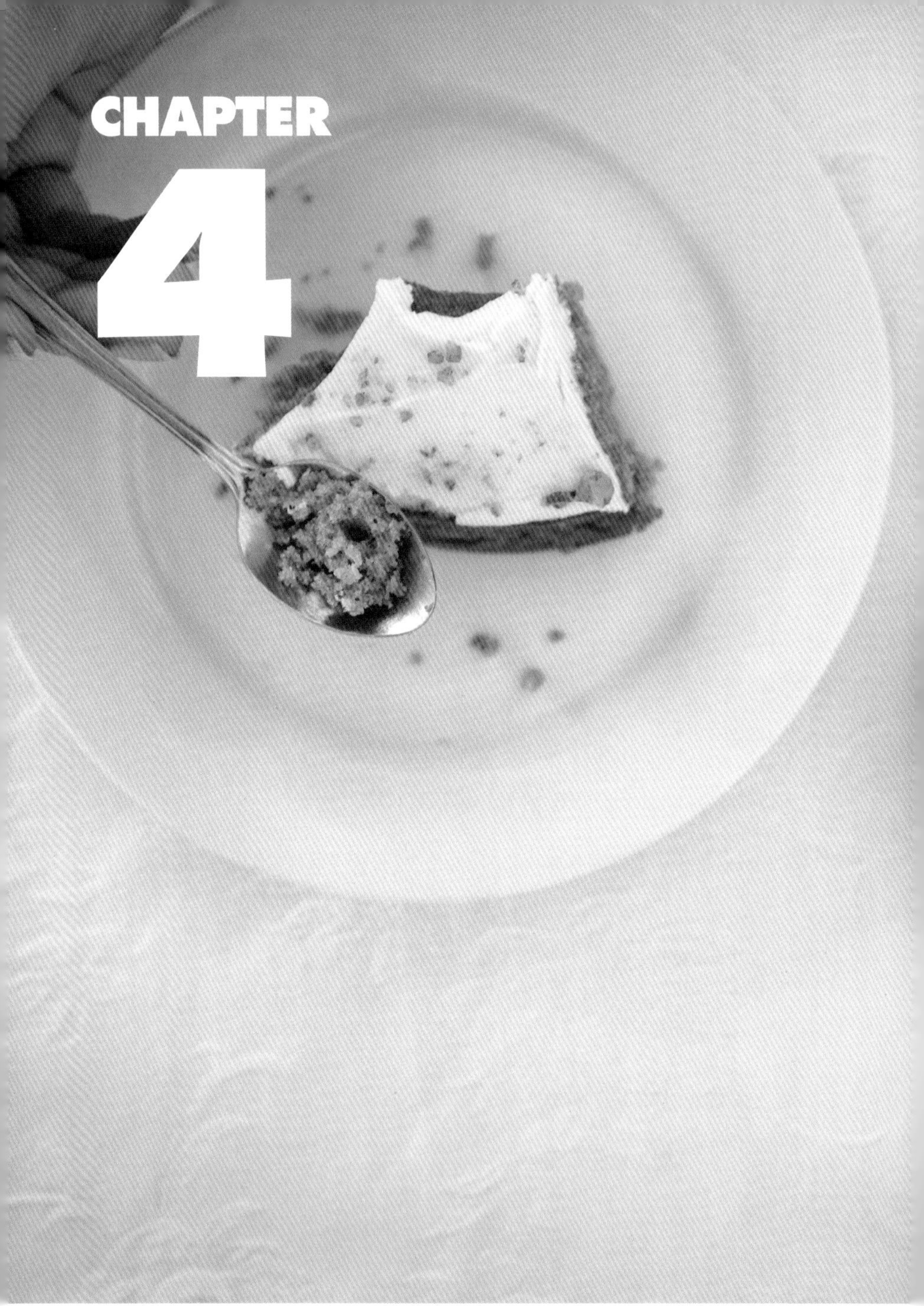

행복·욜로·자기 계발 편

UNIT 31

그때가 그리워

소소한 고마움들 / 그때가 좋았지 / 최고의 인생 샷

TRY IT IN ENGLISH

거창한 목표를 이뤄야 행복한 건 아니죠. 소소한 행복, 예전의 좋았던 추억들, 그런 것들이 우리를 진정으로 행복하게 해준다는 대화들을 통해 잠시 행복을 음미해보세요.

강의 **31**

테일러　생각해보니까, 여행하면서 많은 사람들이 나를
　　　　도와줬네.

마이크　정말? 어떻게 도와줬는데?

테일러　예를 들면, 포르토에 처음 여행갔을 때, 내가 길을
　　　　잃었거든. 그때, 아이들 몇 명이 다가와서는,
　　　　나를 호텔까지 데려다줬어.

마이크　걔네들 참 착하다.

테일러　그러게. 정말 고맙더라.
　　　　그런 소소한 것들이 다 그리워.

음원 31-1

여행하면서 낯선 사람들의 도움을 받았던 이야기를 떠올리는 상황입니다. 우리말 대화를 보고 영어로 생각해본 다음에 영어 대화문을 보세요.

Taylor	Come to think of it, many people helped me while traveling.
Mike	Really? How did they help?
Taylor	For example, **091** on my first trip to Porto, I got lost. Then, a group of kids came up to me and took me to my hotel.
Mike	They were so kind.
Taylor	I know. I was so grateful. I miss all those little things.

VOCABULARY

get lost 길을 잃다   **come up to ~** ~에게 다가오다   **grateful** 감사한   **little** 소소한

KEY EXPRESSIONS

1 **~에 처음 여행갔을 때**
on one's first trip to ~
'어디에 처음 여행갔을 때'라는 말을 〈on one's first trip to + 어디〉라고 해요. 그런데 '여기에, 거기에'라고 할 때는 on one's first trip here, on one's first trip there라고 합니다.

2 **너무 고마운**
so grateful
어떤 것이 고맙고 감사할 때 grateful하게 느낀다고 합니다. 보통, 누구에게 고마우면 〈to + 누구〉, 어떤 것 때문에 고마우면 〈for + 무엇〉이라고 이어서 말할 수 있어요.

3 **그런 소소한 것들이 다 그립다**
miss all those little things
miss는 '그리워하다, 그립다'라는 뜻을 가지고 있고, 어떤 것이 그리우면 miss 뒤에 바로 쓸 수 있는데요, all those little things라는 건 '그 소소한 모든 것들'이라는 의미입니다.

CHAPTER 4

어디든 여행을 갈 수 있던 그때를 떠올리며 그리워하는 상황입니다. 우리말 대화를 보고 영어로 생각해본 다음에 영어 대화문을 보세요.

음원 31-2

제이슨 어디든 갈 수 있던 그때가 그립다.
신디 나도 그래. '그때가 좋았는데.' 싶어.
       근데 뭐 나만 그런가, 우리만 그런 게 아니잖아.
제이슨 맞아. 모든 사람들이 공상만 하면서 집에 갇혀 있으니까.
신디 어쩌겠어? 안전이 제일 중요한데.
       여행 갔던 생각이나 해야지, 뭐.
제이슨 넌, 제일 기억에 남는 여행이 뭐야?

Jason **092** **I really miss the time when** we could go anywhere.
Cindy Same here. I feel like "**those were the days.**"
       But it's not just me, not just us.
Jason Yes. Everyone has been stuck in their houses daydreaming.
Cindy What can we do? Safety is the most important thing.
       All I can do is just **reflect on my travels.**
Jason What was **your most memorable trip**?

VOCABULARY

miss 그리워하다 **be stuck in ~** ~에 갇혀 있다. ~ 밖으로 못 나가고 꼼짝 못하고 있다
safety 안전 **reflect on ~** ~를 회상하다. 돌아보다

KEY **EXPRESSIONS**

1 **그때가 좋았는데**
those were the days
과거의 좋았던 때를 떠올리면서, '그때가 좋았는데…' 할 때가 있잖아요? 그럴 때 하는 말이 Those were the days.입니다. 그냥 이 한 문장이면 되니까, 어떤 때가 그리우시면 이렇게 말해보세요.

2 **여행 갔던 것을 회상하다**
reflect on my travels
〈reflect on + 무엇〉은 '무엇을 회상하다, 다시 떠올리다'라는 말이예요. 여행 갔던 것들이 my travels니까 '여행 갔던 기억들을 떠올린다'라는 걸 reflect on my travels라고 하죠.

3 **제일 기억에 남는 여행**
one's most memorable trip
어떤 사람에게 '제일 기억에 남는 여행, 좋았던 여행'을 most memorable trip이라고 해요. '나한테 있어서 제일 좋았던 여행은 어떤 거였다'라고 할 때는 My most memorable trip was ~라고 하죠.

음원 31-3

언젠가 어디에서 최고로 멋진 사진을 찍었던 얘기를 하면서 추억에 잠기는 상황입니다. 우리말 대화를 보고 영어로 생각해본 다음에 영어 대화문을 보세요.

샐리	거기서 사진이랑 영상 많이 찍었어?
잭	그럼. 최고의 인생샷을 건질 수 있었지.
	일몰을 볼 수 있는 멋진 곳이 있었거든.
샐리	나도 빨리 꼭 거기 가보고 싶다.
잭	꼭 가서 봐.
	그게 내 여행에서 제일 좋았던 순간이었어.
샐리	얘기 좀 더 해줘.

Sally	Did you take lots of pictures and videos there?
Jack	Sure. I was able to **get the best shot ever**.
	093 There was a perfect spot for the sunset.
Sally	I wish I could go there sometime soon.
Jack	You should go see it.
	It was my **all-time favorite travel experience**.
Sally	Tell me more about that place.

VOCABULARY

lots of ~ 많은 ~   **be able to** ~ ~할 수 있다   **spot** 장소, 곳
all-time favorite 언제 봐도 좋은, 언제 생각해도 좋은

KEY EXPRESSIONS

1   **인생 샷을 찍다**
get the best shot ever
우리가 '인생 샷'이라고 부르는 것은 영어로 the best shot이라고 표현할 수 있어요. 지금까지 찍은 사진 중에서 정말 이건 최고다 싶은 사진을 찍는다는 게 get the best shot ever입니다.

2   **일몰을 찍을 수 있는 명당 자리**
a perfect spot for the sunset
어떤 곳이 좀 넓은 범위이면 area나 place 등을 쓰고, 비교적 좁은 곳, '바로 여기, 바로 거기'와 같이 말할 때는 spot이라고 해요. 그래서 '일몰을 볼 수 있는 명당 자리'를 a perfect spot for the sunset이라고 하죠.

3   **언제 생각해도 최고로 좋았던 여행**
all-time favorite travel experience
'언제 생각해도 좋은 것'을 〈all-time favorite + 무엇〉이라고 합니다. '언제 생각해봐도 그건 참 좋은 여행이었어'라는 것을 all-time favorite travel experience라고 해요.

SPEAKING PATTERNS

핵심 패턴
091

~에 처음 여행갔을 때, …

On my first trip to ~, …

포르토에 처음 여행갔을 때, 길을 잃었어.
On my first trip to Porto, I got lost.

미국에 처음 여행갔을 때, 그 호텔에 묵었었어.
On my first trip to America, I stayed at that hotel.

런던에 처음 여행갔을 때, 영어가 다르게 들리더라.
On my first trip to London, English sounded different.

'어디에 처음 여행갔을 때'라고 말할 때 바로 이 패턴을 쓰시면 됩니다.

핵심 패턴
092

~했을 때가 정말 그립다.

I really miss the time when ~.

우리가 어디든 갈 수 있던 그때가 정말 그립다.
I really miss the time when we could go anywhere.

회사 근처에 살 때가 진짜 그립네.
I really miss the time when I lived near my workplace.

우리가 호수에 가서 수영도 하고 그랬을 때가 너무 그리워.
I really miss the time when we would go to the lake and swim.

어떤 때를 가리키며 그때가 그립다고 할 때 이 패턴을 써보세요.

핵심 패턴
093

~를 할/볼 수 있는 최고로 좋은 곳이 있었어.

There was a perfect spot for ~.

일몰이랑 일출을 볼 수 있는 멋진 곳이 있었거든.
There was a perfect spot for the sunset and sunrise.

캠핑을 할 수 있는 아주 좋은 곳이 있더라.
There was a perfect spot for camping.

영상을 찍을 수 있는 아주 좋은 곳이 있더라.
There was a perfect spot for making a video.

어떤 것을 하기에 아주 좋은 곳이 있었다고 말할 때 이 패턴을 써보세요.

SPEAKING GRAMMAR

I wish I could go there sometime soon.
I wish I went there?

Q

'곧 거기 갈 수 있었으면 좋겠다'라는 말을 I wish I could go there sometime soon. 말고 I wish I went there sometime soon.이라고 해도 되나요?

A

안 됩니다. I wish 뒤에 could를 쓰는 것은, '무엇을 할 수 있었으면 좋겠다'라는 뜻이고, I wish 뒤에 과거동사를 쓰는 것은, 지금 어떠했으면 좋겠는데 현실은 그렇지 않다는 말이예요. 예를 들어, 내가 외동딸인데 '오빠가 한 명 있었으면 좋았을 텐데…'라고 할 때 I wish I had an older brother.라고 하는 거예요. 어떤 것을 할 수 있었으면 좋겠는데 할 수 없을 때는 I wish 주어 could ∼라고 쓰셔야 해요.

LEVEL UP EXPRESSIONS

그거 내가 하려던 말이었는데.
You took the words right out of my mouth.

어떤 말을 하려고 생각하고 있었는데 상대방이 그 말을 했을 때, 내 입에서 그 말을 뺏어가서 먼저 했다는 식으로 You took the words right out of my mouth.라고 합니다. 혹은 '내가 그 말을 하려던 참이다'라는 의미로, I was about to say that.이라고 할 수도 있습니다.

내가 할 말을 상대방이 했을 때

A 어머, 그거 내가 하려던 말이었는데.

B 그래?

A Oh, you took the words right out of my mouth.

B Really?

캠핑 가자고 하려는데 상대방이 먼저 했을 때

A 우리 이번 주말에 캠핑 가는 게 어때?

B 내가 그 말 하려고 했는데.

A How about we go camping this weekend?

B You took the words right out of my mouth.

CHAPTER 4

쉴 땐 쉬자

갑자기 월차 그리고 외식 / 전화기도 충전, 나도 충전 / 바빠도 너는 도와줄게

TRY IT IN ENGLISH

앞만 보고 달리다가 갑자기 번아웃을 호소하시는 분들이 많습니다. 인생은 소풍처럼. 쉴 땐 쉬고 충전도 하면서 살자는 내용의 대화문을 익히면서 여러분도 잠시 휴식을 가져보세요.

강의 32

헬렌	여보, 당신 오늘 일 없어?
	벌써 8시야.
에릭	내가 말 안 했나? 나 오늘 오프야.
헬렌	아, 그래? 나한텐 말 안 했는데.
에릭	미안, 깜박했나 봐.
헬렌	그럼 우리 10시쯤에 브런치 먹으러 가자.
	우리가 같이 외식한 게 얼마 만이야?

갑자기 월차 그리고 외식

음원 **32-1**

생각지도 않았는데 남편이 월차를 냈다고 외식을 하러 가자고 하는 상황입니다. 우리말 대화를 보고 영어로 생각해본 다음에 영어 대화문을 보세요.

Helen   Honey, **094** don't you have work today?
It's 8 o'clock already.

Eric   Didn't I tell you? I have the day off.

Helen   Oh, do you? You didn't tell me that.

Eric   Sorry, I guess it slipped my mind.

Helen   Then let's go out for brunch at around 10.
How long has it been since we ate out together?

VOCABULARY

already 벌써, 이미   **slip** 미끄러지다, 슬쩍 지나가다   **mind** 정신
eat out 나가서 식사하다, 외식하다

KEY EXPRESSIONS

1   **일이 있다**

have work

'일이 있다'라는 걸 have work라고 하는데요. 물론 go to work는 '일을 하러 가다, 출근을 하다'라는 말이지만, 우리말로도 '너 오늘 일 있어?', '나 내일은 일 없어'처럼 말하잖아요? 영어로도 '일이 있다'는 걸 have work라고 해요.

2   **월차를 내다, 오프이다, 휴무다**

have the day off

하루 일을 안 하는 것, 월차를 내는 것, 하루 쉬기로 하는 것을 have the day off라고 해요. 하루가 아니라 며칠, 일주일, 한 달과 같은 기간을 쉰다고 할 때는 have와 off 사이에 그 기간을 넣어서 말합니다.

3   **깜박하다, 깜박하고 잊다**

slip one's mind

slip은 '미끄러지다'라는 뜻이에요. 내 정신에, 거기 있어야 기억이 되는 건데, 쓱 미끄러져 나가버렸으니까 기억을 못하는 것, 깜박하는 게 되죠.

CHAPTER 4

음원 32-2

긴 연휴에 내리 늦잠을 자면서 충전을 하자고 말하는 상황입니다. 우리말 대화를 보고 영어로 생각해본 다음에 영어 대화문을 보세요.

다나	우와, 우리 화요일까지 연휴네.
탐	그러게, 우리 푹 쉴 수 있겠다.
다나	나흘 내리 늦게까지 푹 자면 참 좋을 것 같아.
탐	늦잠을 오래 자도 찔릴 것도 없겠지.
다나	근데 수요일에 다시 출근하려면 더 힘들 거야.
탐	그런 걱정을 하지 말자고.
	지금은 그냥 이 긴 연휴를 즐기면 되는 거야.

Dana	Wow, we've got a long holiday through Tuesday.
Tom	Yes, we'll be able to unwind.
Dana	I think sleeping in four days in a row will be great.
Tom	**095** I'll feel less guilty about taking long naps.
Dana	But it'll be harder to go back to work on Wednesday.
Tom	Let's not worry about that.
	We should just enjoy this long holiday for now.

VOCABULARY

through ~까지 주욱　**unwind** 느슨하게 긴장을 풀다　**guilty** 양심에 찔리는
for now 지금은

KEY EXPRESSIONS

1 **푹 쉴 수 있다**
be able to unwind
wind는 감는 것을 말해요. 장난감 인형에 달린 태엽을 생각해보세요. 그 태엽을 꽉 조이고 감으면 장난감은 계속 돌아가죠? 반대로 unwind는 태엽을 푸는 것, 즉 늘어져 있으면서 쉬는 것을 말합니다.

2 **나흘 내리 연속으로 늦게까지 자다**
sleep in four days in a row
sleep in은 실수로 늦잠을 잔 게 아니라, 일부러 늦게까지 푹 자는 것을 말해요. 그리고 in a row는 '연일, 내리, 연속해서'라는 말입니다.

3 **낮잠을 오래 자도 마음에 덜 찔리다**
feel less guilty about taking long naps
feel guilty라는 건 법적으로 유죄라는 게 아니라, '양심에 찔린다, 양심의 가책이 느껴진다'라는 말이예요. 그래서 about 뒤에 있는 것을 했을 때 마음에 찔리는 걸 뜻하죠.

음원 32-3

너무너무 바쁜데 친구가 전화를 해서는 면접 때 입고 갈 옷을 골라 달라고 부탁하는 상황입니다.
우리말 대화를 보고 영어로 생각해본 다음에 영어 대화문을 보세요.

밥   리즈, 내일 뭐해?
리즈   내일 금요일이지, 그치? 별거 없는데. 왜?
밥   나 면접 보러 갈 때 입을 정장이 한 벌 필요해서, 네가 도와줬으면 하고.
리즈   내가 쇼핑 잘 하는 거 알지.
      내가 너, 좋은 가격에 아주 좋은 옷을 살 수 있게 해줄게.
밥   너 같은 친구가 있어서 난 참 운도 좋지.
      내가 맛있는 저녁 살게.

Bob   Liz, what are you up to tomorrow?
Liz   Tomorrow is Friday, huh? Nothing special. Why?
Bob   **096** **I need a** nice suit **for** an interview,
      and I want you to help me.
Liz   You know that I'm a good shopper.
      I can help you get a good pair at a good price.
Bob   I'm such a lucky guy to have you. I'll buy you a nice dinner.

VOCABULARY

suit 정장   **shopper** 쇼핑하는 사람을 가리키는 말   **pair** 한 벌   **lucky** 운이 좋은

KEY EXPRESSIONS

1   **면접 때 입고 갈 근사한 정장 한 벌**
    a nice suit for an interview
    '정장 한 벌'을 a suit라고 해요. 바지 정장이든 치마 정장이든 전부 이렇게 부릅니다. 그리고 어떤 목적으로 입을 옷이라는 말은 〈for + 무엇〉이라고 써요. 우리말로는 '면접'과 '인터뷰'의 의미가 다르지만 영어로는 둘 다 an interview입니다.

2   **쇼핑을 잘 하는 사람**
    a good shopper
    쇼핑을 잘 하는 사람들이 있죠? 좋은 가격에 좋은 물건을 잘 골라서 사는 사람들요. 그런 사람을 a good shopper라고 해요.

3   **좋은 가격에 좋은 한 벌을 사다**
    get a good pair at a good price
    get은 '사다'라는 뜻도 가지고 있잖아요? 그래서 get a good pair는 정장이든 신발이든 안경이든 '한 벌, 한 켤레로 된 것을 산다'는 말이고, at a good price는 '좋은 가격에'라는 말입니다.

CHAPTER 4

SPEAKING PATTERNS

핵심 패턴
094

너 오늘 ~ 없어?
Don't you have ~ today?

당신 오늘 일 없어?
Don't you have work **today**?

너 오늘 무슨 약속 없어?
Don't you have any plans **today**?

너 오늘 요가 안 가?
Don't you have yoga **today**?

상대방이 오늘 뭔가를 하지 않아도 되는지 확인할 때 이 패턴을 써보세요.

핵심 패턴
095

~해도 죄책감이 덜 들 것 같아.
I'll feel less guilty about ~.

낮잠을 오래 자도 안 찔릴 것 같아.
I'll feel less guilty about taking long naps.

오랜 시간 TV를 봐도 안 찔릴 것 같아.
I'll feel less guilty about watching hours and hours of TV.

이 아이스크림 한 통 먹어도 괜찮을 것 같은데.
I'll feel less guilty about eating this bowl of ice cream.

어떤 것을 해도 양심에 안 찔릴 것 같다, 죄책감이 덜 할 것 같다고 할 때 이 패턴을 써보세요.

핵심 패턴
096

나 …에 ~가 필요해.
I need a ~ for …

나 면접 보러 가는 데 정장이 한 벌 필요해.
I need a nice suit **for** an interview.

나 일하는 데 컴퓨터가 필요해.
I need a computer **for** my work.

저 달리기하려면 운동화가 한 켤레 필요해요.
I need a pair of sneakers **for** running.

어떤 것을 하는 데 뭔가가 필요하다고 할 때 이 패턴을 써보세요.

It'll be harder to go back to work.
harder의 발음

Q

harder의 발음이 너무 어려워요. har 부분은 어떻게 발음하고, der 부분은 또 어떻게 발음해서 연결하는지 알려주세요.

A

네, 어려운 발음 중의 하나죠. 우선, 하나의 음절 끝에 있는 -r을 발음할 때는 혀가 성대 쪽으로, 즉, 입 속 뒤로 가게만 하시면 돼요. har 부분을 /하ㄹ/라고 소리 내보세요. 혀가 뒤쪽으로 가 있나요? 네, 그럼 잘 하신 거예요. 이제 이어서 der의 d- 발음을 할 때는 혀끝이 입천장에 닿으면서 발음하고, 마찬가지로 der를 다 발음했을 때는 다시 혀가 입안의 뒤쪽으로 가 있을 겁니다. 이렇게 이어서 /하ㄹ더ㄹ/라고 여러 번 발음해보세요.

(너무 피곤하다…) 나 좀 자야겠어.
I'm going to crash.

보통, '나 잘게, 나 잔다'라고 할 때는 I'm going to bed. I'm going to sleep.이라고 하는데요, 꼭 밤에 잠을 잘 시간이 아니더라도, 아무 때나 너무 졸리거나 피곤해서 잠을 자야겠다고 할 때는 I'm going to crash.라고 할 수 있습니다.

쉬지 않고 일하다가 너무 졸려 하면서

A   아, 나 좀 자야겠다.
B   그래. 잠 좀 자.

A   Oh, **I'm going to crash.**
B   Okay. Get some sleep.

갑자기 졸음이 밀려올 때

A   나 너무너무 피곤해. 좀 잘게.

B   그래… 정말 피곤해 보인다.

A   I'm exhausted. **I'm going to crash.**
B   Yeah… You look really tired.

UNIT 33

표현하고 행동해!

깜짝 파티 / 아부가 아니라, 진심입니다
/ 고마운 마음은 말로만이 아니라 커피로

TRY IT IN ENGLISH

'꼭 말로 해야 알아?'라고 무안을 주는 사람들이 드라마에 많이 나옵니다. 네, 표현을 해야 하죠. 말이든 행동이든 표현을 하면서 사는 다양한 대화문을 통해 표현력을 더 키워보시면 어떨까요?

강의 **33**

매트	여보, 갈 준비 됐어?
리타	거의 됐어. 외투만 입으면 돼.
	그래서, 내 생일이라 어디로 데려갈 건데?
매트	못 알려주지. 깜짝 파티란 말이야.
리타	일주일 내내 이것만 기다렸어!
매트	그리고 당신, 실망하지 않을 거야.
리타	당신이 이거 얼마나 애써서 준비한지 내가 알지.

남편이 아내의 생일을 축하하기 위해 멋진 이벤트를 준비해놓고 있는 상황입니다. 우리말 대화를 보고 영어로 생각해본 다음에 영어 대화문을 보세요.

Matt	Honey, are you ready to leave?
Rita	Almost. I just have to put on my jacket.
	So, where are you taking me for my birthday?
Matt	I can't tell you. It's a surprise.
Rita	**097** I've been waiting all week for this!
Matt	And you won't be disappointed.
Rita	I know you put a lot of effort into planning this.

VOCABULARY

leave 출발하다 put on ~ ~를 입다 disappointed 실망한 effort 노력, 수고

KEY EXPRESSIONS

1 누구 생일에 누구를 어디로 데리고 가다
take + 누구 + to + 어디 + for one's birthday
누구를 어디로 데리고 가는 것, 특히 데이트를 하러 가거나 특별한 이벤트가 있어서 데리고 갈 때도 쓰는 게 〈take + 누구 + to + 어디〉예요. 그리고 어떤 이유로 가는지를 for 뒤에 씁니다.

2 몰래 준비한 깜짝 파티나 이벤트, 선물 등 **a surprise**
당사자가 모르게 준비한 깜짝 파티, 선물, 갑자기 찾아가는 것 등을 모두 다 surprise라고 해요. 누가 갑자기 반갑게 찾아오면 What a nice surprise!라고 하죠.

3 이것을 기획하는 데 많은 공을 들이다
put a lot of effort into planning this
〈put + 무엇 + into + 어디〉라고 하면 '어디에 무엇을 들이다, 넣다'라는 뜻인데요. put a lot of effort는 '공을 많이 들이다'라는 것이고, 어디에 공을 들였냐면 into planning this '이것을 기획하는 데' 공을 들인 거죠.

CHAPTER 4

직장에서 존경스러운 상사를 만나 너무나 감사한 마음을 표현하는 상황입니다. 우리말 대화를 보고 영어로 생각해본 다음에 영어 대화문을 보세요.

음원 33-2

인턴   마이크, 드릴 말씀이 있어요. 과장님은 정말 최고의 상사예요.

마이크   잠깐만. 이거 무슨 꿍꿍이 그런 건가?
       '상사한테 잘 보이자' 전략?

인턴   아니에요. 그런 거 아니에요.
       솔직히, 제가 그냥 느낀 걸 알려드리고 싶어서요.

마이크   뭐, 좀 수상하긴 하지만, 그렇게 말해줘서 고마워요.

Intern   Mike, I want to tell you something.
        You're **the best manager ever**.

Mike   Wait. **098** **Is this some kind of** strategy?
        A **"flatter-the-boss" strategy?**

Intern   No, it's not like that.
        Honestly, I just **want to let you know how I feel**.

Mike   Well, it's a little suspicious, but thanks for saying that.

VOCABULARY

strategy 전략   **honestly** 솔직히   **a little** 좀, 약간   **suspicious** 의심스러운, 미심쩍은

KEY EXPRESSIONS

1   **최고의 상사, 최고의 매니저**
   the best manager ever
   어떤 사람이나 음식, 식당 등 어떤 것이든 '여태 내가 본 중에 최고의 무엇이다'라고 할 때 the best ~ ever라고 하시면 돼요. '최고의 선생님' the best teacher ever, '최고의 집밥' the best home made food ever, '최고의 책' the best book ever, 이렇게요.

2   **'상사에게 잘 보이기, 아부하기' 전략**
   a "flatter-the-boss" strategy
   상사, 윗사람에게 아부하기, 잘 보이기 전략을 이렇게 표현합니다.

3   **내가 어떻게 느꼈는지를 누구에게 알려주고 싶다**
   want to let + 누구 + know how I feel
   '누구에게, 내 느낌, 생각을 전하고 싶다'고 할 때 이렇게 말합니다. '그냥 내 느낌이 그렇다고 그에게 말하고 싶은 거야'라고 하면 I just want to let him know how I feel.이라고 하면 돼요.

음원 33-3

우리말 대화를 보고 영어로 생각해본 다음에 영어 대화문을 보세요.

브래드   좋은 아침입니다. 달리, 이 카푸치노 마셔요.
　　　　어제 태워다줘서 고마웠어요.

달리　　별 것도 아니었는데요. 커피 잘 마실게요, 브래드.
　　　　오늘은 전철 타고 출근하셨어요?

브래드   네. 너무너무 붐비더라고요.
　　　　겨우 끼어 타서 움직일 수도 없었어요.

달리　　상상이 가네요.

Brad   Good morning. Dolly, **this cappuccino is for you.**
　　　　Thank you for the ride yesterday.

Dolly   It was no big deal. Thanks for the coffee, Brad.

> **099** Did you take **the subway** to **work** today?

Brad   Yes. It was terribly crowded.
　　　　I **barely squeezed in** and couldn't move at all.

Dolly   I can imagine.

--- **VOCABULARY**

terribly 아주, 무지하게   **crowded** 붐비는, 사람이 많은   **barely** 겨우, 가까스로
squeeze in 끼어 들어가다, 끼어서 타다

KEY EXPRESSIONS

1   **이 카푸치노 드세요**
this cappuccino is for you
어떤 것을 상대방에게 주면서 하는 말인데요, 먹을 것, 마실 것을 건네면서 보통 우리말로는
'뭐뭐 드세요'라고 하죠. 커피나 녹차를 드시라고 할 때 This coffee is for you. This green
tea is for you.처럼 말해보세요.

2   **지하철 타고 출근하다**
take the subway to work
어떤 교통수단으로 출근한다고 할 때 take 뒤에 교통수단, 그리고 to work를 이어서 말해
요. 버스를 타고 출근하면 take the bus to work라고 하죠. 차로 출근하면 drive to work
라고 합니다.

3   **가까스로 끼어서 타다**
barely squeeze in
barely는 '겨우, 가까스로'라는 뜻이고, squeeze in은 좁은 공간에 힘겹게 끼어 들어가는
것을 말합니다. 체격이 큰 사람 몇 명이 차에 같이 탈 때도 쓸 수 있는 표현이죠. '(좁지만) 타
봐!'라는 말을 Squeeze in!이라고 해요.

CHAPTER 4

핵심 패턴 097

나, …를 ~동안 기다렸어!

I've been waiting ~ for …!

일주일 내내 이것만 기다렸어!
I've been waiting all week **for** this!

네 문자를 하루 종일 기다렸다고!
I've been waiting all day long **for** your text!

이 일자리가 나길 얼마나 기다렸는지 몰라!
I've been waiting forever **for** this job opening!

어떤 것을 얼마 동안 기다렸다고 할 때 이 패턴을 써보세요.

핵심 패턴 098

이거 뭐 일종의 ~같은 건가?

Is this some kind of ~?

이거 무슨 꿍꿍이 그런 건가?
Is this some kind of strategy?

이거 무슨 작업 멘트인가요?
Is this some kind of a pick-up line?

이거 남에게 베풀기 그런 건가?
Is this some kind of pay-it-forward thing?

이게 어떤 일종의 무엇일까 싶을 때 이 패턴을 써보세요.

핵심 패턴 099

…에 가는/오는 데 ~를 타셨어요?

Did you take ~ to …?

회사에 전철 타고 오셨어요?
Did you take the subway **to** work?

여기 오실 때 버스 타셨나요?
Did you take a bus **to** get here?

거기 가실 때 셔틀 타셨어요?
Did you take a shuttle **to** get there?

어디를 가거나 어디에 오는 데 어떤 교통수단을 이용했는지 물을 때 이 패턴을 써보세요.

I can't tell you.
can't를 아무리 들어도 -t 소리가 안 들려요.

Q

can은 /캔/이라고, can't는 /캔트/라고 발음하는 거 아닌가요? 그런데 I can't tell you.를 아무리 들어도 can't의 -t가 안 들려요. 왜 그렇죠?

A

네, can't은 미국식 발음으로는 /키예엔/과 같이 발음해서 그렇습니다. 끝에 있는 -t를 일부러 발음하기보다는 강세를 두고 발음해요. 반면 can은, 앞에 있는 주어에 이어서 약하게 /큰/처럼 발음합니다. 그러니까, '내가 너한테 말해줄 수 있다'고 할 때는 I can tell you. /아이큰텔유/처럼, 그리고 '말을 해줄 수가 없다'고 할 때는 I can't tell you. /아이키예엔텔유/처럼 발음되는 거죠.

과찬입니다.
You flatter me. I'm flattered.

어떤 사람이 칭찬을 해주었을 때 겸손하게 대답할 때, 즉, '천만에요, 아닙니다, 과찬의 말씀이세요, 비행기 태우시네요'와 같은 말이 You flatter me. 혹은 I'm flattered.입니다.

외모에 대한 칭찬을 듣고

A 오늘 멋져 보이네요!
B **과찬이세요.**

A You look really great today!
B **You flatter me.**

일을 너무 잘 했다는 말을 듣고

A 정말 너무너무 잘 하셨어요!
B 뭘요. **부끄럽네요.**

A You did an excellent job!
B Come on. **I'm flattered.**

UNIT 34

힘들긴 해도 이 맛에 내가 산다

요리의 행복 / 졸라도 그건 안 돼 / 가끔 혼자만의 시간이 필요해

TRY IT IN ENGLISH

가족을 위해, 연인을 위해, 누군가를 위해 요리도 하고 챙겨주고 걱정해주는 삶은 참 아름답고 고귀합니다. 그러면서도 가끔 혼자만의 행복도 누리는 내용의 대화문과 함께 삶의 가치를 생각해보세요.

강의 **34**

(토드가 요리 프로그램을 보고 있다.)

제니 토드, 당신은 이 방송은 꼭 보더라.

토드 그럼! 나 이 방송 찐 팬이잖아.
　　　저 셰프의 레시피는 정말 빨리 할 수 있고 쉬워.

제니 그리고 재료들이 거의 다 우리 집에 있는 것들이고.
　　　그래, 오늘 저녁 메뉴는 뭔데?

토드 저거. 닭볶음이랑 양배추 샐러드.
　　　레시피를 전화기에 다운 받아야겠다.

요리를 좋아하는 사람이 요리 프로그램을 꼭 챙겨보면서 가족에게 맛있는 음식을 해주는 상황입니다. 우리말 대화를 보고 영어로 생각해본 다음에 영어 대화문을 보세요.

음원 **34-1**

(Todd is watching a cooking show.)

Jenny	Todd, you never miss that show.

Todd　Of course! **100** I'm a huge fan of this one.
That chef's recipes are really quick and easy.

Jenny　And almost all of the ingredients are the ones we have at home.
So, what's for dinner tonight?

Todd　That one. Stir-fried chicken and cabbage salad.
I'm going to download the recipe on my phone.

VOCABULARY

cooking show 요리 프로그램　almost all of the ~ 대부분의 ~　ingredients 재료들
download 다운 받다

KEY EXPRESSIONS

1　레시피가 정말 빨리 할 수 있고 쉽다
recipes are really quick and easy
레시피, 요리법이 아주 빨리 할 수 있고 쉽다고 할 때 이렇게 말해요. 반대로 복잡하고 어려우면 recipes are hard and difficult라고 할 수 있죠.

2　집에 가지고 있는 것들
the ones we have at home
the ones는 '어떤 것들'을 가리킵니다. 그런데 the ones '어떤 것들'이냐면, we have at home '우리가 집에 가지고 있는 것들'이라는 말이죠.

3　레시피를 전화기에 다운 받다
download the recipe on one's phone
download는 음악이든 프로그램이든 어떤 것이든 내려받기를 한다는 말이잖아요. 뒤에 다운 받을 무언가를 쓰고, 전화기에 받으면 on one's phone, 컴퓨터에 받으면 on one's computer라고 합니다.

CHAPTER 4

음원 34-2

15세가 안 된 아이가 15세 이상 관람가인 영화가 보고 싶다고 조르고 엄마는 안 된다고 하는 상황입니다. 우리말 대화를 보고 영어로 생각해본 다음에 영어 대화문을 보세요.

피터	엄마, 저 이 영화 보게 데려가주시면 안 돼요?
린다	안 돼. 넌 너무 어려서 저 영화는 못 봐.
	저건 15세 이상 관람가야.
피터	그치만 제 친구들은 부모님이 데려가주셨단 말이에요!
린다	어떤 친구들?
	걔네들 부모님한테 전화드려봐야겠다.
피터	안 돼요, 하지 마세요.

Peter	Mom, can you please take me to see this movie?
Linda	No, **101** you're too young to watch that movie.
	It's for ages fifteen and up.
Peter	But my friends got their parents to take them!
Linda	Which friends?
	Maybe I should call their mothers.
Peter	No, please don't do that.

VOCABULARY

take 데려가다   **up** 그 이상   **maybe** 아마, 아마도   **should** ~해야 한다

KEY EXPRESSIONS

1   **이 영화 보게 나를 데려가다**
take me to see this movie
내가 보고 싶은 '이 영화를 보러 나를 좀 데려가달라'는 말이죠. 영화를 본다고 할 때 보통 극장에 가서 보는 것은 see a movie라고 하고, 집에서 보면 watch a movie라고 합니다.

2   **너무 어려서 저 영화는 못 보는**
too young to watch that movie
〈too + 형용사 + to 동사원형〉이라고 쓰면 '너무 어떠해서 동사가 의미하는 것을 못한다'라는 말이에요.

3   **15세 이상 관람가인**
for ages fifteen and up
'몇 살 이상 관람가'라고 할 때 for ages 뒤에 나이를 써서 말합니다. '12세 이상 관람가'라면 for ages twelve and up이라고 하죠.

음원 **34-3**

육아에 일에 힘들어 하던 부부가 오랜만에 둘만의 데이트를 계획하는 상황입니다. 우리말 대화를 보고 영어로 생각해본 다음에 영어 대화문을 보세요.

로즈	우리 데이트한 지 너무 오래됐다.
스캇	맞아. 뭐 좋은 생각 있어?
로즈	우리 밤에 나가서 맛있는 저녁 먹고 영화 볼까?
스캇	좋지. 우리 둘이서만?
로즈	응. 제인한테 애들 좀 봐달라고 하자.
스캇	좋은 생각이야. 빨리 가고 싶다.
로즈	나도.

Rose **102** We **haven't gone** on a date **in a long time**.

Scott You're right. Do you have any ideas?

Rose How about a night out for a fancy dinner and a movie?

Scott That'd be nice. Just the two of us?

Rose Yes. Let's ask Jane to babysit.

Scott That sounds great. I'm looking forward to it.

Rose Me too.

— VOCABULARY

fancy 근사한 **babysit** 아기나 아이를 봐주다

KEY EXPRESSIONS

1 **근사한 저녁 식사를 하러 나가는 것**
a night out for a fancy dinner
'밤에 나가서 노는 것, 외출하는 것, 데이트하러 나가는 것' 등을 a night out이라고 해요. 근데 '근사한 저녁 식사를 하러' 가니까 for a fancy dinner를 이어서 말하죠.

2 **우리 둘이서만**
just the two of us
the two of us는 '우리 둘'이라는 뜻인데, 다른 사람들은 빼고 '우리 둘만, 우리 두 사람만' 이라고 강조하는 표현이 just the two of us예요.

3 **누구한테 애들을 맡기다, 봐달라고 하다**
ask + 누구 + to babysit
'아이를 봐주다'는 babysit라고 하고, '강아지를 봐주다'는 dogsit라고 해요. 그리고 '누구에 게 무엇을 해달라고 부탁하다'는 〈ask + 누구 + to 동사원형〉입니다.

CHAPTER 4

SPEAKING PATTERNS

핵심 패턴 100
나는 ~의 왕팬이야. / 난 ~를 너무너무 좋아해.
I'm a huge fan of ~.

난 이거 왕팬이야.
I'm a huge fan of this one.

난 저 배우 정말 좋아.
I'm a huge fan of that actor.

난 이 프로그램을 아주 좋아해.
I'm a huge fan of this show.

어떤 음악이나 사람, 음식 등 어떤 것이라도 너무너무 좋아한다고 할 때 이 패턴을 써보세요.

핵심 패턴 101
너는 ~하기에는 너무 어려.
You're too young to ~.

넌 그걸 하기엔 너무 어려.
You're too young to do that.

넌 너무 어려서 자전거 못 타.
You're too young to ride a bicycle.

넌 너무 어려서 운전 면허증 못 따.
You're too young to get a driver's license.

상대방의 나이가 뭔가를 하기에는 너무 어리다고 할 때 이 패턴을 써보세요.

핵심 패턴 102
오랫동안 ~를 안 하다
주어 + haven't p.p. ~ in a long time.

나 오랫동안 책을 안 읽었어.
I **haven't read** a book **in a long time**.

우리 오랫동안 못 만났어.
We **haven't gotten** together **in a long time**.

우리 이 문제에 대해서 오랫동안 얘기를 못 했다.
We **haven't talked** about this matter **in a long time**.

오랫동안 뭔가를 하지 못했다고 할 때, 어떤 것을 한 지가 너무 오래되었다고 할 때 이 패턴을 써보세요.

Almost all the ingredients are the ones we have at home.

almost vs. most

Q

'거의 모든 재료들'이라고 할 때 **almost all the ingredients**라고 했는데요, 여기서 **almost** 대신에 **most**를 써도 되나요? 뜻은 비슷한지, 다르다면 쓰임이 어떻게 다른지 알고 싶어요.

A

almost와 **most**는 뜻이 다릅니다. 당연히 쓰임도 다르죠. 먼저 **almost**는 '거의'라는 뜻을 가지고 있어요. 예를 들어서, 약속 장소에 가고 있는데 상대방이 지금 어디냐고 물었을 때 '거의 다 왔어'라고 할 때죠? 영어로는 **I'm almost there.**라고 해요. 그리고 '일이나 숙제를 거의 다 했다'고 할 때 **I'm almost finished. I'm almost done.**이라고 합니다. 반면에 **most**는 '대부분의'라는 뜻을 가지고 있는 말로 '대부분의 학생들'은 **most of the students**, '우리 대부분'이라고 하면 **most of us**라고 하죠.

아무 데도 가지 마.
Don't go anywhere.

보통 어른이 아이에게 혹은 다른 누구에게, 어디 좀 다녀올 테니까 어디 다른 데 가지 말고 여기 있으라고 할 때 **Don't go anywhere.**라고 합니다.

화장실에 다녀오겠다고 하면서

A 엄마, 어디 가세요?
B 화장실. **아무 데도 가면 안 돼**, 알겠지?

A Mom, where are you going?
B Just to the bathroom. **Don't go anywhere**, okay?

금방 찾아가겠다고 하면서

A 나, 큰 동상 앞에 있어.
B **다른 데 가지 마.** 내가 너 찾아갈게.

A I'm in front of the large statue.
B **Don't go anywhere.** I'll come find you.

CHAPTER 4

UNIT 35

아낄 땐 아껴도 쓸 땐 플렉스!

디저트가 얼마?! / 알프스 수돗물 마셔보러 / 티켓 값? 상관없어!

TRY IT IN ENGLISH

돈을 잘, 그야말로 필요한 곳에 적절하게 잘 쓰면 삶의 질이 아주 높아지죠. 아낄 땐 아껴도 쓸 땐 쓰는 플렉스 대화문을 보면서 여러분의 플렉스는 뭔지 생각해보세요.

강의 **35**

헤더	너 새로 생긴 그 디저트 가게에 가서 먹어봤어? 도서관 바로 맞은 편에 있는 거.
다니엘	아, 사람들이 뭔가 먹으려고 줄을 길게 늘어서 있는 거 봤어.
헤더	그래, 바로 거기야. 거기 케이크가 엄청 비싸다고 하더라고.
다니엘	그래? 우리 가서, 그만한 값어치가 있는지 볼까?
헤더	가자. 난 거기 초콜릿 케이크를 먹어보고 싶다.

새로 생긴 디저트 가게의 가격이 비싸다고 하는데 그만한 가치가 있는지, 한번 가서 먹어보자고 하는 상황입니다. 우리말 대화를 보고 영어로 생각해본 다음에 영어 대화문을 보세요.

음원 35-1

Heather Have you tried the new dessert place?
The one just across the street from the library.

Daniel Oh, I saw a lot of people lining up for something.

Heather Yes, that's the one.
I heard that their cakes are super expensive.

Daniel Really?

103 Shall we go find out whether it's worth the price?

Heather Let's go. I feel like trying their chocolate cake.

VOCABULARY

dessert place 디저트 가게   expensive 비싼   find out ~ ~를 알아보다

KEY EXPRESSIONS

1   뭔가에 줄을 길게 늘어서 있다
line up for something
'줄을 서다'라는 것을 line up이라고 해요. 학교나 학원 등에서도 선생님이 아이들한테 '줄을 서'라는 말을 Line up!이라고 하죠. 〈line up for + 무엇〉이라고 하면 그 무엇을 위해서 (먹으려고, 들어가려고, 사려고 등) 줄을 서는 것을 말합니다.

2   엄청 비싼, 아주 비싼
super expensive
'비싼'이라는 말이 expensive죠. 그런데 엄청 비싸다는 말은 expensive 앞에 뭔가를 더 써서 표현할 수 있어요. super expensive, really expensive, very expensive처럼요.

3   그만한 가격이 나갈 값어치가 있는
worth the price
worth the 뒤에 무엇을 쓰면 '그것을 할 만한 가치가 있는'이라는 말이에요. worth the visit는 '가볼 만한'이라는 말이고, worth the wait는 '기다릴 만한 가치가 있는'이라는 뜻이죠.

CHAPTER 4

음원 35-2

오스트리아의 수돗물을 마셔보려고 오스트리아로 여행을 가기 위해 돈을 모으고 있다고 말하는
상황입니다. 우리말 대화를 보고 영어로 생각해본 다음에 영어 대화문을 보세요.

그레그	나 언젠가 오스트리아에 여행 가려고 돈 모으고 있어.
바이올렛	그래? 알프스를 여행하고 싶은가 보구나.
그레그	구체적으로 말하면,
	그 나라의 수돗물을 마셔보러 거기 가고 싶은 거야.
바이올렛	뭐라고? 무슨 소리 하는 거야?
	수돗물을 마시러 그 멀리 오스트리아까지 간다고?
그레그	거기 수돗물은 알프스에서 나오는 거 알지? 엄청 신선할 거라고.

Greg	I'm saving money to travel to Austria sometime.
Violet	Are you? **104** You seem to want to travel in the Alps region.
Greg	Specifically, I'd love to go there to try their tap water.
Violet	What? What are you talking about?
	You want to go all the way to Austria to drink the tap water?
Greg	Do you know that the tap water there is from the Alps? It must be really fresh.

VOCABULARY

save 모으다, 절약하다　**sometime** 언젠가　**region** 지역　**tap water** 수돗물

KEY EXPRESSIONS

1 **~로 여행 가러 돈을 모으다**
save money to travel to ~
'돈을 모으다, 저축을 하다'라는 건 save money라고 하는데요, 다른 표현으로 put aside
some money라는 것도 있어요. '돈을 따로 챙겨두다' 정도의 의미가 되겠죠.

2 **거기 수돗물을 마셔보려고 거기에 가다**
go there to try their tap water
go there는 '거기에 간다'는 건데, 뭐하러 가느냐면, try their tap water '거기 수돗물을
마셔보려고 간다'는 말입니다. their는 '그 나라의, 거기의' 정도로 이해하시면 됩니다.

3 **수돗물을 마시러 그 멀리 오스트리아까지 가다**
go all the way to Austria to drink the tap water
〈go to + 어디〉는 '어디에 가다'인데요, '그 멀리 어디까지'라고 할 때는 all the way를 넣어
서 〈go all the way to + 어디〉라고 해요. '그 먼데 역까지 걸어가야 한다는 거야?'라는 말
은 You mean we have to go all the way to the station?이 됩니다.

음원 35-3

정말 좋아하는 밴드가 한국에 오니까 이번엔 돈을 좀 쓰더라도 공연을 보러 가볼까 하는 상황입니다. 우리말 대화를 보고 영어로 생각해본 다음에 영어 대화문을 보세요.

릴리	너, 내가 좋아하는 그 밴드가 한국에 오는 거 들었어?
짐	응, 들었어. 콘서트가 끝내줄 거야.
릴리	그치만 티켓 값을, 내가 감당할 수 없을 것 같아.
짐	왜 이래. 욜로 몰라? '인생 한 번 사는 거라고!'
	딱 한 번 사는 인생이니까 삶을 즐겨야지.
릴리	네가 나한테, 그 비싼 표를 사게 만드는구나.
	다시 한 번 생각해보고.

Lily	Did you hear that my favorite band is coming to Korea?
Jim	Yes, I did. The concert is going to be an amazing one.
Lily	But I guess the tickets probably **won't be affordable**.
Jim	Come on. Don't you know YOLO? "You only live once!"
	We only live once so we should enjoy our lives.
Lily	**105** **You're making me want to** buy expensive concert tickets.
	I'll **give it a second thought**.

VOCABULARY

favorite 제일 좋아하는　**amazing** 놀라운, 멋진　**probably** 아마, 아마도　**thought** 생각

KEY EXPRESSIONS

1　**감당할 수 없다**　**won't be affordable**

'어떤 것의 비용을 감당하는, 그 돈을 낼 수 있는'이라는 말이 affordable인데요, '그 가격은 내 감당이 안 될 것 같다, 그 돈이 어디 있어?'의 의미로 말할 때 이 표현을 씁니다.

2　**누가 비싼 표를 사고 싶게 만들다**
make + 누구 + want to buy expensive concert tickets

〈make + 누구 + want to ~〉는 '누구로 하여금 무엇을 하고 싶게 하다'라는 뜻이예요. 상대방의 말을 듣다 보니 '표가 비싸지만 살까?' 싶은 생각이 든다는 거죠.

3　**다시 한 번 잘 생각해보다**
give it a second thought

give it a second thought는 it라는 어떤 것에 대해서 a second thought 두 번째 생각, 즉 '곰곰히 신중하게 생각을 해보다'라는 말입니다. 비슷한 표현으로 sleep on it이라는 것도 있어요.

CHAPTER 4

SPEAKING PATTERNS

핵심 패턴 103

~인지 아닌지 가서 볼까?
Shall we go find out whether ~?

우리 가서, 그만한 값어치가 있는지 볼까?
Shall we go find out whether it's worth the price?

우리 가서, 그게 사실인지 알아볼까?
Shall we go find out whether that's true?

아직 세일 중인지 가서 볼까?
Shall we go find out whether they're still on sale?

어떤 것이 맞는지 알아보러 가자고 할 때 이 패턴을 써 보세요.

핵심 패턴 104

너 ~하고 싶은가 보다.
You seem to want to ~.

알프스를 여행하고 싶은가 보구나.
You seem to want to travel in the Alps region.

너 노트북 새로 사고 싶은 모양이네.
You seem to want to get a new laptop.

너 그 일, 하고 싶은가 본데.
You seem to want to take that job.

상대방이 어떤 것을 하고 싶은 것 같아 보일 때 이 패턴을 써보세요.

핵심 패턴 105

그 말 들으니 ~하고 싶어지는군.
You're making me want to ~.

그 말 들으니 이 비싼 콘서트 표를 사고 싶어지는군.
You're making me want to buy expensive concert tickets.

그 말 들으니 다시 한번 해보고 싶어지네.
You're making me want to give it a second try.

네 말 들으니까 그 새 전화기 사고 싶어진다.
You're making me want to buy that new phone.

상대방의 말을 듣고 있으니까 어떤 것이 하고 싶어진다고 할 때 이 패턴을 써보세요.

I feel like trying their chocolate cake.
재채기가 나오려고 할 때도 feel like ~ing를 쓰나요?

Q

feel like ~ing가 '뭐뭐하고 싶다, 어떤 것을 하고 싶다'라고 할 때 쓰는 걸로 알고 있는데요. 재채기가 나오려고 할 때나 방귀가 나올 것 같다고 할 때, 트름을 할 것 같다고 할 때도 feel like ~ing를 써서 말하나요?

A

문법적으로 틀린 문장은 아닙니다. 하지만, 보다 자연스러운 표현으로 I think I'm going to, 혹은 I feel like I'm going to가 있어요. 그러니까 '잠깐, 나 재채기할 것 같아'라는 말은 Wait. I think I'm going to sneeze. 또는 Wait. I feel like I'm going to sneeze.입니다. 이게 더 이 상황에 맞고, 원어민들이 많이 쓰는 문장이예요.

그거 정말 맛이 끝내줬어!
It was to die for!

음식이 너무 맛있었을 때, 즉 우리가 흔히 말하는 표현대로, 하나 죽어도 모를 만큼 맛있었거나 특별하게 좋았을 때 쓸 수 있는 말이 It was to die for.입니다. 또 다른 상황에서 어떤 것이 너무나 아름다웠거나 인상적이었을 때도 It was to die for.라고 할 수 있습니다.

어떤 식당의 음식이 너무너무 맛있었다고 할 때

A 그 음식 어땠어?
B 그거 정말 맛이 끝내줬어!

A How did you like their food?
B **It was to die for!**

상대방의 요리에 감탄하면서

A 내가 해준 음식, 맛있든?
B 그럼! 너무너무 맛있더라!

A Did you like the food I made?
B Of course! **It was to die for!**

UNIT 36

지금 이 순간을 즐겨

이름을 불러주니 꽃이 되었다 / 딸을 위해 일찍 퇴근 / 아들이랑 낚시 해봤어?

TRY IT IN ENGLISH

지금 할 수 있는 것을 하고, 지금 내 앞에 있는 대상에게 최선을 다하고 애정을 주는 것. 그게 인생을 잘 사는 방법이라고 알려주는 대화문을 통해 더욱 더 지금 이 순간에 최선을 다해보세요.

강의 36

소녀	짜잔! 다 됐다. 엄청 멋진 눈사람이야!
프레드	우리 이거 이름 지어주자.
소녀	음… 올라프 어때?
프레드	겨울왕국에 나오는 그거?
소녀	맞아. 아 안 돼! 비 온다. 올라프가 녹아버리겠어.
프레드	우리 이거 안으로 옮기자. 셋에 드는 거야, 알겠지?
소녀	하나, 둘, 셋! 이크 떨어뜨렸다.

음원 **36 -1**

눈이 많이 내린 날, 눈사람을 만들어 이름을 붙여주며 즐거운 한때를 보내는 상황입니다. 우리말 대화를 보고 영어로 생각해본 다음에 영어 대화문을 보세요.

Sonya	Tada! All finished. What a great snowman!
Fred	Let's give it a name.
Sonya	Hmm... How about Olaf?
Fred	The character from Frozen?
Sonya	That's right. Oh no! It's raining. Olaf is going to melt.
Fred	**106** Let's move him inside. On three, okay?
Sonya	One, two, three! Oops, I dropped him.

VOCABULARY

character 인물, 등장인물 **melt** 녹다 **inside** 안에, 안으로 **drop** 떨어뜨리다

KEY EXPRESSIONS

1 **이름을 지어주다**
give it a name
어떤 대상에게 이름을 지어주는 것을 〈give + 대상 + a name〉이라고 하는데요, 성별이 확실하면 give her a name, give him a name이라고 하겠지만 그렇지 않고 애매할 때, 동물이나 눈사람, 인형 등에 쓸 때는 give it a name이라고 해요.

2 **안으로 옮기다, 들여놓다**
move + 무엇/누구 + inside
〈move + 무엇/누구〉는 무엇이나 누구를 옮기는 것, 위치를 바꾸는 겁니다. 〈move 무엇/누구 + inside〉라고 하면 '무엇이나 누구를 안으로 들여놓다'라는 걸 말해요.

3 **셋 하면 함께 하기**
on three
우리가 보통 혼자가 아니라 누구와 함께, 아니면 다른 사람들과 같이 어떤 것을 들거나 같이 뛰거나 출발하거나 할 때 '셋 하면!'이라고 하잖아요? 그 말이 영어로 On three.입니다.

CHAPTER 4

아빠가 딸과 소중한 시간을 함께 보내기 위해 일찍 퇴근해서 딸을 데리러 온 상황입니다. 우리말 대화를 보고 영어로 생각해본 다음에 영어 대화문을 보세요.

잭	어이, 캐시야! 아빠가 너 데리러 왔어!
캐시	아빠! 벌써 퇴근하셨어요?
잭	오늘 일이 일찍 끝났어. 오늘 어땠니?
캐시	늘 똑같죠 뭐.
잭	너 배 안 고프니? 아빠가 치킨 포장해왔어.
캐시	그래요!? 야호!!!
	우리 집에서 치킨 먹고 영화 봐요.

Jack	Hey Cathy! **107** **I am here to** pick you up.
Cathy	Daddy! You **got off work already**?
Jack	I finished early today. How was your day?
Cathy	Same as always.
Jack	Aren't you hungry?
	I **got some takeout chicken**.
Cathy	You did!? Woo-hoo!!!
	Let's **eat it and then watch a movie** at home.

VOCABULARY

pick up 데리러 가다   **already** 벌써, 이미   **finish** 끝내다   **hungry** 배가 고픈

KEY EXPRESSIONS

1   **벌써 퇴근하다   get off work already**

'퇴근하다'라는 말 중의 하나가 get off work예요. leave work라고도 하고, finish work라고도 하죠. 그런데 다른 때보다 혹은 생각보다 일찍 퇴근한 경우, '벌써 퇴근했다'라는 게 영어로 get off work already예요.

2   **치킨을 포장해오다**
get some takeout chicken

'포장해온 어떤 음식'은 영어로 〈takeout + 음식 이름〉이라고 표현해요. 피자를 포장해오면 takeout pizza, 죽을 포장해오면 takeout porridge라고 하죠.

3   **먹고 영화 보다**
eat it and then watch a movie

어떤 음식을 먹고 나서 영화 한 편을 본다고 할 때 극장이 아니라 집에서 보는 경우, watch를 써서 eat it and then watch a movie라고 해요. 먹고 나서 극장에 영화를 보러 가는 거면 eat it and then go see a movie 혹은 eat it and then go to the movies라고 하죠.

아들이랑 낚시를 하러 갔는데 생각지도 않게 아들이 대어를 낚았다고 엄마, 아빠가 좋아하는 상황입니다. 우리말 대화를 보고 영어로 생각해본 다음에 영어 대화문을 보세요.

음원 36-3

(전화로)

헬렌	바비랑 낚시해보니까 어때?
댄	너무 좋지. 여보, 믿어져?
	바비가 엄청 큰 물고기를 잡았어! 20센티미터는 될 거야, 아마.
헬렌	정말? 인증 샷 보내봐. 밥이 낚시를 잘하는 줄은 몰랐네.
댄	잠깐만. 내가 바로 사진 보내줄게.
헬렌	그래. 재밌게 놀아!

(on the phone)

Helen	**108** **What's it like** fish**ing** with Bobby?
Dan	It's just great. Honey, can you believe it?
	Bobby caught a huge fish! About 20 centimeters, maybe?
Helen	Really? Pictures or it didn't happen.
	I didn't know that he was good at fishing.
Dan	Wait. I'll send you the picture right away.
Helen	Alright. Have a lot of fun!

VOCABULARY

huge 큰, 거대한, 어마어마한   **happen** 어떤 일이 일어나다, 생기다
talented 재주가 있는, 재능이 있는   **right away** 바로, 금방

KEY EXPRESSIONS

1   **엄청 큰 대어를 낚다   catch a huge fish**

'물고기를 잡는다'는 말은 catch a fish라고 하고, '엄청 큰 물고기를 잡는다'는 것은 a huge fish를 넣어서 catch a huge fish라고 표현합니다.

2   **인증 샷 보내봐.**
Pictures or it didn't happen.

이 말은 우리가 너무나 자주 쓰는 말이죠? 인증 샷을 보내라는 것은 사진을 봐야 믿겠다는 거니까, Pictures '사진을 보내라', or '그렇지 않으면', it didn't happen '그 일은 일어나지 않은 것이다(라고 생각할 거야)'라는 거죠.

3   **누구에게 그 사진을 바로 보내다**
send + 누구 + the picture right away

'누구에게 사진을 보낸다'는 말은 〈send + 누구 + pictures(사진 몇 장을 보낼 때)〉, 〈send + 누구 + my picture(누구에게 내 사진을 보낼 때)〉와 같이 쓸 수 있고, 서로가 아는 그 사진을 보낸다는 말은 〈send + 누구 + the picture〉라고 합니다. '바로, 지금 당장'은 right away죠.

CHAPTER 4

핵심 패턴 106

~를 안으로 옮기자.
Let's move ~ inside.

우리 올라프를 안으로 옮기자.
Let's move Olaf **inside**.

우리 이거 안으로 들여놓자.
Let's move this **inside**.

우리 신발 안에 들여놓자.
Let's move our shoes **inside**.

어떤 것을 안으로 들여놓자, 가지고 들어가자고 할 때 이 패턴을 써보세요.

핵심 패턴 107

내가 ~하러 여기 왔어.
I am here to ~.

너를 데리러 왔어.
I am here to pick you up.

너한테 무슨 말을 좀 해주려고 왔어.
I am here to tell you something.

내가 너한테 좋은 소식을 전해주려고 왔어.
I am here to give you some good news.

내가 어떤 것을 하려고, 그 목적으로 여기 왔다고 할 때 이 패턴을 써보세요.

핵심 패턴 108

~해보니까 어때?
What's it like ~ing?

준이랑 낚시해보니까 어때?
What's it like fish**ing** with Jun?

섬에서 살아보니까 어때?
What's it like liv**ing** on an island?

프리랜서로 일해보니까 어때?
What's it like work**ing** as a freelancer?

무언가를 하는 게 어떤지 상대방의 생각, 느낌을 알고 싶을 때 이 패턴을 써보세요.

All finished.
finish는 수동태? 능동태?

Q

All finished.는 '모든 일이 다 끝났다'는 말이
죠? 그런데 어떤 때는 I finished ∼라고 하
고, 또 어떤 때는 I'm finished ∼라고 쓰기
도 하는 것 같아요. All finished.라고도 하고
Everything is finished.라고 하기도 하고요.
정리 좀 해주세요.

A

네, finish는 '끝내다'도 되고 '끝나다'라는 뜻
도 돼요. 그래서 '내가 모든 일을 다 마쳤다,
다 했다'라고 할 때 I finished everything.이
라고 하기도 하고, Everything finished. 혹은
Everything is finished.라고도 해요. 또 나
를 주어로 해서 수동태로, I'm finished with
everything. I'm finished with all my work.
라고도 하죠.

LEVEL UP
EXPRESSIONS

저 음치예요.
I'm tone-deaf.

누군가에게는 신나는 취미가 나에게는 고역일 수도 있죠. '저는 음치예요'라고 할 때 I'm tone-
deaf.라고 하는데요, 노래를 못 한다는 건 음정과 박자를 못 맞춘다는 거니까요.

솔직하게 노래를 못 한다고 할 때

A 노래 잘 하세요?
B 전혀요. 저 음치예요.

A Are you a good singer?
B Not at all. I'm tone-deaf.

노래하러 가기 싫어서 뺄 때

A 노래방 갈까?
B 미안, 나 음치야.

A Shall we go to a noraebang?
B Sorry, I'm tone-deaf.

UNIT 37

고난, 이겨내면 더 성장해 있어

중심만 잘 잡으면 / 내 편이 있어 좋다 / 넘어져도 괜찮아

TRY IT IN ENGLISH

아무리 힘든 일이 닥쳐도 정신만 똑바로 차리고 해결 방법을 찾고 나아가다 보면 터널 끝의 밝은 빛 같은 게 비치고, 그걸 겪고 나오니 정신적으로 더 강해져 있다는 대화문을 통해 여러분의 강한 정신력을 믿어보세요.

강의 37

폴라	사람들한테 물건을 파는 거 어렵지 않아요?
토드	뭐, 그렇죠, 그렇지만 그게 우리가 하는 일인데요. 우린 영업 사원이니까요. …
폴라	고객들 중에는 진상도 있잖아요. 그러면 힘들지 않으세요?
토드	난 사람들이 하는 말엔 별로 신경 안 써요. 그리고 더구나, 고개 똑바로 들고 두려움을 헤쳐나가다 보면, 점점 더 정신적으로 강해지거든요.

음원 37-1

하는 일이 힘들고 사람들 때문에 지치긴 해도 굴하지 않고 열심히 할 일을 하고 있다고 말하는 상황입니다. 우리말 대화를 보고 영어로 생각해본 다음에 영어 대화문을 보세요.

Paula　Isn't it hard to sell things to people?

Todd　Well, yes, but that's what we do.
We're salespeople, so...

Paula　Some customers **can be a pain**.
Doesn't that bother you?

Todd　**109**　I don't think too much about what they say.
And besides, whenever you face your fears head on,
you're **getting stronger mentally**.

─── **VOCABULARY**

sell 팔다　**salespeople** 영업 사원　**a pain** 성가신 것, 귀찮은 것　**bother** 괴롭히다
mentally 정신적으로

KEY EXPRESSIONS

1　**힘들 수도 있다, 골치 아플 수도 있다**
can be a pain
a pain은 '귀찮은 것, 성가신 것, 골치거리' 등을 뜻해요. 그래서 뭔가가 '사람을 힘들게 할 수도 있다, 귀찮게 할 수도 있다'고 할 때 can be a pain이라고 합니다.

2　**사람들이 말하는 것에 너무 신경을 쓰다**
think too much about what they say
〈think about + 무엇〉은 '무엇에 대해 생각하다'인데요, 〈think too much about + 무엇〉이라고 하면 '무엇에 대해서 너무 많이 생각하고 신경 쓴다'는 걸 말해요. what they say는 '사람들이 말하는 것'을 가리킵니다.

3　**정신적으로 더 강해지다**
get stronger mentally
strong은 강한 상태를 가리키는데, get stronger는 '전보다 더 강해진다'는 말이예요. 그런데 신체가 건강해지는 거면 physically라고 하고, 정신적으로 강해지는 거면 mentally라고 합니다.

CHAPTER 4

SITUATION 2   내 편이 있어 좋다

회사에서 억울한 일이 있어서 기분이 다운되어 있는데 친구가 대신 더 화를 내주는 상황입니다.
우리말 대화를 보고 영어로 생각해본 다음에 영어 대화문을 보세요.

음원 **37-2**

리타	에릭, 오늘 왜 그렇게 기분이 안 좋아?
에릭	회사에서 안 좋은 일이 있었어.
리타	정말? 무슨 일이 있었는데?
에릭	그게, 말하자면 길어. 그래도 잘 끝났어.
리타	네 잘못도 아닌 일을 가지고 누가 너한테 뭐라고 했는지 말하라고!
에릭	진정해, 리타.
	그래도, 내 대신 누가 그렇게 화를 내주니까 기분은 좋다.

Rita	Eric, why the long face today?
Eric	Something unpleasant happened at work.
Rita	Really? What happened?
Eric	It's a long story, but 110 it ended up being okay.
Rita	Just tell me who blamed you for something that wasn't your fault!
Eric	Calm down, Rita. Although, it is nice to have someone who can be that upset on my behalf.

■■■ VOCABULARY

unpleasant 기분 나쁜, 불쾌한   **blame** 탓하다, 나무라다   **fault** 잘못
calm down 진정하다, 흥분을 가라앉히다

KEY EXPRESSIONS

1   **뭔가 안 좋은 일, 불쾌한 일 something unpleasant**
'뭔가 어떠한 일'이라는 말은 something 뒤에 그 일이 어떤 일인지를 나타내는 형용사를 써서 표현해요. '안 좋은 일'은 something unpleasant, '기분 좋은 일'은 something exciting이라고 하죠.

2   **결국 잘 끝나다, 잘 해결되다 end up being okay**
end up 뒤에 ~ing 형태를 쓰면, '결국 그렇게 되다, 결국은 그렇게 마무리되다'라는 말입니다. 과정이 안 좋았어도 '결국 잘 해결되었다'면 end up being okay, end up being all right이라고 하죠.

3   **내 대신 그렇게 화를 내주는 누군가가 있다**
have someone who can be that upset on my behalf
have someone who ~는 '어떤 사람이 내 옆에 있다'라는 뜻이예요. be that upset은 '그렇게 화를 내는'이라는 뜻이고, on my behalf는 '나를 대신해서, 내 대신'이라는 말입니다.

CHAPTER 4   행복·욜로·자기 계발 편

음원 37-3

친구의 조카가 보조 바퀴 없는 자전거를 타고 싶어 하자 도와주려고 하는 상황입니다. 우리말 대화를 보고 영어로 생각해본 다음에 영어 대화문을 보세요.

케이트	매트, 여긴 내 조카 벤이야. 여섯 살.
매트	벤, 안녕. 난 매트야. 만나서 반갑다.
벤	저도요. 자전거 탈 줄 아세요? 저는 보조 바퀴 달린 자전거만 탈 줄 알거든요.
매트	두 바퀴 달린 자전거, 타보고 싶니?
벤	네, 근데 넘어질까 봐 무서워요.
	저는 자전거 타서 중심 잡기가 어려울 것 같아요.
매트	걱정하지 마. 내가 감을 잡을 수 있게 도와줄 테니까.

Kate	Matt, this is my nephew, Ben. He's six years old.
Matt	Hi, Ben. I'm Matt. Nice to meet you.
Ben	You too. Do you know how to ride a bike?
	I can only ride a bike with training wheels.
Matt	Do you want to ride one with only two wheels?
Ben	Yes, but **111** I'm scared that I'll fall over.
	It will be hard for me to balance on it.
Matt	Don't worry. I'll help you get a feel for it.

VOCABULARY

ride a bike 자전거를 타다   **training wheels** 보조 바퀴   **fall over** 넘어지다
balance 균형을 잡다, 중심을 잡다

KEY EXPRESSIONS

1 **보조 바퀴가 있는 자전거를 타다**
ride a bike with training wheels
ride a bike는 '자전거를 탄다'는 말인데요, 자전거 중에서 '보조 바퀴'라고 하는 거 있죠? 그건 영어로 training wheels라고 합니다. 그래서 '보조 바퀴 달린 자전거를 탄다'는 건 ride a bike with training wheels라고 해요.

2 **내가 그 위에서 중심을 잡기가 어려운   hard for me to balance on it**
hard는 '힘들다'는 거고, for me는 '내가', 내가 뭘 하는 게 힘드냐면 to balance on it '(자전거나 스쿠터 등) 그 위에서 중심을 잡기가, 균형을 잡기가 힘들다'라는 말이예요.

3 **누가 감을 잡게 도와주다**
help + 누구 + get a feel for it
get a feel for it은 어떤 것에 대해 감을 잡고 해낼 수 있게 하는 것을 뜻합니다. 그래서 help 누구 뒤에 이 말을 쓰면 '어떤 사람이 무언가에 감을 잡을 수 있게 도와준다'는 말이죠.

CHAPTER 4

SPEAKING PATTERNS

저는 ~를 그다지 신경 쓰지 않아요.
I don't think too much about ~.

나는 그 사람들의 태도를 그렇게 많이 신경 쓰지 않아요.
I don't think too much about their attitude.

저는 다른 사람들의 의견을 그다지 많이 신경 쓰지 않아요.
I don't think too much about others' opinions.

저는 뭘 먹을지는 별로 신경 안 써요.
I don't think too much about what I eat.

어떤 것에 대해서 그다지 깊게 생각하지 않는다고 할 때 이 패턴을 써보세요.

결국 ~하게 됐어.
It/We/They ended up ~ing.

그래도 잘 끝났어.
It ended up be**ing** okay.

우리 결국 화해했어.
We ended up meet**ing** in the middle.

걔네 결국 틀어졌어.
They ended up hav**ing** a falling out.

누가 결국 어떻게 되었다고 할 때 이 패턴을 써보세요.

~할까 봐 두려워요/무서워요.
I'm scared that I'll ~.

실수할까 봐 두려워요.
I'm scared that I'll make a mistake.

모두 다 잊어버릴까 봐 무서워요.
I'm scared that I'll forget everything.

길을 잃을까 봐 무서워요.
I'm scared that I'll get lost.

어떻게 될까 봐, 내가 어떻게 할까 봐 두렵다고 할 때 이 패턴을 써보세요.

Do you want to ride one with only two wheels?

ride one 대신 ride it이라고 해도 되나요?

Q

'바퀴가 두 개 달린 자전거를 타고 싶냐?' 고 물을 때 Do you want to ride one with only two wheels?라고 했는데요. ride one 대신에 ride it이라고 할 수도 있나요?

A

아니에요. ride one이라고 할 때 one은 어떤 자전거라도 그냥 바퀴가 두 개 달린 것을 뜻하는데요. it은 어떤 것을 지칭하여 가리킬 때 쓰는 말이거든요. 만약에 나한테 '바퀴가 두 개 달린 자전거가 있는데, 그거 타보고 싶니?'라고 한다면 I have a bicycle with only two wheels. Do you want to ride it? 혹은 Do you want to ride that?이라고 해요.

네 뒤엔 내가 있잖아.

I got your back.

상대방에게 걱정하지 말라고, '네 뒤엔, 네 곁엔 내가 있다'라고 힘을 주고 싶을 때 I got your back.이라고 해보세요.

긴장하는 친구에게

A 너무 떨린다.
B 걱정하지 마. 너에겐 내가 있어.

A I'm so nervous.
B Don't worry. **I got your back.**

두려워하는 동료에게

A 그쪽에서 거절하면 어떡하지?
B 걱정 마. 너에겐 내가 있잖아.

A What if they turn me down?
B No worries. **I got your back.**

UNIT 38
좋은 쪽으로 생각하면 행복해져요

네가 최고야 / 비 맞아도 즐거웠음 됐지 / 은퇴하고 나니 새로운 인생이

TRY IT IN ENGLISH

아이가 점수를 몇 점을 받아왔든, 가족 여행을 갔는데 비가 와서 흠뻑 젖든, 퇴직을 하고 허전한 마음이 들어도 좋은 쪽만 보면 다 행복이라고 말하는 대화문들을 익히면서 더욱 큰 행복에 젖어보세요.

강의 **38**

밥   엄마, 저 왔어요. 저 학교에서 수학 시험 봤어요.
        점수 보실래요?

릴리   그래, 빨리 보고 싶구나.
        (시험지를 보면서) 어머, 잘 했네!
        네가 너무 대견하다.

밥   엄마, 저 70점 받았는데요, 90점도 아니고,
        100점도 아니고.

릴리   점수가 중요한 게 아니야.
        엄마는 네가 이번에 얼마나 열심히 공부했는지 알거든.

음원 38-1

아이가 생각보다 낮은 점수를 받아서 자신없이 성적표를 내밀지만 엄마가 아이를 아주 대견해 하는 상황입니다. 우리말 대화를 보고 영어로 생각해본 다음에 영어 대화문을 보세요.

Bob   Mom, I'm home. I took a math test at school.
Do you **want to see the score**?

Lily   Yes, I can't wait.
(looking at the test)
Oh, you did a good job!
I'm **so proud of you**.

Bob   Mom, I got 70, not 90 or 100.

Lily   Scores don't matter.
112   I know **how hard you** studied this time.

VOCABULARY

math 수학   **proud** 자랑스러운   **matter** 중요하다   **this time** 이번에, 이번에는

KEY EXPRESSIONS

1   **점수를 보고 싶다**
want to see the score
'시험 점수'는 score 혹은 grade라고 표현합니다. 숫자로 표시되는 점수이면 score를, 등급으로 표시하는 점수면 grade를 쓰죠.

2   **누가 너무나 자랑스러운, 대견한**
so proud of + 누구
누가 참 자랑스럽고 대견한 느낌이 들 때 proud라는 단어를 쓰시면 돼요. 상대방이 자랑스럽고 대견하면, I'm so proud of you. 부모로서 내 딸이 대견하면, We're so proud of our daughter.라고 합니다.

3   **누가 이번에 얼마나 열심히 공부했는지 알다**
know how hard + 누구 + studied this time
이 표현을 쓸 때는 이렇게 순차적으로 기억하세요. know '알다', how hard, '얼마나 열심히', 누구 studied this time, '누가 이번에 공부를 했는지를', 이렇게요.

CHAPTER 4

가족 캠핑을 갔는데 갑자기 비가 쏟아져서 흠뻑 젖었지만 그래도 아주 즐거웠다고 말하는 상황입니다. 우리말 대화를 보고 영어로 생각해본 다음에 영어 대화문을 보세요.

음원 **38-2**

샐리	그레그, 휴가 갔다 왔구나! 휴가는 어땠어?
그레그	좋았어. 캠핑 가서 아주 재미있게 놀았어.
샐리	비 많이 오지 않았어?
그레그	많이 왔지. 그래도 빗속에서 아주 재미있게 놀았어. 결국 우리 모두 쫄딱 젖었다는 것만 빼면 뭐. 우리 모두 함께 참 좋은 시간을 보냈어. 우리 다, '그래, 이게 사는 거지!' 싶더라.

Sally	Greg, you're back! How was your vacation?
Greg	Great. We went camping and had such a fun time.
Sally	Wasn't it rainy every day?
Greg	It was, but we had a lot of fun in the rain. **113** Besides the fact that we ended up getting soaked. All of us spent some quality time together. We all thought, "Yes, this is the life!"

VOCABULARY

besides ~ ~만 빼고, ~를 제외하고   fact 사실   get soaked 흠뻑 젖다, 홀딱 젖다
quality time 의미 있는 시간, 좋은 시간

KEY EXPRESSIONS

1 캠핑 가서 재미있게 놀다

go camping and have such a fun time

'캠핑을 간다'는 건 go camping, '낚시를 하러 간다'는 건 go fishing이라고 하죠. 그리고 '아주 재미있게 논다'는 말이 have such a fun time, have lots of fun, have a lot of fun입니다.

2 빗속에서 아주 재미있게 놀다

have a lot of fun in the rain

have a lot of fun은 '재미있게 논다'는 말이고, in the rain은 '빗속에서', 즉 '비를 맞으면서', in the snow는 '눈 속에서, 눈을 맞으면서'라는 뜻입니다.

3 함께 의미 있는 시간을 보내다

spend some quality time together

spend some time together는 '함께 시간을 보낸다'는 것인데, '의미 있게 참 좋은 시간'을 보낸다고 할 때는 quality time이라는 표현을 써요.

음원 38-3

은퇴를 하고 나서 보니 또 다른 인생이 펼쳐져서 행복하게 하루하루를 보내는 상황입니다. 우리말 대화를 보고 영어로 생각해본 다음에 영어 대화문을 보세요.

브라운　새로 꾸민 집, 마음에 드세요?

줄리　그럼요, 벽을 페인트칠 하고 나니까, 집이 완전히 달라졌어요.
　　　브라운이 도와주지 않았더라면, 끝내지 못했을 거예요.

브라운　제가 뭐 별로 도와드린 것도 없는데요.
　　　그쵸? 일하는 거 말고도 인생에서 즐길 게 엄청 많잖아요.

줄리　맞네요. 예전에 이걸 알았어야 하는데 말이예요.
　　　이제 좀 사는 것 같이 느껴져요.

Brown　Are you satisfied with your new home?

Julie　Certainly. After painting the walls, my house looks totally different.

114　Without your helping hand, **I couldn't have finished it.**

Brown　I didn't help you that much.
　　　See? There's much more to life than just working.

Julie　Right. We should've learned that a long time ago.
　　　I think we're living a little now.

VOCABULARY

satisfied 만족한, 마음에 드는　　**a helping hand** 도움의 손길
that much 그렇게 많이, 그다지

KEY EXPRESSIONS

1　인생에는 일하는 것 말고도 훨씬 더 많은 것이 있는
much more to life than just working
'인생에서, 일 말고도 훨씬 더 많은 것들을 누릴 수 있어'라고 할 때 There's much more to life than just working이라고 표현합니다.

2　오래 전에 이걸 알았어야 했는데
should've learned that a long time ago
should've p.p.는 '뭐뭐 했어야 했는데 안 했다'라고 후회할 때 쓰는 말이예요. should've learned that은 '그걸 알았어야 했는데 (몰랐다)'라는 말이고, a long time ago는 '오래 전에'라는 말이죠.

3　이제야 좀 사는 것처럼 산다 싶다　**live a little now**
고생하다가 좀 살만해지면 우리말로, '이제야 좀 사는 것 같다, 사는 것처럼 산다'라는 말을 하는데요, 영어로는 live a little now라는 표현을 써요.

CHAPTER 4

Big 3
SPEAKING PATTERNS

핵심 패턴
112

나는 네가 얼마나 열심히 ~했는지/하는지 알아.
I know how hard you ~.

이번에 네가 얼마나 열심히 공부했는지 나는 알아.
I know how hard you studied this time.

네가 이번에 얼마나 열심히 노력했는지 내가 알아.
I know how hard you tried this time.

네가 그 회사를 위해서 얼마나 힘들게 일했는지 내가 알지.
I know how hard you worked for the company.

상대방이 아주 열심히 노력을 했거나 공부를 했거나 애를 썼다는 것을 알고 있다고 말할 때 이 패턴을 써보세요.

핵심 패턴
113

~라는 것만 빼면.
Besides the fact that ~.

결국 우리 모두 쫄딱 젖었다는 것만 빼면 뭐.
Besides the fact that we ended up getting soaked.

우리가 회사에 지각했다는 것만 빼면 뭐.
Besides the fact that we were late for work.

그녀가 나한테 거짓말을 했다는 것만 빼고는 뭐.
Besides the fact that she lied to me.

'어떻다는 사실만 빼면'이라고 할 때 이 패턴을 써보세요.

핵심 패턴
114

~가 없었더라면, …하지 못했을 거야.
Without ~, I couldn't have p.p. …

네가 도와주지 않았더라면, 끝내지 못했을 거야.
Without your helping hand, **I couldn't have finished** it.

네가 이해 안 해줬더라면, 나는 이거 못했을 거야.
Without your understanding, **I couldn't have done** this.

네 조언이 없었더라면, 난 해내지 못했을 거야.
Without your advice, **I couldn't have made** it happen.

어떤 것이 없었더라면, 무엇을 하지 못했을 거라고 할 때, 즉 그게 있어서 가능했다고 할 때 이 패턴을 써보세요.

We went camping and had such a fun time.
time은 셀 수 없는 명사 아닌가요?

Q

'캠핑 가서 재미있게 놀았다'고 할 때 We went camping and had such a fun time. 이라고 했는데요, time은 셀 수 없는 명사로 알고 있는데 왜 such a fun time이라고 하죠?

A

네, '시간'이라는 의미로 쓰일 때 time은 셀 수 없는 명사로 앞에 **a**를 쓰지 않죠. 그런데 이 문장에서처럼 time이 '어떤 때, 어떤 순간'을 가리킬 때는 a great time, a good time, a fun time과 같이 앞에 〈a + 형용사 + time〉의 형태로 써요. '재미있게 놀아!'라고 할 때 Have fun!이라고도 하지만 time을 넣을 때는 Have a good time! Have a great time!이라고 하죠.

LEVEL UP
EXPRESSIONS

말이야 쉽지.
Easier said than done.

말로야 뭘 못하겠습니까만, 실천으로, 행동으로 옮기는 건 또 다른 얘기죠. 이렇게, '말로야 뭔들 못하겠어? 말이야 쉽지'라는 말이 Easier said than done.입니다.

하루에 1킬로그램씩 빼겠다는 말을 듣고

A 나 매일매일 1킬로그램씩 뺄 거야.

B 아, 말이야 쉽지.

A I'll lose 1 kilogram every single day.

B Oh, **easier said than done.**

새벽에 일어나서 수영하러 가겠다는 말을 듣고

A 이제부터, 나 5시에 일어나서 수영하러 갈 거야.

B 말이야 쉽지.

A From now on, I'll wake up at 5 and go swimming.

B **Easier said than done.**

모든 것이 기적이야

좋은 이웃도 기적 / 몰입할 게 있으면 천국 / 내가 이 일을 따냈어!

TRY IT IN ENGLISH

모든 것을 기적이라고 믿으면 우리 삶 속에 행복할 이유가 수도 없이 많다는 것을 알려주는 대화문을 통해, 여러분 삶 속의 기적을 세어보세요.

강의 39

놀란	와주셔서 감사해요.
린다	이 사회적 거리 두기 때문에 우리 꽤 오래 못 만났죠.
	놀란, 이거 받으세요.
놀란	아, 감사합니다. 디퓨저네요?
린다	네, 라벤더가 주성분이에요.
	요새 잠을 못 주무셔서 힘들어 하신다면서요.
놀란	어머… 이런 걸 주시다니 참 고맙네요.

음원 **39-1**

사회적 거리 두기 때문에 오래 못 만나다가 만난 이웃에게 꼭 필요할 것 같은 선물을 건네는 상황입니다. 우리말 대화를 보고 영어로 생각해본 다음에 영어 대화문을 보세요.

Nolan	Thanks for coming by.
Linda	We haven't met for a while because of this social distancing.
	Nolan, this is for you.
Nolan	Oh, thanks. A diffuser?
Linda	Yes, lavender is the main ingredient.
	115　You said you've been having difficulty falling asleep lately.
Nolan	Aww... So nice of you to get me this.

VOCABULARY

come by 잠깐 들르다　**main** 주된　**ingredient** 성분, 재료　**fall asleep** 잠이 들다

KEY EXPRESSIONS

1　**이 사회적 거리 두기 때문에**
because of this social distancing
'뭐뭐 때문에'라고 할 때 because of를 쓰고, '사회적 거리 두기'라는 말은 social distancing이라고 해요. '사회적 거리 두기 때문에'라는 말을 이렇게 표현합니다.

2　**잠이 안 와서 고생하다**
have difficulty falling asleep
'무엇 때문에 고생하다'라는 말을 have difficulty라고 해요. 그리고 무엇 때문에 고생하고 힘들어 하는지는 뒤에 ~ing 형태로 이어서 쓰죠. '잠이 든다'는 말을 fall asleep이라고 합니다.

3　**이런 걸 저한테 갖다주시다니 참 고마운**
so nice of + 누구 + to get me this
'어떤 사람이 나에게 이런 걸 주다니 참 착한, 마음이 따뜻한'이라는 말을 〈so nice of + 누구 + to get me this〉라고 해요. It's so nice of him to get me this. It's so nice of her to get me this.처럼 말합니다.

CHAPTER 4

오랜만에 숙면을 취했다고 고마워하며, 일상 속에서 몰입할 수 있는 것을 찾아보자고 말하는 상황입니다. 우리말 대화를 보고 영어로 생각해본 다음에 영어 대화문을 보세요.

음원 39-2

린다	어때요?
	라벤더가 도움이 되던가요?
놀란	네, 향이 좋아서 푹 잤어요.
린다	잘 주무신다니 다행이네요.
놀란	요즘 할 일도 없고 해서 우울하던 참이예요.
린다	놀란 혼자만 그렇게 느끼시는 건 아닐 거예요.
	우리를 바쁘게 만들어줄 것들에 몰입해야 해요.

Linda	What do you think?
	Did the lavender diffuser help?
Nolan	Yes, I had a deep sleep thanks to that wonderful aroma.
Linda	I'm glad you're sleeping better.
Nolan	I've been depressed having nothing to do these days.
Linda	**116** You won't be the only one who feels that way.
	We need to focus on things that will keep us busy.

VOCABULARY

thanks to~ ~덕분에　**aroma** 향기　**depressed** 우울한, 축 처지는
that way 그렇게, 그런 식으로

KEY EXPRESSIONS

1 **향이 너무 좋아서 그 덕분에**　**thanks to that wonderful aroma**

〈thanks to + 무엇〉은 '무엇 덕분에'라는 뜻이예요. 그것에 감사하는 마음으로 쓰는 표현이죠. that wonderful aroma는 '그 좋은 향기, 아주 좋은 향기'라는 뜻입니다.

2 **아무 할 일이 없어서 기분이 쳐지는**
depressed having nothing to do

depressed는 '사람의 기분이 쳐지고 우울해진' 상태를 가리켜요. 우울해진 이유를 뒤에 ~ing 형태로 이어서 말하는 겁니다. 반면 depressing은 '사람의 기분을 쳐지게 만드는'이라는 뜻입니다.

3 **우리를 바쁘게 만들어줄 것들에 몰입하다**
focus on things that will keep us busy

focus on things는 '어떤 것들에 몰두하다, 집중하다'라는 뜻인데, that will keep us busy는 '우리를 계속 바쁘게 해줄' things '것들', 그런 것에 집중한다는 말입니다.

SITUATION 3 내가 이 일을 따냈어!

음원 39-3

꿈에 그리던 일을 하게 되어 너무나 기쁜 마음에 친구와 부모님께 알리는 상황입니다. 우리말
대화를 보고 영어로 생각해본 다음에 영어 대화문을 보세요.

(전화로)

잭 그래 무슨 일인데? 어젯밤에 왜 전화했었어?

피오나 꿈에 그리던 일을 따냈어!

잭 축하해!

피오나 고마워. 이제 세상을 다 재패할 것 같은 기분이야.

너무 기분이 좋아서 부모님께 빨리 이 말씀을 드리고 싶어. 아, 엄마 전화 들어온다.

잭 그럼 받아. 나중에 통화하자.

(on the phone)

Jack So what's up? Why did you call me last night?

Fiona I just got the job of my dreams!

Jack Congratulations!

Fiona Thanks. I'm ready to take on the world.
117 I'm overjoyed and eager to tell my parents
about this. Oh, my mother's call is coming in.

Jack Then take it. Talk to you later.

VOCABULARY

take on 재패하다. 차지하다 **be eager to ~** 빨리 ~하고 싶다. ~하고 싶어 죽겠다
come in 들어오다 **take** 받다

KEY EXPRESSIONS

1 **꿈에 그리던 직장에 취직하다, 일을 따내다**
get the job of my dreams
get the job은 '일자리를 구하다. 직장에 취직하다', 아니면 '일을 따내다'라는 뜻이고, the
job of my dreams는 '내가 꿈꾸던 일, 꿈에 그리던 일'을 가리킵니다.

2 **세상을 재패할 것 같은, 세상을 다 가질 수 있는 기분이 드는**
ready to take on the world
ready to는 '무엇을 할 준비가 되어 있다'는 말이고, take on the world는 '세상을 다 내 손
안에 넣는 것, 세상을 다 재패하는 것, 하고 싶은 것을 다 하고 최고로 성공한다'는 의미입니다.

3 **너무 기분이 좋아서 부모님께 말씀드리고 싶은**
overjoyed and eager to tell my parents
overjoyed는 over가 들어간 것에서 느낄 수 있듯이, 아주아주 들뜬 상태, 기분이 좋은 상
태를 말해요. 그리고 eager to 동사원형은 '동사가 가리키는 것이 하고 싶어 죽겠다'는 뜻입니
다.

CHAPTER 4

SPEAKING PATTERNS

핵심 패턴
115

~를 못하셔서 고생하셨다면서요.
You said you've been having difficulty ~ing.

요새 잠을 못 주무셔서 힘들어 하신다면서요.
You said you've been having difficulty falling asleep lately.

아침에 잘 못 일어나서 힘들었다면서.
You said you've been having difficulty getting up in the morning.

음식이 소화가 안 돼서 고생했다면서.
You said you've been having difficulty digesting food.

상대방이 무엇을 못해서 힘들어 한다고 했던 것을 기억하고 말할 때 이 패턴을 써보세요.

핵심 패턴
116

너만 ~한 게 아닐 거야.
You won't be the only one who ~.

혼자만 그렇게 느끼시는 건 아닐 거예요.
You won't be the only one who feels that way.

그런 걱정하는 사람이 너뿐만은 아닐 거야.
You won't be the only one who worries about that.

심심하다고 느끼는 사람이 너 혼자만은 아닐 거야.
You won't be the only one who feels bored.

어떻게 느끼거나 무엇을 하는 사람이 상대방 한 명뿐이 아니라고 말해줄 때 이 패턴을 써보세요.

핵심 패턴
117

난 빨리 ~하고 싶어.
I'm eager to ~.

빨리 부모님께 이거 말씀드리고 싶어.
I'm eager to tell my parents about this.

이 집을 리모델링 하고 싶어 죽겠어.
I'm eager to renovate this house.

빨리 너한테 이 사진들을 보여주고 싶어.
I'm eager to show you these pictures.

빨리 어떤 것을 하고 싶다고 할 때 이 패턴을 써보세요.

Thanks for coming by.
'들른다'라는 게 come by?

Q

집이나 가게, 회사 등 '어딘가에 잠깐 들른다'는 말을 stop by라고 하지 않나요? come by 라고도 하나요?

A

네. '어딘가에 잠깐 들른다'는 걸 stop by라고도 하고, come by 혹은 drop by라고도 합니다. '와주셔서 감사하다'고 할 때 Thanks for coming by. 말고 Thanks for stopping by. Thanks for dropping by.라고도 해도 돼요. 아무거나 생각나는 걸 쓰면 됩니다. 그리고, '우리 집에 놀러 와'라고 할 때 Come over to my place.라고 하고요. '저녁 먹으러 와'라고 하고 싶으면 Come over for dinner.라고 할 수 있어요.

LEVEL UP
EXPRESSIONS

효과가 있더라.
It did the trick.

약이든 침이든, 민간요법이든 어떤 시도나 방법이 효과가 있을 때 쓸 수 있는 좋은 문장이 It did the trick.입니다.

약이 효과가 있을 때

A 그 약이 효과가 있었어?
B 응. 몸이 아주 좋아졌어. 정말 효과가 있더라고.

A Did the medicine work for you?
B Yes. I feel great. **It really did the trick.**

설명서가 도움이 되었을 때

A 그 DIY 비디오가 도움이 됐어?
B 응. 효과가 있더라. 고마워!

A Did the DIY video help you?
B Yes. **It did the trick.** Thanks!

CHAPTER 4

지천에 세 잎 클로버

허브 향이 끝내줘 / 오늘도 소확행 / 반려견과 진정한 행복

TRY IT IN ENGLISH

네 잎 클로버는 '행운'을 뜻하고 세 잎 클로버는 '행복'을 뜻한다고 하죠? 다양한 행복할 것들에 대해 얘기를 나누는 대화문을 익히며 여러분 주변의 세 잎 클로버를 찾아보세요.

강의 **40**

리타   자기야, 내가 시장에서 사온 이 화분들 좀 봐. 어때?

마이크   허브야? 좋네.

리타   응, 와서 냄새 좀 맡아봐.

마이크   (허브 냄새를 맡으면서) 아무 냄새도 안 나는데.

리타   손가락으로 잎을 문질러서, 손가락 냄새를 맡아.

마이크   아, 이렇게? (손가락 냄새를 맡으며) 이제 허브향이 나네.

음원 **40-1**

허브를 사와서 향을 맡는 방법을 알려주며 소소한 행복을 느끼는 상황입니다. 우리말 대화를 보고 영어로 생각해본 다음에 영어 대화문을 보세요.

Rita	Honey, look at these potted plants I got at the market. What do you think?
Mike	Herbs? They look good.
Rita	Yes, come here and smell them.
Mike	(smelling the herbs) I don't smell anything.
Rita	Rub the leaves with your fingers, and then smell your fingers.
Mike	Oh, like this? (smelling his fingers) **118** Now I can smell the herbs.

VOCABULARY

potted plant 화분   **smell** 냄새를 맡다   **rub** 문지르다   **like this** 이렇게

KEY **EXPRESSIONS**

1   **이 화분들을 보다**
look at these potted plants
〈look at + 무엇〉은 '무엇을 본다'는 말이고, these potted plants에서 potted plants는 '화분에 들어 있는 화초', 보통 우리는 이것을 통틀어 '화분'이라고 부르죠? 이 화초나 꽃이 심어져 있는 '이 화분들을 보라'는 말입니다.

2   **손가락으로 잎을 문지르다**
rub the leaves with one's fingers
rub를 발음할 때 첫소리는 입을 /우/의 모양으로 오므린 상태에서 /롭/이라고 소리 내세요. '문지르다'라는 뜻입니다. rub the leaves '잎을 문지르는데', with one's fingers '손가락으로 문지른다'는 말이죠.

3   **허브향을 맡다**
smell the herbs
smell은 '냄새가 나다'라는 뜻도 되고 이렇게 뒤에 the herbs와 같은 대상(목적어)을 쓰면 '냄새를 맡는다'라는 뜻이 됩니다. 미국식 영어로는 herbs의 첫소리 h-는 발음하지 않아요.

CHAPTER 4

거창한 것을 이루려는 것보다는 당장 즐길 수 있는 소소한 행복을 누리자고 말하는 상황입니다.
우리말 대화를 보고 영어로 생각해본 다음에 영어 대화문을 보세요.

음원 **40-2**

샐리	있잖아, '소화행'이 한동안 대세였잖아.
제이슨	맞아. 이제 우린 주변에 있는 소소한 것들을 음미하는 데 익숙하지.
샐리	응. '작지만 소소한 행복'을 쫓는 게 너무 기분이 좋아.
제이슨	말이 나왔으니 말인데, 우리 그 라면집에 갈까?
샐리	우리의 소소하지만 확실한 행복을 찾아서?
	좋지. 그리고 거기 걸어가자, 그래야 이 환상적인 날씨를 만끽할 수 있지.
제이슨	당연하지!

Sally	You know, "Sowhakhang" has been a trend for a while.
Jason	Right. Now we're used to appreciating the little things around us.
Sally	Yes. It makes me so happy to pursue "small but certain happiness."
Jason	Speaking of, why don't we go to that ramen place?
Sally	For our small but certain happiness? Cool. And **119** let's walk there so we can enjoy this beautiful weather.
Jason	You bet!

VOCABULARY

for a while 한동안   **appreciate** 감사하게 생각하다   **certain** 확실한

KEY EXPRESSIONS

1 주변에 있는 소소한 것들을 음미하다
appreciate the little things around us
appreciate는 이 뒤에 오는 것에 '감사하다' 혹은 '그것의 존재에 감사하다, 그게 있어서 참
좋다'라는 의미로도 쓰여요. appreciate the little things around us는 '우리 주변에 있는
소소한 것들이 있음에 감사한다'라는 말입니다.

2 '작지만 소소한 행복'을 쫓다
pursue "small but certain happiness"
pursue는 '뭔가를 쫓다, 추구하다'라는 뜻이고, small but certain happiness는 '작지만
확실한 행복'이라는, 우리가 말하는 '소화행'을 뜻해요.

3 이 좋은 날씨를 만끽하기 위해 거기까지 걸어가다
walk there so we can enjoy this beautiful weather
walk there는 '거기까지 걸어간다'는 말이고, so we can ~은 '~할 수 있으려면, 거기까지
걸어가야 ~할 수 있으니까'의 뜻입니다. '거기까지 걸어가야 이 좋은 날씨를 즐길 수 있다'
는 말이죠.

음원 **40-3**

아빠가 드디어 반려견을 키우기로 하셨다는 것을 듣고, 아빠가 더 행복해지시기를 바라는 상황입니다. 우리말 대화를 보고 영어로 생각해본 다음에 영어 대화문을 보세요.

티나	아빠, 결정하셨어요?
프레드	무슨 결정 말이냐?
티나	강아지 입양하는 거요. 생각해보셨어요?
프레드	아, 그래. 강아지 한 마리 좀 찾아봐다오.
	강아지가 있으면 더 행복할 것 같구나.
티나	잘 생각하셨어요!
	제가 아빠한테 잘 맞을 강아지를 찾아볼게요.

Tina	Dad, have you made up your mind?
Fred	On what?
Tina	Adopting a dog.
	Have you thought about that?
Fred	Oh, yes. Please find a good one for me.
	I'm sure I'll be happier with a dog.
Tina	Cool!
	120 I'll find one that's right for you.

VOCABULARY

make up one's mind 결정하다, 결심하다　**adopt** 입양하다　**cool** 좋은
right for ~ ~에게 맞는

KEY EXPRESSIONS

1　**누구에게 좋은 것을 고르다**
find a good one for + 누구
find a good one은 강아지던, 사람이던, 무엇이던 '좋은 것을 찾는다'라는 말이고, 〈for +
누구〉라고 이어서 쓰면 '그 사람에게 맞는, 그 사람이 좋아할 만한'이라는 뜻입니다.

2　**강아지와 함께 있으면 더 행복한, 더 즐거운**
happier with a dog
happy는 '행복한' 거고 happier는 '더 행복한'이라는 말이죠. 〈happier with + 무엇〉이라
고 하면 '무엇이 있어서 더 행복한, 무엇이 있으면 더 행복할 것 같은' 것을 의미해요.

3　**누구에게 딱 맞을 것을 골라주다**
find one that's right for + 누구
find one은 '뭔가를 찾아본다'라는 말이고, 〈that's right for + 누구〉라는 건 '그 사람에게 맞
는, 적합한'이라는 뜻이죠.

CHAPTER 4

핵심 패턴 118

이제 ~의 냄새가 난다.
Now I can smell the ~.

이제 허브 향기가 나네.
Now I can smell the herbs.

이제 향기가 난다.
Now I can smell the aroma.

이제 향을 맡을 수가 있어.
Now I can smell the scent.

어떤 것의 냄새가 난다, 냄새를 맡을 수가 있다고 말할 때 이 패턴을 써보세요.

핵심 패턴 119

우리 걸어가자, ~하게.
Let's walk so we can ~.

우리 걸어가자, 이 아름다운 날씨를 즐길 수 있게.
Let's walk so we can enjoy this beautiful weather.

우리 새들이 지저귀는 소리를 들을 수 있게 걸어가자.
Let's walk so we can hear the birds singing.

우리 5월의 신선한 공기를 맡을 수 있게 걸어가자.
Let's walk so we can smell the fresh air of May.

걸어가면 이런 좋은 일이 있다. 이렇게 할 수 있다고 말할 때 이 패턴을 써보세요.

핵심 패턴 120

내가 너한테 맞을 만한 ~를 찾아볼게.
I'll find ~ that's right for you.

제가 아빠한테 잘 맞을 강아지를 찾아볼게요.
I'll find a dog **that's right for you**.

내가 너한테 잘 맞을 자리를 찾아볼게.
I'll find a good position **that's right for you**.

너한테 잘 맞을 색깔을 찾아볼게.
I'll find a color **that's right for you**.

상대방에게 잘 맞을 만한 뭔가를 구해보겠다고 할 때 이 패턴을 써보세요.

Speaking of, why don't we go to that ramen place?

Speaking of which?

'말이 나왔으니 말인데'라고 할 때 Speaking of라고 했는데요. 다른 데서 보니까 Speaking of which라고도 하던데 맞나요?

네, 맞습니다. '어떤 말이 나온 김에, 그 말이 나왔으니 말인데…'라고 할 때 Speaking of 혹은 Speaking of which라고 할 수 있고요, '무슨 말이 나온 김에'라고 구체적으로 할 때는 Speaking of 뒤에 그 말을 넣어서 할 수도 있어요. '캠핑 얘기가 나와서 말인데, 우리 캠핑카 하나 살까?'라고 한다면 Speaking of camping, how about we get a camper?라고 하죠.

다음에 갈게.

I'll take a rain check.

초대를 받았는데 거절해야 한다거나 '이번에는 안 되고 다음에 가겠다'와 같이 말할 때 take a rain check라는 표현을 써보세요. '다음에 가도 될까?' Can I take a rain check? 또는 '다음에 갈게' I'll take a rain check.와 같이 말하면 됩니다.

선약이 있다고 거절할 때

A 오늘 저녁에 파티 올 수 있어?

A Can you come to the party tonight?

B 미안한데, 약속이 있어. **다음에 갈게.**

B I'm sorry, but I have plans today. **I'll take a rain check.**

다음에 갈게.

A 우리 오늘 저녁에 저녁 먹을까?

A How about we get dinner tonight?

B 미안한데, **다음에 하자.**

B Sorry, **I'll take a rain check.**

CHAPTER
5

삶의 지혜 편

UNIT 41

행복해지고 싶어?
그럼 새로운 것에 도전해봐!

지금 할 수 있는 걸 하자 / 새로운 여행, 새로운 나 / 두려움에 맞서봐

TRY IT IN ENGLISH

행복해지려면 해보지 않았던 것에 도전하고, 지금 어떤 것을 못한다고 한탄할 게 아니라 지금 할 수 있는 것을 하며 두려움에도 맞서보자고 말하는 대화들을 통해 행복의 방법도 배워보세요.

강의 **41**

다나   난 내가 마지막으로 외국 여행을 간 게 언제인지
　　　기억이 안 나. 언제쯤이면 전처럼 여행을 갈 수 있을까?

댄　　 어떻게 알겠어? 잘하면, 내년 말쯤?
　　　코로나 확진자 수가 줄어들 때까지는 몸 사리고
　　　있어야지, 뭐.

다나   맞아. 난 여행에 관한 영상이나 만들어볼까 해.
　　　네 도움 좀 받을 수 있을까?

댄　　 물론이지!

270　　**CHAPTER 5**　삶의 지혜 편

음원 41-1

외국 여행은 못 가지만 지금 우리가 할 수 있는 걸 찾아서 하자고 말하는 상황입니다. 우리말 대화를 보고 영어로 생각해본 다음에 영어 대화문을 보세요.

Dana **121** I don't remember the last time I traveled abroad.
When do you think we can travel like we used to?

Dan Who knows? Hopefully, by the end of next year?
We just have to lay low until the COVID numbers look better.

Dana Right. I'm thinking of making videos about traveling.
Can I pick your brain?

Dan Sure thing!

VOCABULARY

hopefully 바라건대   lay low 몸 사리고 지내다
pick one's brain 누군가의 도움을 받다, 머리를 빌리다

KEY EXPRESSIONS

1 코로나 확진자 수가 줄어들 때까지 몸을 사리고 지내다
lay low until the COVID numbers look better
활동을 줄이고 가능하면 조용하게 지낸다고 할 때 우리말로도 '몸을 낮추다'라고 하죠? 영어로도 lay low라고 해요. 그리고 '코로나 확진자 수'는 COVID numbers라고 합니다.

2 여행에 관한 영상을 만들다
make videos about traveling
'영상을 만든다'는 건 make videos라고 해요. '영상'은 video, 소위 '짤'이라고 부르는 '짤막한 영상'은 video clip이라고 합니다. 무엇에 관한 영상이라는 말은 about 뒤에 붙이세요.

3 누구의 도움을 받다, 조언을 듣다
pick one's brain
'어떤 사람의 조언, 아이디어, 도움을 받는다'고 할 때 pick one's brain이라고 해요. 그 사람의 두뇌, 머리 속에 있는 것을 pick한다는 셈이죠.

CHAPTER 5

여행의 장점이 뭔지에 대해 서로 묻고 답하는 상황입니다. 우리말 대화를 보고 영어로 생각해본 다음에 영어 대화문을 보세요.

음원 41-2

팸	여행을 해서 제일 좋은 게 뭐라고 생각해?
스캇	여행을 하고 달라져서 돌아오는 거지.
팸	새로운 사람으로? 더 나은 사람으로?
스캇	그럴 수도 있지. 중요한 건 다양한 시각을 경험할 수 있다는 거야.
	난 우리가 해보는 모든 새로운 것들이 우리를 더 발전시키는 것 같아.
팸	그 말을 들으니 뭔가 힘든 일에 도전을 해보고 싶네.
스캇	못 할 게 뭐야? 다치지만 말고.

Pam　What do you think the best benefit of traveling is?

Scott　We travel to come back home changed.

Pam　As a new person? A better person?

Scott　Possibly. **122** The point is that we can experience diverse perspectives.
I think everything new we try makes us different and better.

Pam　You make me want to try something challenging.

Scott　Why not? But don't get hurt.

VOCABULARY

benefit 이점, 이익, 장점, 좋은 점　**diverse** 다양한　**perspective** 시각, 관점
challenging 어려운, 힘든

KEY EXPRESSIONS

1　**여행에서 얻는 최고의 장점**　the best benefit of traveling
어떤 것에서 얻는 '장점, 좋은 점, 이득'을 benefit이라고 하고, '최고로 좋은 장점'이라는 건 the best benefit이라고 하죠. 여행을 하면서 얻은 장점이니까 of traveling을 붙입니다.

2　**여행을 하고 달라져서 돌아오다**
travel to come back home changed
여행은 언젠가는 끝이 날 거고 결국 집으로 돌아올 겁니다. '여행을 하고 돌아오다'라는 게 travel to come back home이고, '달라진 채로'라는 게 changed예요.

3　**다양한 시각, 관점들을 경험하다**
experience diverse perspectives
'관점, 바라보는 시각'을 perspective라고 하고 '다양한 관점이나 시각'은 diverse perspectives라고 해요. 그런 것을 '경험한다'는 게 experience죠.

넘어질까봐 두려워서 못 타던 것에 도전했던 경험을 말하는 상황입니다. 우리말 대화를 보고 영어로 생각해본 다음에 영어 대화문을 보세요.

테드 너 세그웨이 타봤어?

캐시 응, 폴란드에서. 좋더라.
　　　처음에는 중심 잡기가 힘들었는데, 익숙해졌어.

테드 걸어 다니는 것보다 세그웨이 타고 돌아다니니까 더 좋지 않든?

캐시 응, 무섭긴 했지만.
　　　그걸 타니까 그 도시에서 훨씬 더 많은 것들을 볼 수 있더라고.

테드 다음 번 여행 때 그걸 타봐야겠다.

Ted Have you tried riding a Segway?

Cathy Yes, in Poland.
　　　It was nice.
　　　It was hard to balance at first, but I got used to it.

Ted **123** Wasn't it better to get around by Segway rather than on foot?

Cathy It was, even though it was scary.
　　　I could see much more in that city using that.

Ted I should try that the next time I'm traveling.

VOCABULARY

ride 타다　**balance** 중심을 잡다, 균형을 잡다　**on foot** 걸어서　**scary** 무서운

KEY EXPRESSIONS

1 **익숙해지다 get used to it**
used to it은 '어떤 것에 익숙한' 것을 말합니다. '익숙하다'라는 상태는 be used to it이라고 표현하고 그렇게 되는 것, '익숙해진다'는 변화는 get used to it이라고 해요.

2 **걸어 다니는 것보다 세그웨이 타고 돌아다니는 게 더 좋은**
better to get around by Segway rather than on foot
세그웨이라는 것도 이동 수단이라 '세그웨이를 타고'라는 건 by Segway라고 하고, '걸어서, 발로'는 on foot이라고 해요. '여기저기 돌아다니는 게 더 좋다'는 건 better to get around라고 해요.

3 **그 도시에서 훨씬 더 많은 것을 보다**
see much more in that city
'더 많은' 건 more, '훨씬 더 많은' 건 much more라고 해요. '훨씬 더 많은 것을 보다'라는 게 see much more죠. 서로가 알고 있는 '그 도시에서'라는 건 in that city라고 해요.

CHAPTER 5

SPEAKING PATTERNS

난 내가 마지막으로 ~한 게 언제인지 기억이 안 나.
I don't remember the last time ~.

난 내가 마지막으로 외국 여행을 간 게 언제인지 기억이 안 나.
I don't remember the last time I traveled abroad.

극장 간 게 언제인지 기억이 안 난다.
I don't remember the last time I went to the movies.

마지막으로 너를 본 게 언제인지 기억이 안 나.
I don't remember the last time I saw you.

어떤 것을 마지막으로 하고 나서 아주 시간이 많이 지났을 때 이 패턴을 써서 말해보세요.

중요한 건 ~라는 거야.
The point is that ~.

중요한 건 다양한 시각을 경험할 수 있다는 거야.
The point is that we can experience diverse perspectives.

중요한 건 우리가 타협을 해야 한다는 거야.
The point is that we need to meet in the middle.

중요한 건 넌 아무 잘못도 안 했다는 거라고.
The point is that you haven't done anything wrong.

얘기하다가 어떤 중요한 점을 하나 정확하게 전달하거나 정리하고 싶을 때 이 패턴을 써서 말해보세요.

~하니까 더 좋지 않든?
Wasn't it better to ~?

걸어다니는 것보다 세그웨이 타고 돌아다니니까 더 좋지 않든?
Wasn't it better to get around by Segway rather than on foot?

다른 때보다 더 일찍 도착하니까 좋지 않든?
Wasn't it better to get there earlier than usual?

재택근무를 하니까 더 좋지 않든?
Wasn't it better to work from home?

어떤 것이 참 좋았겠다 싶어서 상대방에게 확인할 때 이 패턴을 써보세요.

two vs. too vs. to / four vs. for
이 단어들의 발음은 어떻게 하는 게 좋을까요?

Q

문장 안에 **two**가 있을 때와 **too**나 **to**가 있을 때 각각 발음이 다른 것 같아요. **four**와 **for**도 마찬가지고요. 문맥에 따라 다른 건지, 각각의 단어들을 어떻게 발음하는 것이 맞다는 원칙이 있는 건지 알려주세요.

A

중요한 건 의미가 있는 단어인지, 아니면 기능적인 역할만 하는 단어인지예요. 그래서, '둘'이라는 의미가 있는 **two**는 강하게 발음하고, '너무 어떠한'이라는 뜻을 가지고 있는 **too**도 역시 강하게 발음하죠. 하지만, 일반적으로 의미를 가지고 쓰인다기보다는 기능적인 이유로 쓰이는 단어인 **to**는 보통 발음을 강하게 하지 않고 다른 단어와 연음하거나 약하게 발음합니다. 마찬가지로 **four**는 강하게, **for**는 약하게 발음해요.

그게 언제인지 기억도 안 난다.
I can't even think back that far.

어떤 것을 했던 때를 떠올려보니, 너무 오래된 옛날이거나 너무 오래되었다는 느낌이 들 때, '으휴… 그게 언제니? 언젠지 하도 오래 돼서 기억도 안 난다'라고 하잖아요? 이럴 때, 영어로 **I can't even think back that far.**라고 해요. **back that far**가, '그렇게 오래된 옛날, 아주 오래된 그때'를 뜻하는 거죠.

예방 접종 시기를 물을 때

A 마지막으로 예방 접종한 게 언제인지 기억 나?

B 그때가 언제인지 생각도 안 나.

A Do you remember the last time you had a vaccine shot?

B **I can't even think back that far.**

어떤 음식을 마지막으로 먹어본 때를 물을 때

A 약과를 마지막으로 먹어본 게 언제야?

B 오래됐어. 언제인지 생각도 안 난다.

A When's the last time you had yakgwa?

B It's been so long. **I can't even think back that far.**

UNIT 42
감사하면 행복해져
감사한 걸 세어봐 / 나쁜 일을 겪어도 좋은 건 있어 / 좋은 일도 있잖아

TRY IT IN ENGLISH

자기 전에 오늘 감사했던 일을 생각해보고, 나쁜 일이 생겼어도 그로 인해 좋아질 수도 있는 것을 생각하는 습관을 통해 더 행복해질 수 있다고 말하는 대화들과 함께 더 행복해지세요.

강의 **42**

리타	아빠, 어떻게 하면 더 행복한 삶을 살 수 있는지 말씀해주실래요?
잭	우선, 매일, 네가 갖고 있는 것들에 감사함을 느껴봐. 자기 전에, 감사한 일들을 모두 생각하고. 그럼 행복해질 거야.
리타	그럼 바로 기분이 좋아질 것 같네요.
잭	우리가 당연하게 생각해도 되는 건 없어.
리타	맞아요.

행복하게 살 수 있는 비결을 아버지한테서 듣는 상황입니다. 우리말 대화를 보고 영어로 생각해본 다음에 영어 대화문을 보세요.

음원 **42-1**

Rita	Dad, can you tell me how to live a happier life?
Jack	First of all, each day, try to appreciate what you have. Before going to bed, think about everything you're thankful for.
	124 That'll make you feel happy.
Rita	I guess that'll give us an instant mood lift.
Jack	There's nothing we can take for granted.
Rita	You can say that again.

VOCABULARY

go to bed 자다 **everything** 모든 것, 전부 **mood** 기분
take for granted 당연하게 여기다

KEY EXPRESSIONS

1 갖고 있는 것에 감사해 하다
appreciate what you have
appreciate 뒤에 무엇을 쓰면 '그것에 고마워하다, 감사해 하다' 혹은 '그것의 진가를 알아보다, 그것의 존재를 소중하게 여기다'라는 말이에요. what you have는 '상대방이 가지고 있는 것'을 말하죠.

2 감사한 모든 것들을 떠올리다
think about everything you're thankful for
think about everything이 '모든 것을 떠올려봐라, 생각해봐라'라는 말인데, everything 어떤 '모든 것'이냐면, you're thankful for '상대방이 고맙게 느끼는' 모든 것입니다. for의 목적어가 everything이에요.

3 누구의 기분을 즉각적으로 좋게 하다
give + 누구 + an instant mood lift
〈give + 누구 + a lift〉는 '누구를 끌어올려주다'라는 뜻입니다. 영국에서는 '차로 데려다주다'라는 의미로도 쓰이죠. instant는 '즉각적인'이고, mood는 '기분'이니까, 이 표현은 '누구의 기분을 금새 좋게 만들어주다'라는 말이 됩니다.

CHAPTER 5

음원 **42-2**

좋은 일을 겪었든 나쁜 일을 겪었든 그 일로부터 좋은 일이 생길 수 있다는 것을 알려주는 상황입니다. 우리말 대화를 보고 영어로 생각해본 다음에 영어 대화문을 보세요.

잭	행복해질 수 있는 비결이 있어.
	살면서 최근에 달라진 것들을 적어봐.
리타	좋은 것들 말씀이세요?
잭	아니, 달라진 모든 것들. 좋은 것, 나쁜 것 다.
	그리고 나서 그렇게 달라져서 좋아진 것들을 한두 개 생각해봐.
리타	안좋게 달라진 것에서도요?
잭	응. 모든 변화에서 좋은 점들은 다 생긴단다.

Jack　**125**　**Here's a tip to** be happy.
　　　Write down recent changes in your life.

Rita　You mean good things?

Jack　No, every change. Good ones and bad ones.
　　　And then think of one or two good things that came out
　　　of each change.

Rita　Even from the bad changes?

Jack　Yes. Every change brings you good things.

VOCABULARY

tip 비결, 요령　**recent** 최근의　**each** 각각의　**change** 바뀌다, 변하다

KEY EXPRESSIONS

1　**살면서 최근에 달라진 것들을 적다**
　write down recent changes in one's life
　write down은 '뭔가를 적다'라는 건데요, recent changes in one's life '어떤 사람의 삶에서 최근에 달라진 것들, 변화된 것들을 적다'라는 말입니다.

2　**달라진 그 일 때문에 생긴 좋은 일들**
　good things that come out of each change
　'좋은 것'은 good things, '나쁜 것'은 bad things죠. 그런데 that come out of each change라고 하면 '달라진 그 하나하나의 일에서 나오는, 그 일 때문에 좋아진 것'을 말합니다.

3　**누구에게 좋은 것들을 가져다주다**　**bring + 누구 + good things**
　bring은 '뭔가를 가져다주다'라는 뜻이예요. bring 뒤에 누구, 무엇의 순서로 이어서 쓰죠. 그러니까 〈bring + 누구 + good things〉는 '누구에게 좋은 것들을 가져다준다'는 말이예요.

안 좋은 일이긴 하지만, 생각해보면 그 일 때문에 좋아진 일도 있을 수 있다고 말하는 상황입니다.
우리말 대화를 보고 영어로 생각해본 다음에 영어 대화문을 보세요.

음원 42-3

리타	생각해보니까, 저 상품권을 잃어버렸어요.
잭	어쩌다 잃어버렸는데?
리타	모르겠어요. 어디 잘못 됐나봐요.
잭	그럼 쇼핑하러 가서 쓸 필요도 없어졌겠구나.
리타	그렇죠. 그치만 저는…
잭	네가 그걸 안 잃어버렸으면, 넌 돈을 더 많이 썼을 거야.
	안 좋은 일이 생겼어도 좋은 것에만 집중해.

Rita	Come to think of it, I lost that gift certificate.
Jack	How did you lose it?
Rita	I don't know. I **must've misplaced it**.
Jack	Then you don't have to go shopping and use it.
Rita	That's right. But I lost…
Jack	**126** If you had not lost it, you might've spent more money.
	Focus only on the good things that come from negative events.

VOCABULARY

gift certificate 상품권   **misplace** 어디에 물건을 잘못 두다   **lose** 잃어버리다
spend 쓰다, 보내다

KEY EXPRESSIONS

1   **뭔가를 어디에 잘못 뒀음에 틀림없다   must've misplaced it**

must've p.p.는 '틀림없이 뭐뭐했을 것이다, 분명히 어떠했을 것이다'라는 말이예요.
misplace는 '뭔가를 어디에 잘못 두다'라는 것을 의미하니까 must've misplaced it은 '틀림없이 그것을 어디에 잘못 뒀겠지'라는 말이 되죠.

2   **돈을 더 많이 썼을 것이다**
might've spent more money

위에서 must've p.p.가 '틀림없이 뭐뭐했을 것이다'라는 뜻이었다면, might've p.p.는 '아마 뭐뭐했을 거야'라고 좀 약하게, 자신 없게 짐작하는 겁니다.

3   **좋은 것에만 집중하다**
focus only on the good things

〈focus on + 무엇〉은 '무엇에 집중하다, 몰입하다'라는 뜻이예요. focus only on the good things는 다른 것은 생각하지 않고 '좋은 것에만 집중해서 생각한다'는 말이예요.

SPEAKING PATTERNS

그러면 ~해질 거야.
That'll make you feel ~.

그렇게 하면 행복해질 거야.
That'll make you feel happy.

그렇게 하면 기분이 더 좋아질 거야.
That'll make you feel better.

그렇게 하면 안심이 될 거야.
That'll make you feel relieved.

어떤 말이나 행동이 기분을 어떻게 만들어줄 거라고 할 때 이 패턴을 써보세요. make는 사역동사, 즉, '누가 무엇을 하게 하다'라는 뜻의 동사이고, feel 뒤에는 기분이나 느낌을 나타내는 형용사를 쓰면 됩니다.

~하게 되는 비결이 있어.
Here's a tip to be ~.

행복해지는 비결이 있어.
Here's a tip to be happy.

더 건강해지는 비결이 있어.
Here's a tip to be healthier.

더 똑똑해질 수 있는 비결이 있어.
Here's a tip to be smarter.

어떻게 하는 비결, 비법을 알려줄 때 이 패턴을 써보세요.

~하지 않았더라면, …했겠지.
If you/I had not p.p. ~,
you/I might've p.p. …

그걸 잃어버리지 않았다면, 넌 돈을 더 썼을 거야.
If you had not lost it, **you might've spent** more money.

그 남자랑 헤어지지 않았더라면, 너 그 사람이랑 결혼했을 거야.
If you had not left him, **you might've married** him.

나 영어 공부 시작하지 않았으면, 엄청 후회했을 거야.
If I had not started learning English, **I might've regretted** it a lot.

어떤 것을 하지 않았더라면, 뭐뭐였을 것이라고 말할 때 이 패턴을 써보세요.

Think about everything you're thankful for.

이 문장에서 for를 안 써도 되나요?

Q

'감사하고 고마운 일들을 모두 생각해봐라'라고 할 때 Think about everything you're thankful for.라고 했는데요, 이 문장의 끝에 있는 for는 빼고 말해도 되나요? thankful이 '감사하는, 고마움을 느끼는'이라는 뜻이니까 충분하지 않나요?

A

안 됩니다. thankful 뒤에 있는 for를 안 쓰는 건 미완성의 문장이예요. 왜냐하면, '어떤 것에 고마움을 느끼다, 그것에 감사하다'라는 표현은 〈be/feel thankful for + 무엇〉이거든요. 그러니까 이 문장에서, everything이 thankful for의 대상, 목적어인 거예요. for까지 써야, 당신이 thankful for하는 everything을 생각하라는 완전한 문장이 됩니다. 항상, 덩어리로 기억하세요. '어떤 것에 고마워하다'는 〈be/feel thankful for + 무엇〉이렇게요.

별 거 아닌데 뭘.
No sweat.

내가 상대방을 위해서 어떤 도움을 주었을 때 상대방이 고맙다고 하면, '뭐 별것도 아닌데'라고 하잖아요? 그런 의미로 No sweat.이라고 할 수 있습니다. sweat가 '땀'을 뜻한다는 것을 생각하시면, 그다지 땀을, 노력을, 애를 많이 쓴 일이 아니라고 겸손하게 말하는 표현이구나 하는 것을 아실 수 있겠죠? 부탁을 들어주겠다고 할 때도 쓸 수 있어요.

소포를 찾아다주겠다는 사람에게

A 우체국에서 내 소포 좀 찾아다줄래?

B 그러지 뭐. 오늘 나 시간 엄청 많아.

A Can you pick up my packages from the post office?

B No sweat. I have tons of free time today.

이사하는 걸 도와준 친구에게

A 새 집으로 이사하는 거 도와줘서 고마워.

B 별거 아니야. 내가 이사했을 때도 네가 나 많이 도와줬잖아!

A Thanks for helping me move to my new house.

B No sweat. You helped me a lot when I moved!

UNIT 43

어쩔 수 없는 것에는 화내지 않기

저건 저 사람 문제 / 바꿀 수 없으면 뭐 / 차가 자꾸 말썽이지만

TRY IT IN ENGLISH

냉정하게 생각해서, 화가 나긴 하지만 내가 어쩔 수 없고 바꿀 수 없는 것이라면 그것 때문에 화내지 않기의 훈련을 알려주는 대화들을 통해 진정한 평화를 느껴보세요.

강의 **43**

(차 안에서)

릴리   (다른 차에 대고) 왜 이러는 거야. 끼어들지 마!
        도대체 왜 이러는 거냐고?

짐   걱정 마. 우리 제시간에 도착할 거야.

릴리   와, 넌 좀처럼 화를 내지 않는구나, 그치?

짐   별로 안 내는 것 같아.
        나는 내가 어쩔 수 없는 것에는 화를 내지 않으려고 해.

릴리   (감동을 받고) 너 참 성숙하구나.

어떤 일이 생겨도 좀처럼 화를 내지 않는 친구에게 감동하는 상황입니다. 우리말 대화를 보고 영어로 생각해본 다음에 영어 대화문을 보세요.

음원 43-1

(in the car)

Lily　*(to another car)*

Come on. Don't cut in!

What's your problem?

Jim　Don't worry. We'll still be there on time.

Lily　Wow, **127** you don't get angry easily, do you?

Jim　Not really, I guess.

I try not to get mad at things I can't control.

Lily　*(impressed)*

That's so mature of you.

VOCABULARY

cut in 끼어들다　**still** 그래도　**get mad** 화가 나다, 화를 내다　**mature** 성숙한, 어른스러운

KEY EXPRESSIONS

1　**너 도대체 왜 그러는 거니?**
What's your problem?

What's your problem?과 What's the problem?은 완전히 다른 말입니다. 먼저 What's the problem?은 자주 쓰는 말로, '뭐가 문젠데?'라는 뜻이고, What's your problem?은 '도대체 너 왜 그러는 건데?'라는 의미로, 시비나 싸움을 거는 느낌이예요.

2　**좀처럼 화를 내지 않다**
don't get angry easily

get angry는 '화를 낸다'는 거죠. 그런데 don't get angry easily라고 하면 '쉽게 화를 내지 않는다, 좀처럼 화를 내지 않는다'라는 말입니다.

3　**내가 어쩔 수 없는 것에는 화를 내지 않으려고 하다**
try not to get mad at things I can't control

try to는 어떤 것을 하려고 애쓰는 거고, try not to 혹은 try to not은 어떤 것을 하지 않으려고 노력하는 거예요. 이 말은 '내가 노력해서 어떻게 할 수 있는 게 아닌 사항에 대해서는 화를 내지 않으려고 한다'는 뜻입니다. 그리고 mad는 angry보다 더 심하게 화가 난 상태를 가리켜요.

CHAPTER 5

내가 어쩔 수 없는 것에는 화를 내거나 불평하지 않는 것이 행복의 비결이라고 말해주는 상황입니다. 우리말 대화를 보고 영어로 생각해본 다음에 영어 대화문을 보세요.

음원 43-2

댄	있잖아요, 엄마? 엄마는 늘 다른 사람들보다 더 행복해 보이세요. 어떻게 하면 행복할 수 있는 거예요?
샐리	글쎄, 우리가 뭐 늘 행복할 수는 없겠지. 그렇지만 우리 삶의 모든 부분에서 행복을 찾을 수는 있어. 그리고, 난 내가 바꿀 수 없는 것 가지고는 불평하지 않아.
댄	그렇군요. 저도 그런 것에는 불평하지 않으려고 해봐야겠어요.

Dan	You know what, Mom? You've always seemed happier than other people. What's your secret to your happiness?
Sally	Well, **128** we cannot be happy all the time. But we can find happiness in all parts of our lives. Also, I don't complain about things I can't change.
Dan	Alright. I'll try not to complain about those things, either.

VOCABULARY

seem ~해 보이다   **secret** 비밀, 비결   **happiness** 행복   **complain** 불평하다

KEY EXPRESSIONS

1   **다른 사람들보다 더 행복해 보이다**
seem happier than other people
seem은 '어때 보이다'라는 말이고, 뒤에 상태를 나타내는 말, 즉 형용사를 쓰죠. happier than other people은 '다른 사람들보다 더 행복한'이라는 뜻이고요.

2   **우리 삶의 모든 면에서 행복을 찾다**
find happiness in all parts of our lives
find happiness는 '행복을 찾다, 행복할 거리를 찾는다'는 말이죠. 그리고 in all parts of our lives는 '어떤 특정한, 특별한 일에서'가 아니라 '우리 삶의 모든 부분 속에서'라는 말입니다.

3   **바꿀 수 없는 것에 대해서는 불평하지 않다**
don't complain about things I can't change
〈complain about + 무엇〉은 '무엇에 대해 불평하다'라는 말인데요. things I can't change는 '내가 바꿀 수 없는 것들'이라는 말이예요. 그런 것을 가지고는 불평하지 않는다는 말이죠.

음원 **43-3**

차가 자꾸 퍼지고 망가지고 말썽을 부려도 담담히 해결책만 생각하는 상황입니다. 우리말 대화를
보고 영어로 생각해본 다음에 영어 대화문을 보세요.

(주차장에서. 테일러가 차에 타려고 하고 있다.)

리즈	테일러, 나 전철역까지 좀 데려다줄 수 있어?
테일러	그래. 오늘 운전하고 안 왔어?
리즈	오늘 아침에 내 차가 또 말썽을 부렸어. 카센터에 맡겨야 할 것 같아.
테일러	수리는 보험으로 할 거야?
리즈	응, 근데 보험료가 올라가겠지.
테일러	어떡하니. 그래, 타.

(In a parking lot. Taylor is about to get into his car.)

Liz	Taylor, can you give me a ride to the subway station?
Taylor	Sure. You didn't drive today?
Liz	My car was **acting up again** this morning.
	129 **I'll have to** take it to the repair shop.
Taylor	Will your insurance **cover the repairs**?
Liz	Yes, but my **insurance premium will go up**.
Taylor	Too bad. Well, climb in.

VOCABULARY

ride 태워주는 것   **act up** (차나 기계 같은 것이) 말썽을 부리다   **repair shop** 카센터
climb in (차에) 타다

KEY EXPRESSIONS

1 **(자동차 등이) 또 말썽을 부리다   act up again**
자동차나 기계 등이 '고장이 나고 말썽을 부린다'는 말을 act up이라고 해요. 그런데 act
up again이라고 하면 '또 말썽이다', 즉 이번이 처음이 아니라 여러 번 그랬다는 거죠.

2 **수리비를 보험으로 처리하다   cover the repairs**
우리말로는 '그거 보험으로 돼?'라고 하는데요, 어떤 것을 보험으로 해결, 처리할 수 있다
고 할 때 동사 cover를 씁니다. 차를 고치고 '수리비를 보험으로 하다'라는 것이 cover the
repairs죠.

3 **내야 할 보험료가 올라갈 것이다**
insurance premium will go up
보험료라는 표현에는 premium이 들어갑니다. '보험료'가 insurance premium이고 그것
이 '올라간다'는 건 go up이라고 해요.

CHAPTER 5

SPEAKING PATTERNS

너는 쉽게/잘 ~하지 않는구나, 그치?
You don't get ~ easily, do you?

너는 화를 잘 안 내는구나, 그치?
You don't get angry **easily, do you?**

너는 쉽게 피곤해지지 않는구나. 그치?
You don't get tired **easily, do you?**

너는 쉽게 지루해하지 않는구나. 그치?
You don't get bored **easily, do you?**

상대방이 쉽사리 어떻게 되지 않는 것을 확인할 때 get 뒤에 형용사를 넣어서 말해 보세요.

우리가 늘 ~할 수는 없는 거잖아.
We cannot be ~ all the time.

우리가 항상 행복할 수는 없는 거지.
We cannot be happy **all the time.**

어떻게 늘 성공적이기만 하겠어.
We cannot be successful **all the time.**

우리가 늘 일을 잘 할 수만은 없는 거지.
We cannot be productive **all the time.**

우리가 언제나 어떤 상태가 될 수는 없다고 말할 때 이 패턴을 써보세요.

~해야 할 것 같아.
I'll have to~.

그거 카센터에 맡겨야 할 것 같아.
I'll have to take it to the repair shop.

그거 처음부터 다시 해야 할 것 같다.
I'll have to take it from the start.

그들에게 좀 도와달라고 해야겠어.
I'll have to take it to ask them for help.

내가 뭔가를 해야 한다고 생각될 때 이 패턴을 써보세요.

Don't cut in!

왜 in에 강세를 두고 말을 하나요?

Q

다른 데 보면, '나는 역사에 관심이 많아'라는 의미의 I'm interested in history.를 말할 때는 in은 거의 없는 것처럼 낮추고 interested in을 연음해서 발음하던데 Don't cut in!이라고 할 때는 왜 in을 강하게 발음하죠?

A

네, 그건 Don't cut in!에서 in에는 의미가 있기 때문이예요. Don't cut in!은 '끼어들지 말라'는 말인데, in이 남의 사이를, 혹은 가던 차들 사이로 '비집고 들어오는'이라는 의미를 가진 거잖아요? 그래서 in을 강하게 발음하는 거예요. 비슷한 예로, 누구에게 '그만 좀 해, 시끄러워!'라고 할 때 Cut it out!이라고 하는데요, 이때도 out을 강하게 발음해요. I'm interested in history.에서 in은 아무 의미도 없는 거라 약하게 발음하죠.

신경 쓰지 마.
Don't let it get to you.

어떤 사람이 뭔가 혹은 누구 때문에 속상해 하고 마음 상해 할 때, 그것 때문에 속상해 하지 말라고, 그런 건 신경 쓰지 말라고 위로해 줄 때 Don't let it get to you.라고 해요.

마음이 많이 상한 사람을 위로할 때

A   어떻게 해야 할지 모르겠어.
    나 너무 마음이 상했어.
B   그런 일로 신경 쓰지 마.

A   I don't know what to do.
    I feel so offended.
B   Don't let it get to you.

말을 못되게 하는 사람에 대해 얘기할 때

A   그 여자는 어쩜 그렇게 못된 말을 할 수가 있지?
B   신경 쓰지 마. 그냥 무시해.

A   How could she tell me such a mean thing?
B   Don't let it get to you.
    Just ignore her.

UNIT 44

내 사람 내가 제일 아껴주기

당신 부모님도 내 부모님 / 눈에 넣어도 안 아플 / 영원한 내 반쪽

TRY IT IN ENGLISH

내가 사랑하는 부모님, 시부모님, 자식, 친구, 동료, 반려견 등 주변에 있는 좋은 누군가에게 적극적으로 사랑을 표현하는 대화들을 익히면서 여러분의 소중한 사람들을 떠올려보세요.

강의 **44**

마이크	로라, 우리 올해는 휴가 때 뭐할까?
로라	당신 부모님 뵈러 가면 어떨까?
마이크	정말 그러고 싶어?
로라	응. 우리가 얼마나 보고 싶으시겠어.
	가서 가능한 한 오래 같이 있다 오자.
	내가 오늘 그분들께 드릴 선물을 좀 사올게.
마이크	당신 너무 착하다. 고마워, 로라.

남편 부모님, 즉 시부모님이 멀리 계시는데 오래간만에 뵈러 가서 오래 같이 있다가 오자고 말하는 상황입니다. 우리말 대화를 보고 영어로 생각해본 다음에 영어 대화문을 보세요.

음원 **44-1**

Mike	Lora, what should we do for our vacation this year?
Lora	How about we go visit your parents?
Mike	Do you really want to do that?
Lora	Sure.

130 They must be looking forward to seeing us.

Let's stay with them as long as we can.

I'll go get some presents for them today.

| Mike | That's so sweet of you. Thanks, Lora. |

VOCABULARY

this year 올해   **stay with ~** ~와 같이 지내다   **present** 선물   **sweet** 다정한, 착한

KEY EXPRESSIONS

1   **누구의 부모님을 뵈러 가다**
go visit one's parents
go 뒤에 바로 동사원형을 써서 '뭐뭐하러 가다'라고 하는 건 아주 자주 쓰이는 표현이예요. go visit one's parents는 '어떤 사람의 부모님을 뵈러 가다'라는 말이죠.

2   **가능한 한 그분들과 오래 같이 있다**
stay with them as long as we can
〈stay with + 누구〉는 '누구와 같이 지내다, 누구의 집에 있다'라는 말입니다. stay with them은 '그분들, 그 사람들과 지내다'이고 as long as we can은 '우리가 할 수 있는 한 가급적 오래'라는 말이예요.

3   **가서 그분들 드릴 선물을 사오다**
go get some presents for them
go get some presents는 '가서 선물을 사오다'라는 말이고, for them은 '그분들, 그 사람들에게 줄'이라는 뜻이예요.

CHAPTER 5

아들이 다쳐서 집에 오자 엄마가 속상해 하며 돌봐주는 상황입니다. 우리말 대화를 보고 영어로
생각해본 다음에 영어 대화문을 보세요.

음원 **44-2**

헬렌	아, 라이언. 너 왜 절름거리니?
	어떻게 된 거야?
라이언	축구하다가 발목을 삐었어요.
헬렌	아이고, 이런. 괜찮아? 많이 아프니?
라이언	아팠었는데, 이젠 괜찮아요.
헬렌	방에 가서 침대에서 좀 쉬어라.
	내가 가서 얼음이랑 수건을 가지고 올게.

Helen	Oh, Ryan. Why are you limping?
	What happened?
Ryan	I sprained my ankle while playing soccer.
Helen	Oh no. Are you okay? Does it hurt a lot?
Ryan	It did, but not anymore.
Helen	Go to your room and rest in your bed.

131   Let me get some ice and a towel.

VOCABULARY

limp 절름거리다, 발을 절다   **ankle** 발목   **hurt** 아프게 하다   **rest** 쉬다

KEY EXPRESSIONS

1   **발목을 삐다**
sprain one's ankle
발목이나 팔목, 관절 부위를 삐었을 때 sprain을 써요. sprain one's angle '발목을 삐다',
sprain one's wrist '손목을 삐다'처럼요. 그리고 발목까지 오는 부츠를 우리는 보통 앵글
부츠라고 하죠? 원래 영어로는 ankle boots, 즉 '앵클 부츠'입니다.

2   **축구하다가**
while playing soccer
어떤 것을 하다가 동시에 다른 것을 하거나 다른 일이 일어났다고 할 때 while을 써요. 뒤
에 동사를 쓰려면 동사에 ~ing를 붙인 형태를 써야 합니다. while eating '식사하다가',
while talking on the phone '전화통화 하다가'와 같이 말할 수 있죠.

3   **얼음과 수건을 가지고 오다**
get some ice and a towel
get은 '뭔가를 가지고 오다'라는 뜻으로 쓰입니다. '얼음'은 some ice, '타월, 수건'은 a
towel이니까 '얼음과 수건을 가지고 온다'는 말은 get some ice and a towel이라고 하죠.

나가서 외식을 하기로 했지만 몸이 안 좋다고 말하는 아내를 남편이 살뜰히 챙기는 상황입니다.
우리말 대화를 보고 영어로 생각해본 다음에 영어 대화문을 보세요.

매트	여보, 저녁 먹으러 나갈 준비 다 됐어?
바이올렛	사실, 나 몸이 좀 안 좋아.
매트	아, 그래? 어디가 안 좋은데?
바이올렛	나 편두통이 있어.
매트	알겠어. 내가 저녁 취소하고 차를 좀 가져올게.
바이올렛	고마워. 나 좀 자야겠어.
매트	내가 저녁에 죽을 좀 끓여줄까?

Matt	Hey, are you ready to go out for dinner?
Violet	Actually, I'm not feeling too well.
Matt	Oh, really? What's wrong?
Violet	I'm getting a migraine.
Matt	Okay, 132 I'll cancel the dinner and bring you some tea.
Violet	Thanks. I need to get some sleep.
Matt	Do you want me to make some porridge for dinner?

VOCABULARY

migraine 편두통　**cancel** 취소하다　**porridge** 죽

KEY EXPRESSIONS

1　**몸이 별로 안 좋다**
be not feeling too well
be feeling은 몸의 상태를 가리켜요. 몸이 좀 안 좋을 때 be동사를 쓰고 not feeling too
well이라고 합니다.

2　**편두통이 있다**
get a migraine
get a 뒤에 병이나 증상을 나타내는 단어를 쓰면 '어디가 아프다'가 되는데요, get 뒤에 a
migraine '편두통'이라는 단어를 넣으니까 '편두통이 있다'가 됩니다.

3　**저녁 예약이나 약속을 취소하다**
cancel the dinner
cancel 뒤에는 약속, 회의, 모임 등 다양한 말들을 쓸 수 있어요. cancel the dinner는 '저
녁 식사하기로 한 약속을 취소하거나 예약을 한다'는 말로 쓰입니다.

SPEAKING PATTERNS

핵심 패턴 130

그들은 분명히 아주 많이 ~하고 싶어 하고 있을 거야.
They must be looking forward to ~ing.

그들은 우리를 많이 보고 싶어 하실 거야.
They must be looking forward to see**ing** us.

그들은 결과를 무척이나 기다리고 있을 거야.
They must be looking forward to get**ting** the results.

그들은 우리를 무척이나 보러 오고 싶어 하고 있을 거야.
They must be looking forward to com**ing** to see us.

누군가가 아마도 아주 많이 어떤 것을 하고 싶어서 기다리고 있을 것 같을 때 to 뒤에 동명사, 즉 동사원형에 ~ing를 붙인 것을 연결해서 말해보세요.

핵심 패턴 131

내가 ~를 좀 가져올게.
Let me get some ~.

내가 빵을 좀 가져올게.
Let me get some bread.

내가 우유 좀 가져올게.
Let me get some milk.

내가 너 음식 좀 갖다줄게.
Let me get some food for you.

내가 가서 뭔가를 가지고 오겠다고 할 때 이 패턴을 써보세요.

핵심 패턴 132

내가 ~ 취소할게.
I'll cancel the ~.

내가 저녁 예약한 것 취소할게.
I'll cancel the dinner.

내가 모임 취소할게.
I'll cancel the get-together.

치과 예약한 것 취소할게.
I'll cancel the dental appointment.

예약한 것 혹은 약속한 것 등을 취소하겠다고 할 때 이 패턴을 써보세요.

Does it hurt a lot?

'아프냐'는 건가요? '다쳤냐'는 건가요?

Q

hurt를 넣어서 말할 때 다친 건지 아픈 건지 뭘 말하는 건지 헷갈려요. 알려주세요.

A

먼저 **Does it hurt? Does it hurt a lot?**은 각각 '아프니?' '많이 아파?'라는 뜻이예요. 그리고 **Are you hurt?**라는 말도 있는데요, 이건 '다쳤니?'라고 묻는 말입니다. 알아두셔야 할 건, hurt는 동사로도 쓰이고 형용사로도 쓰인다는 건데요. **Does it hurt? Does it hurt a lot?**에서 hurt는 '아프게 하다'라는 동사이고, **Are you hurt?**에서 hurt는 몸이나 마음이 '다친' 상태를 나타내는 형용사예요. '나 다쳤어' 혹은 '나 손가락 다쳤어'라고 할 때 **I hurt myself. I hurt my finger.**에서 hurt도 '다치게 하다'라는 동사입니다.

LEVEL UP EXPRESSIONS

그냥 계속 여기서 살았던 것 같아.
It's like I never left.

고향이나 살던 곳에서 떠나 어디 다른 데서 살다가, 오래간만에 다시 돌아왔는데, 모든 게 다 그대로인 것 같고, 낯설지 않아서, 어디 갔다 온 게 아니라 그냥 계속 여기서 살고 있었던 기분이라고 말할 때 딱 맞는 표현이 바로 **It's like I never left.**예요.

오래간만에 가족을 만났을 때

A   어서 와라, 우리 아들.
B   감사합니다. 저 그냥 주욱 여기서 살았던 것 같아요.

A   Welcome home, son.
B   Thanks. It's like I never left.

살던 곳에 오래간만에 다시 왔을 때

A   뭐, 좀 달라진 것 같니?
B   전혀. 나 그냥 계속 여기서 살았던 것 같아.

A   Does anything feel different?
B   Not at all. It's like I never left.

CHAPTER 5

UNIT 45 실패가 아니야, 경험이 쌓인 거야

하나의 문이 닫히면 다른 문이 열린다지 / 너 자신을 믿어
/ 또 하나의 경험치 획득

TRY IT IN ENGLISH

실패나 좌절을 겪고 기분이 좋아질 순 없겠죠. 하지만 그로 인해 소중한 경험을 얻은 것이니 딛고 일어서서 더 나은 미래를 계획하라는 대화들을 통해 자신감을 키워보세요.

강의 **45**

(케이트가 탐과 통화 중이다.)

케이트   그러니까, 거기 일을 결국 그만뒀다는 거야?

탐   응, 네가 하라는 대로.
이제 스트레스는 없는데, 약간 기운이 빠지고 걱정도 되네.

케이트   그렇겠지. 일을 그만두는 건 전형적인 스트레스 요인이야.
그래도 나를 믿어. 더 좋은 날이 올 거야.

탐   그렇게 말해줘서 고마워.
그 말 들으니까 내 결정에 확신이 드네.

고민하다가 직장을 그만두고 다시 새 출발을 하는 친구에게 위로의 말을 건네는 상황입니다. 우리
말 대화를 보고 영어로 생각해본 다음에 영어 대화문을 보세요.

음원 45-1

(Kate is talking with Tom on the phone.)

Kate **133** **So, you finally quit working there?**

Tom Yes, just like you suggested.
      I'm free from stress, but **a little bit down and worried**.

Kate I know. Quitting your job is **a classic stressor**.
      But trust me. I'm sure better days are coming your way.

Tom Thanks for saying that.
      That makes me feel confident about my decision.

VOCABULARY

finally 드디어, 마침내, 결국   **suggest** 제안하다   **classic** 전형적인
stressor 스트레스의 원인, 요인   **confident** 확신이 드는

KEY EXPRESSIONS

1 **드디어 거기 일을 그만두다**
   finally quit working there
   어떤 것을 하다가 그만두는 것을 quit 뒤에 ~ing를 넣어서 표현하는데요. 망설이고 고민하
   다가 '드디어 거기서 일하다가 그만두다, 사직하다'라는 걸 finally quit working there라
   고 해요.

2 **약간 처지고 걱정이 되는**
   a little bit down and worried
   기분이 좀 처지고 우울한 것을 down이라는 말로 표현하는데요. '기분이 약간 처지는, 우울
   한'이라고 하면 a little bit down이라고 하죠. 그리고 '걱정이 되는'이라는 건 worried라고
   하고요.

3 **전형적인 스트레스 요인, 누구에게나 스트레스를 주는 일**
   a classic stressor
   classic은 '전형적인, 늘 그래왔던, 언제나 그러한' 정도의 뜻으로 쓰인 겁니다. stressor는
   '스트레스를 주는 요인'이라는 뜻인데요, stress라는 동사에 -or를 붙였다고 생각하시면 기
   억이 오래 갈 겁니다.

CHAPTER 5

음원 **45-2**

면접을 앞두고 긴장하고 있는 인턴 사원에게 용기와 격려를 해주는 상황입니다. 우리말 대화를 보고 영어로 생각해본 다음에 영어 대화문을 보세요.

(베티가 계약직 직원과 얘기를 나누고 있다.)

제니 저 월요일에 면접이 있어요. 너무 떨려요.

베티 면접을 앞두고 긴장하는 건 정상이야.
여기서 계약직으로 일한 지 얼마나 됐지?

제니 이제 1년쯤 됐어요.

베티 제니는 참 특별해. 재능이 아주 많아.
최선을 다하고 잘 되기를 바라면 돼요.

(Betty is talking with a part-timer.)

Jenny I have a job interview on Monday.
I'm so nervous.

Betty **134** **It's normal to** get cold feet before an interview.
How long have you worked here as a part-timer?

Jenny For about a year now.

Betty You're something else. You're really talented.
Just give it your all and hope for the best.

VOCABULARY

interview 면접 **nervous** 떨리는, 긴장되는 **normal** 정상적인
talented 재주가 많은, 재능이 있는

KEY EXPRESSIONS

1 **면접을 앞두고 긴장하다**
get cold feet before an interview
get cold feet은 직역하면 '발이 차가워진다'는 건데요, 의미는 '긴장하다, 떨리다'라는 말이예요. get cold feet before an interview라고 하면 '면접을 앞두고 떨린다, 긴장된다'라는 말입니다.

2 **여기서 계약직으로 일하다** **work here as a part-timer**
work 뒤에 as a 그리고 직업을 가리키는 명사를 쓰면, '그 직업을 가지고 일을 하다'라는 말이예요. work here as a part-timer는 '계약직 직원, 즉 아르바이트로 여기에서 일을 한다'는 말이죠.

3 **할 수 있는 최선을 다하고 잘 되기를 바라다**
give it your all and hope for the best
give it your all은 '어떤 것에 할 수 있는 최선을 다하다, 온 힘을 다 쏟아붓다'라는 말입니다. 그리고 hope for the best는 '제일 잘 되기를 바란다'는 의미죠.

사업을 하다가 잘 안 돼서 접고 부모님 댁으로 다시 들어간 친구의 말을 듣고 위로하는 상황입니다. 우리말 대화를 보고 영어로 생각해본 다음에 영어 대화문을 보세요.

음원 45-3

짐	사업은 어떻게 돼가?
폴라	사실, 지금은 안 해.
	3개월 전에 접었어.
짐	이크, 이런! 안됐네! 어떻게 지내는 거야, 그럼?
폴라	부모님 댁으로 다시 들어갔어.
	카페에서 아르바이트 하고.
짐	아, 그래도 힘이 되어 주는 사랑하는 가족이 있으니까.

Jim	How's your business going?
Paula	Actually, there is no business anymore.
	It went under a couple months ago.
Jim	Oh my! That's not good! How are you getting by?
Paula	I moved back in with my parents.
	I am working part-time at a café.
Jim	Well,

135 at least you have a loving family to support you.

VOCABULARY

get by 그럭저럭 지내다, 살아가다   **move back in** 다시 들어가다
work part-time 아르바이트로/시간제로 일하다   **support** 지지하다, 응원하다, 힘이 되어 주다

KEY EXPRESSIONS

1 **(사업 등이) 망하다** **go under**
go under는 마치 수면 아래로 가라앉듯이, 사업이나 벌여 놓은 일이 잘 안 돼서 문을 닫는 것, 폐업하는 것 등을 가리켜요.

2 **부모님 댁으로 다시 들어가다**
move back in with one's parents
〈move in with + 누구〉라고 하면 '누구네 집으로 살러 들어가다'라는 것을 말합니다. 부모님과 같이 살다가 독립해서 살았는데 '다시 부모님 댁으로 들어가서 산다'는 말은 move back in with one's parents라고 하죠.

3 **누구에게 힘이 되어 주는 사랑하는 가족**
a loving family to support + 누구
'애정 어린, 누군가를 사랑해주는'이라는 말이 loving이예요. '사랑을 주고 애정을 주는 가족'이 a loving family죠. 그런데 '누군가를 지지해주고 힘이 되어 주는 가족'이니까 〈a loving family to support + 누구〉라고 합니다.

SPEAKING PATTERNS

그러니까, 결국 ~했다고?
So, you finally ~?

그러니까, 결국 거기 일 그만 뒀다고?
So, you finally quit working there?

그러니까, 결국 그 사람이랑 헤어졌다고?
So, you finally left him?

그래서, 결국 다른 데로 이사 갔어?
So, you finally moved to a new place?

상대방이 오래 생각했거나 고민했던 것에 드디어 결정을 내렸다는 말을 들었을 때 쓸 수 있는 패턴입니다.

~하는 건 정상이야.
It's normal to ~.

면접을 앞두고 긴장되는 건 정상이야.
It's normal to get cold feet before an interview.

회사 첫 출근 때 허둥지둥 거리는 건 정상이야.
It's normal to get confused on the first day
at work.

그렇게 힘들게 일하고 피곤한 건 당연하지.
It's normal to feel tired after such hard work.

어떻게 하는 게 정상이다. 이상할 게 없다고 할 때 이 패턴을 써서 말해보세요.

그래도 …해주는/할 ~가 있으니까.
At least you have a ~ to …

그래도 힘이 되어 주는 사랑하는 가족이 있으니까.
At least you have a loving family **to** support you.

그래도 너한테는 집중할 수 있는 일이 있잖니.
At least you have a job **to** focus on.

그래도 넌 있을 데가 있잖아.
At least you have a place **to** stay.

상대방에게 뭔가가 있다는 걸 상기시켜주면서 용기를 주고자 할 때 이 패턴을 써 보세요.

You're something else.
이 말은 '특별하다'는 칭찬 말고 다른 뜻으로도 쓰이나요?

Q

You're something else.를 대화문에서는 '상대방이 참 특별하다'라는 의미로 썼는데요, 혹시 상대방이 다른 사람들과 좀 다를 때 이 말을 쓸 수도 있나요?

A

네, 그렇습니다. something else '다른 사람들과 다르다'는 건 좋은 의미로도 쓰이지만, '별나다'라는 의미로도 쓰일 수 있어요. 예를 들어, 친한 친구가 늘 뜨거운 아메리카노를 시켜서 얼음을 넣어서 마시는 거예요. 그걸 보고, '너도 참 별나다'라고 할 수 있겠죠? 이럴 때도 You're something else.라고 할 수 있고, 남이 힘들어 하는 걸 그냥 지나치지 못하고 늘 도와주려고 애를 쓰는 걸 보면, '너 참 대단하다'라는 좋은 의미로도 말할 수 있고, 또 '넌 정말 오지랖도 넓다'라고 하기도 하죠? 이럴 때도 You're something else.라고 할 수 있어요.

LEVEL UP EXPRESSIONS

죽으라는 법은 없는 거야.
When God closes one door, he opens another.

어떤 일에 모든 힘과 노력, 시간과 돈도 다 쏟아부었는데 결과가 안 좋으면 낙담하게 되죠. 그래도 다른 기회가 생길 거라고, 이게 끝이 아니라고, 그러니까 죽으라는 법은 없는 거라고 말할 때 **When God closes one door, he opens another.**라는 문장을 써보세요.

또 실패해서 낙담하는 친구에게

A 아, 난 정말 최선을 다했는데 또 실패했어.

B 기운 내! 죽으라는 법은 없는 거야.

A Oh, I really did my best but I failed again.

B Cheer up! **When God closes one door, he opens another.**

나쁜 일을 겪은 상대에게

A 어떻게 이런 일이 생기지?
B 걱정 마. 죽으라는 법은 없는 거니까.

A How could this happen to me?
B Don't worry. **When God closes one door, he opens another.**

UNIT 46

인생에 정답이 어딨어? 선택만 있지

좋은 선택을 하렴 / 마음이 시키는 대로 해 / 한번 해보는 거지 뭐

TRY IT IN ENGLISH

인생에는 정답이 없으니까. 이럴까 저럴까 고민하지 말고 뭐든 좋은 선택을 하고 마음이 시키는 대로 진정한 나만의 인생을 살자고 알려주는 대화들을 통해 여러분의 인생을 계획해보세요.

강의 46

프레드 딸아, 항상 이걸 기억해.
평화는 네 안에서 찾아야 하는 거야.

리즈 그러고 싶은데, 쉽지가 않아요.
너무 많은 일들이 일어나니까요.

프레드 이것만 기억하면 돼. 인생에 정답은 없어.
선택만 있을 뿐이야.
좋은 선택을 하려고만 하면 돼.

인생에는 정답이라는 게 없으니까 늘 좋은 선택을 하려고만 하면 된다고 말해주는 상황입니다. 우리말 대화를 보고 영어로 생각해본 다음에 영어 대화문을 보세요.

Fred	My sweetheart, always keep this in mind.
	You have to find peace from within.
Liz	**136** I want to, but it's not easy.
	So many things are happening around me.
Fred	Just remember this. There are no right answers to life.
	There are only choices.
	Just try to make good choices.

━━━━ **VOCABULARY**

peace 평화 **within** 안, 내면 **choice** 선택 **choose** 고르다, 선택하다

KEY EXPRESSIONS

1 내면에서 평화를 찾다
find peace from within
'평화를 찾는다'는 말이 find peace이고, 밖에서 어떤 다른 요소에서 찾는 것이 아니라 '내면에서, 그 사람의 마음 속, 내부에서' 찾는다는 말이니까 from within이라고 해요.

2 인생에 정답은 없는
no right answers to life
right에는 '옳은, 올바른, 맞는'이라는 뜻이 있어서 right answers는 '정답'이라는 말이 돼요. '인생에는 정답이라는 건 없다'라고 할 때 no right answers to life라고 합니다. to life 대신 to our lives라고 할 수도 있습니다.

3 좋은 선택을 하다
make good choices
선택이나 결정을 한다고 할 때 동사 make를 써요. 선택 중에서도 '좋은 선택을 한다'는 말은 make good choices라고 하죠.

음원 46-2

뭐든 하고 싶은 게 있을 때는 망설이지 말고 마음이 가는 대로 따라가보라고 말해주는 상황입니다. 우리말 대화를 보고 영어로 생각해본 다음에 영어 대화문을 보세요.

짐	제가 뭐 좀 여쭤봐도 돼요?
	우습게 들릴 수도 있지만, 제가 모델 대회에 나가면 어떨까요?
신디	해보세요! 뭘 주저하세요?
짐	사람들이 비웃으면 어떡하죠?
신디	그러지 마세요, 짐. 자기 인생이고 선택이에요.
	행운을 빌어요! 제가 응원할게요.
짐	고마워요, 신디. 자신감이 생기네요.

Jim	Can I ask you something?
	137 **This may sound** funny, but how about I sign up for a modeling contest?
Cindy	Go for it! Why are you hesitating?
Jim	What if people laugh at me?
Cindy	Come on, Jim. It's your life and your choice.
	Good luck! I'm rooting for you.
Jim	Thanks, Cindy. That gives me confidence.

VOCABULARY

funny 웃긴, 우스운　**sign up for ~** ～에 지원하다, 등록하다, 신청하다
hesitate 망설이다, 주저하다　**root for ~** ～를 응원하다　**confidence** 자신감

KEY EXPRESSIONS

1　**웃기게 들리다, 어떤 말이 웃기다　may sound funny**
may는 '잘 모르겠지만 뭐뭐할 것이다, 그럴지도 모른다' 정도의 의미를 가지고 있어요. sound funny는 '어떤 말이 웃기게 들리다'라는 말입니다. 그래서 may sound funny는 may 앞에 있는 말이 '웃기게 들릴지도 모른다'라는 뜻이죠.

2　**누구를 비웃는다　laugh at + 누구**
⟨laugh at + 누구⟩라고 하면 누구를 보고 깔깔 대고 웃는 것, 즉 '비웃는다'는 말이예요. 누가 나를 보고 깔깔대고 웃을 때 '그만 좀 비웃어!'라고 하면 Stop laughing at me!라고 하죠.

3　**누구에게 자신감을 주다　give + 누구 + confidence**
confidence는 '자신감'이라는 명사이고, confident는 '자신감에 찬, 자신감이 넘치는'이라는 형용사예요. ⟨give + 누구 + confidence⟩는 '누구에게 자신감을 주다, 자신감을 갖게 만들다'라는 말입니다.

음원 46-3

온갖 문명의 이기 속에서 피로감을 느낀 부부가 한 달간 어디 떠나서 살아볼까 하고 대화하는 상황입니다. 우리말 대화를 보고 영어로 생각해본 다음에 영어 대화문을 보세요.

팸	우리 한 달 동안 잠수 타보면 어떨까?
해리	전화기나 인터넷 없이?
팸	응. 근데 한 달만.
해리	그렇게 오래 사람들이랑 연락도 안 하고 살 수 있을까? 실험을 해보자는 거야?
팸	그럴 수도. 전화기나 모든 것에 정말 지쳤거든. 다른 식으로 살아보자고!

Pam   How about we go off the grid for a month?

Harry   Without phones or Internet connection?

Pam   Yes. But only for a month.

Harry   **138** Can we live without getting in touch with others that long?
Is it a kind of experiment?

Pam   Maybe. I've just been tired of phones and everything.
Let's try living life in a different way!

VOCABULARY

get in touch with ~ ~와 연락하다   **experiment** 실험   **maybe** 아마, 아마도
in a different way 다른 식으로, 다르게

KEY EXPRESSIONS

1 **한 달 동안 잠수 타다, (전기, 기계 등) 모든 것들 없이 살다**
go off the grid for a month
go off the grid는 '잠수를 탄다'는 의미로도 쓰이고, 우리가 누리는 '온갖 시스템이 없이 자급자족하면서 살다'라는 뜻으로도 쓰여요.

2 **남들과 연락하지 않고 살다, 지내다**
live without getting in touch with others
〈get in touch with + 누구〉는 '누구와 연락을 하고 지낸다'는 것을 말합니다. live without getting in touch with others는 '사람들과 연락을 하지 않고 산다'는 뜻이죠.

3 **전화기나 모든 것들에 지친, 싫증난, 진절머리가 난**
tired of phones and everything
tired는 '피곤한, 지친'이라는 뜻으로도 쓰이지만, 〈tired of + 무엇〉이라고 하면 '무엇에 싫증이 난, 질린'이라는 뜻이 돼요. tired of phones and everything은 '전화기고 뭐고 다 싫증난, 넌더리가 난'이라는 말이죠.

CHAPTER 5

SPEAKING PATTERNS

그러고 싶은데, ~해요.
I want to, but ~.

그러고 싶은데, 쉽지가 않아요.
I want to, but it's not easy.

그러고는 싶지만, 여유가 없어요.
I want to, but I can't afford it.

그러고는 싶은데요, 너무너무 바빠서요.
I want to, but I'm tied up.

어떤 것을 하고는 싶지만 다른 이유로 못하겠다고 할 때 이 패턴을 써보세요.

이 말이 ~하게 들릴 수도 있는데.
This may sound ~.

이 말이 웃기게 들릴지도 모르겠어요.
This may sound funny.

이 말이 바보같이 들릴지도 모르겠네요.
This may sound stupid.

이 말이 유치하게 들릴지도 모르겠어요.
This may sound childish.

내가 하려는 말이 상대방에게 이렇게 들리지 않을까 생각될 때 이 패턴을 써서 말해보세요.

우리가/네가/내가 ~없이 살 수 있을까?
Can we/you/I live without ~?

우리가 전화기 없이 살 수 있을까?
Can we live without phones?

컴퓨터 없이 살 수 있어?
Can you live without computers?

내가 인터넷 쇼핑을 안 하고 살 수가 있을까?
Can I live without Internet shopping?

어떤 것이 없이 과연 살아질까 생각될 때 이 패턴을 써보세요.

---

fun, funny, interesting
재미있다? 웃기다? 흥미롭다?

Q

사전적인 의미를 보면 **fun**은 '재미있는', **funny**는 '웃긴', **interesting**은 '흥미로운'이라고 되어 있는데요, 정확하게 어떤 뜻인가요?

A

먼저, **fun**은 '재미있는, 즐거운, 신나는' 정도의 의미예요. **Let's have fun today.**라고 하면 '오늘 재미있게 놀자'는 말이고, **Did you have a lot of fun?**이라고 하면 '즐겁게 놀았어?'라는 말이죠. 그리고 **funny**는 '웃긴' 걸 말해요. 코미디 영화를 보면서 혹은 누가 웃긴 얘기를 하면 **Haha, that's funny!** '하하, 진짜 웃기다!'라고 하죠. 그리고 **interesting**은 문맥에 따라 '정말 재미있는'의 의미일 수도 있지만, '희한한'의 의미로도 쓰여요. '뭐라고? 헤어지자고 해놓고 밤에 전화를 했다고?' **Hmm ... that's interesting ...** '흐음… 희안하네…' 이렇게요.

LEVEL UP
EXPRESSIONS

오늘따라 되는 일이 없네.
I'm out of luck today.

다른 날은 아무 일 없이 다 잘 되던 일들이 왜 하필 오늘따라 다 문제가 생기고 얽히고 꼬여서 안 되는지, 그런 날이 있죠? 이렇게, '오늘따라 되는 일이 없네, 오늘은 참 운이 없네'라고 할 때 영어로 **I'm out of luck today.**라고 합니다.

하루 종일 되는 게 없다 싶을 때

A   기분이 안 좋아 보여. 뭐가 잘못 됐어?

B   아, 오늘은 정말 되는 일이 없어.

A   You look upset. Something's wrong?

B   Oh, **I'm out of luck today.**

결과가 안 좋게 나와서 실망스러울 때

A   실망스럽겠다.

B   그러게… 오늘은 되는 일이 없네.

A   You must be disappointed.

B   Yeah… **I'm out of luck today.**

CHAPTER 5

UNIT 47

일상의 모든 것이 당신을 만든다

읽는 책을 보면 당신이 보인다 / 좋은 거 먹어, 그게 네가 돼
/ 면역력을 키우세요

TRY IT IN ENGLISH

먹는 것, 마시는 것, 생각하는 것, 입는 것, 읽는 것, 만나는 사람 이 모든 것이 우리를 만든다고 하는 대화들을 통해, 더 좋은 선택과 집중을 하는 방법을 배워보세요.

강의 **47**

다니엘   나 재미있는 공상 과학 책을 좀 읽고 싶어.
뭐 좋은 거 있을까?

트레이시   그럼. 너 'Seveneves'라는 책 들어봤어?

다니엘   아, 오바마 전 대통령이 휴가 때 읽었다는 그거?

트레이시   맞아. 이 책이 그 도서 목록에 있었어.

다니엘   어떤 내용인데?

트레이시   지구가 멸망하려고 하고 인간들이 탈출해야
한다는 내용.

읽는 책을 보면 당신이 보인다

음원 47-1

친구에게 좋은 책을 추천 받는 상황입니다. 우리말 대화를 보고 영어로 생각해본 다음에 영어 대화문을 보세요.

Daniel	I want to read a good sci-fi book.
	Do you have any recommendations?
Tracy	Sure. Have you heard of a book called *Seveneves*?
Daniel	Oh, the one ex-President Obama read during his vacation?
Tracy	Right. This was on his book list.
Daniel	**139** What is it about?
Tracy	Earth is going to be destroyed, and the human race has to escape.

VOCABULARY

sci-fi book 공상 과학 책   **recommendation** 추천해줄 것   **ex-President** 전직 대통령
human race 인류, 인간   **escape** 탈출하다, 도망가다

KEY EXPRESSIONS

1 'Seveneves'라는 책, 책 제목이 'Seveneves'라는 것
a book called *Seveneves*
a book called 다음에 책 제목을 쓰면 '뭐뭐라는 제목의 책'이라는 말이 됩니다. 영화나 노래 등 다른 것에도 쓸 수 있죠. ⟨a movie called + 영화 제목⟩, ⟨a song called + 노래 제목⟩처럼요.

2 오바마 전 대통령이 휴가 때 읽었던 것
the one ex-President Obama read during his vacation
'전 대통령, 전 여친, 전 남편' 등을 가리킬 때 ex-를 앞에 붙이죠. 그리고, '뭐뭐했던 것, 뭐뭐한 것'이라고 할 때 그 명사를 대표로 the one이라고 표현해요.

3 읽을 책의 목록에 있는
on one's book list
쇼핑할 목록에 있는 것들, 읽을 책, 도서 목록에 있는 것들을 가리킬 때 모두 on ~ list라고 해요. 누가 읽을 도서 목록에 있다고 할 때는 on one's book list라고 하고, 쇼핑할 것의 목록에 있으면 on one's shopping list라고 합니다.

CHAPTER 5

좋은 거 먹어, 그게 네가 돼

음원 47-2

몸에 좋은 음식을 먹어야 몸도 정신도 건강해진다고 생각하면서 맛집에서 식사를 하는 상황입니다. 우리말 대화를 보고 영어로 생각해본 다음에 영어 대화문을 보세요.

지니　자, 맛있게 먹자.
　　　음식 식겠어.

마이크　음… 이거 정말 내 입맛에 딱이다.

지니　그러니까 내가 여기서 하루 건너 밥을 먹는 거 아니니.
　　　이 집 음식은 다 무슨 힐링 푸드 같은 맛이야.

마이크　소울 푸드 말이야?
　　　나도 여기 단골 될 것 같다.

Jinny　Hey, let's **dig in**.

140 The food **is getting cold**.

Mike　Mmm... it's really to my liking.

Jinny　It's not surprising that I eat here every other day.
　　　All the food here tastes like **some sort of
　　　healing food**.

Mike　You mean like soul food?
　　　I think I could **become a regular here**.

VOCABULARY

dig in 허겁지겁 먹다, 맛있게 먹다　　**get cold** (음식 등이) 식다　　**liking** 입맛, 취향
surprising 놀라운

KEY EXPRESSIONS

1　맛있게 먹다　dig in

원래 dig는 파는 겁니다. 땅을 파고 바닥을 파고 그런 게 dig죠. 그런데 삽으로 흙을 퍼내는 것처럼 숟가락으로 음식을 퍼먹는 것을 상상하시면, dig in이 '맛있게 먹다, 허겁지겁 먹다'라는 게 연결이 되시죠?

2　무슨 힐링 푸드 같은 것　some sort of healing food

'어떤 뭐뭐 같은 것, 이런 것'이라고 할 때 sort of 혹은 kind of를 씁니다. '일종의 힐링 푸드'라고 할 수 있다는 의미로 some sort of healing food 혹은 some kind of healing food라고 할 수 있어요.

3　여기 단골이 되다　become a regular here

어떤 식당이나 카페 등에 자주 가는 손님, 즉 '단골손님'을 a regular라고 해요. '여기 단골, 이 식당의 단골'이라는 건 a regular here, a regular at this restaurant이라고 하죠.

면역력을 키워주는 몸에 좋은 차를 끓여 마시는 상황입니다. 우리말 대화를 보고 영어로 생각해본 다음에 영어 대화문을 보세요.

음원 47-3

헤더   매트, 제가 생강 레몬차를 만들어드릴게요.

매트   생강 레몬차요?
          저는 가끔 생강차는 마시는데, 거기에 레몬을 넣어서요?

헤더   네, 레몬이 면역력을 높이는 데 도움을 준다는 거 아시죠, 그죠?
          그리고 레몬에는 비타민C가 풍부하거든요.

매트   아하… 그거 정말 몸에 좋은 훌륭한 조합인 것 같은데요.

헤더   그렇다니까요!

Heather Matt, I'm going to make you some ginger lemon tea.

Matt   Ginger lemon tea?
       I **drink ginger tea from time to time**, but with lemon in it?

Heather Yes, you know lemons **help boost your immune system**, right?
       And lemons are high in vitamin C.

Matt   Aha... **141** that does sound like a **healthy combination**.

Heather It sure is!

VOCABULARY

ginger 생강   **from time to time** 가끔씩, 어쩌다 한 번씩   **immune system** 면역 체계
combination 조합

KEY EXPRESSIONS

1   **가끔 생강차를 마시다** **drink ginger tea from time to time**
'차나 음료를 마시다'는 drink를 쓰죠. ginger tea는 '생각차'고요. '생강차를 마신다' drink ginger tea, 그런데 자주 마시는 게 아니라 '가끔씩' 마신다는 거니까 from time to time 을 붙여서 말해요.

2   **면역력을 향상시키는 데 도움을 주다**
help boost one's immune system
help 뒤에 동사원형을 쓰면 그 '동사원형의 의미가 가진 것을 돕는다'는 말이 돼요. help boost는 boost 뒤에 오는 것을 '끌어올리고 향상시키는 데 도움을 준다'는 건데, one's immune system '면역력' 향상에 도움을 준다는 말입니다.

3   **들어보니 건강한 조합인 듯하다** **sound like a healthy combination**
sound like 뒤에 주어, 동사를 쓰거나 명사를 쓸 수 있는데요, 어떤 말을 들어보니 '그 말이 이렇게 들린다, 그런 것 같다'라는 말입니다. a healthy combination은 '건강한 조합', 즉 같이 먹었을 때 더 좋은 조합이라는 거죠.

CHAPTER 5

핵심 패턴 139

~는 뭐에 대한 거예요?

What is ~ about?

이메일, 뭐에 대한 거예요?

What is the email **about?**

그 문자, 뭐에 대한 거예요?

What is that message **about?**

그 뉴스 기사, 뭐에 대한 거예요?

What is that news article **about?**

어떤 것의 내용을 물을 때 이 패턴을 써보세요.

핵심 패턴 140

~가 식어. / ~가 차가워지고 있어.

~ is getting cold.

음식 식잖아.

The food **is getting cold.**

닭고기 식어.

The chicken **is getting cold.**

피자 식어.

The pizza **is getting cold.**

어떤 것이 차가워진다는 뜻의 패턴인데요. 주어 자리에 음식을 넣으면 음식이 식어간다는 뜻이 돼요.

핵심 패턴 141

그거 ~인 것 같다.

That does sound like a ~.

그거 정말 몸에 좋은 훌륭한 조합인 것 같은데요.

That does sound like a healthy combination.

그거 정말 기가 막힌 아이디어 같아.

That does sound like a brilliant idea.

그게 더 좋은 방법인 것 같은데.

That does sound like a better option.

어떤 말을 듣고 그게 어떤 것처럼 들린다고 할 때 이 패턴을 써보세요.

That does sound like a healthy combination.

이 문장에 does가 왜 들어간 거죠?

Q

'생강차에 레몬을 넣어 마시는 게 건강에 좋은 조합인 것 같다'고 말할 때 **That does sound like a healthy combination.**라고 했는데요, 여기에 왜 **does**를 넣었나요?

A

네, 강조하기 위해서예요. **That sounds like a healthy combination.** 이 문장에서, '그렇게 마시는 게 몸에 정말 좋은 조합이라고 들린다'는 걸 강조하기 위해서 동사 앞에 **do, does, did** 중에서 시제와 인칭에 맞게 하나를 넣고, 뒤에는 동사원형을 쓰는 거예요. 그래서 **That does sound like a healthy combination.**이 되죠. 누가, 내가 새벽에 일찍 일어났다는 걸 안 믿는다고 생각해보세요. 그럴 때 '나 정말 새벽 6시에 일어났다니까! 안 믿겨? 정말 그랬다고!'의 의미로 **I did wake up at 6.**라고 할 수 있어요.

저도 저 친구가 먹는 걸로 할게요.

I'll have what he's/she's having.

식당에서 주문을 할 때 '뭐 시킬까? 뭐 먹을까?' 고민을 하다가, 일행이 먹는 걸 나도 먹어야겠다 싶을 때가 있죠? 이렇게, '저 친구가 먹는 거, 저 사람이 먹는 거 저도 주세요'라는 말을 영어로 이렇게 해요.

같은 샐러드를 시킬 때

A 저는 시저 샐러드 주세요.
B 저도 같은 걸로 주세요.

A I'd like the Caesar salad.
B I'll have what she's having.

똑같은 스무디를 시킬 때

A 이건 딸기 스무디야.
B 이 친구가 먹는 걸로 주세요.

A This is a strawberry smoothie.
B I'll have what he's having.

UNIT 48
많이 갖는다고 행복한 건 아니야

욕심 좀 버려 / 아이쇼핑이 늘 충동 구매로 / 여행비로 책을 더 사

TRY IT IN ENGLISH

소유가 행복을 만드는 거라는 건 우리가 다 아는데요, 욕심을 버리고 물건보다는 정신을, 마음을, 머리를, 경험을 채우라는 대화들을 통해 인생을 더 풍요롭게 만들어보세요.

강의 **48**

샐리	정말 이 양파 한 봉지를 다 사겠다는 거야?
밥	응. 봐봐? 한 봉지를 사는 게 하나씩 사는 것보다 훨씬 싸잖아.
샐리	그렇지만 다 먹기도 전에 상해버릴 걸.
밥	음… 더 작은 봉지도 있나?
샐리	아니, 더 작은 건 안 보여.
밥	그럼 뭐, 양파를 가지고 만드는 요리법을 더 찾아봐야지.
샐리	좋아, 먹다가 질려도 불평하기 없기다.

쓸데없이 싸다고 많이 사서 나중에 썩혀서 버리지 말자고 설득하는 상황입니다. 우리말 대화를
보고 영어로 생각해본 다음에 영어 대화문을 보세요.

음원 48-1

Sally	Are you sure we need the whole bag of onions?
Bob	Yes. See? Buying a bag is **much cheaper than buying them individually**.
Sally	But **142** **we'll never finish the entire** bag before they go bad.
Bob	Hmm… are there any smaller bags?
Sally	No, I can't find any smaller ones.
Bob	Well, we can **find more recipes that use onions**.
Sally	Okay, but please don't **complain if you get sick of eating them**.

VOCABULARY

whole 전체의, 전부의   **individually** 개별적으로, 하나씩   **entire** 전체의
complain 불평하다

KEY EXPRESSIONS

1   **하나씩 따로 사는 것보다 훨씬 싼**
much cheaper than buying them individually

cheap은 '싼', cheaper는 '더 싼', 그리고 much cheaper는 '훨씬 더 싼'이라는 말입니다.
than buying them individually '개별적으로 하나씩 사는 것보다' 훨씬 더 싸다는 뜻이죠.

2   **양파를 가지고 만드는 요리법을 더 찾아보다**
find more recipes that use onions

find more recipes는 '요리법, 레시피를 더 찾아본다'는 건데요, 어떤 레시피냐면 that use
onions '양파를 이용한 레시피', 즉 '양파를 넣어 만들 수 있는 레시피'를 가리키는 거죠.

3   **먹다가 질린다고 불평하다**
complain if you get sick of eating them

complain은 '불평을 한다'는 말이죠. 그리고 get sick of ~ing는 '뭔가를 하는 게 지겹다,
싫증이 난다'는 것을 뜻합니다. '그걸 먹는 게 싫증난다고 불평을 한다'는 말이예요.

CHAPTER 5

음원 **48-2**

아이쇼핑만 하자고 해놓고 늘 충동 구매로 과소비를 하는 친구에게 타박을 주는 상황입니다. 우리 말 대화를 보고 영어로 생각해본 다음에 영어 대화문을 보세요.

(전화로)

제이슨　여보세요, 티나, 너 내일 뭐해?

티나　　잘 모르겠어. 왜?

제이슨　내일 HMM에서 대박 세일을 한다더라.
　　　　가서 구경해볼래?

티나　　윽… 나 돈이 거의 바닥이야.

제이슨　걱정 마. 그냥 구경만 하면 되지.

티나　　넌 꼭 그러더라.

(on the phone)

Jason　Hey, Tina, what are you doing tomorrow?

Tina　I'm not sure yet. Why?

Jason　I heard there's a big sale at HMM tomorrow.
　　　　Do you want to go check it out?

Tina　Awww… **143** I'm running low on money.

Jason　Don't worry. We can just take a look around.

Tina　That's what you always say.

VOCABULARY

big sale 대박 세일　**check out** 보다, 구경하다　**take a look** 보다　**always** 늘, 항상, 언제나

KEY EXPRESSIONS

1　**가서 구경하다　go check it out**

check out은 '보거나 듣거나 한다'는 걸 말해요. check는 '확인한다'는 말이고요. 구별해서 꼭 기억하세요. go check it out은 '가서 구경하다, 보다'라는 말입니다.

2　**돈이 다 떨어져가다**
　run low on money

run low on은 on 뒤에 있는 것이 바닥이 드러나려고 하는 것, 즉 다 떨어져가는 것을 말합니다. 그러니까 run low on money는 '돈을 다 써가는 중이다, 돈이 다 떨어져가는 중이다'라는 뜻이죠.

3　**네가 늘 하는 말**
　what you always say

what은 뭐뭐하는 것을 가리키는 말이에요. 그래서 what you always say는 '네가 늘상 하는 말, 네가 늘, 항상 하는 말'이라는 뜻이죠.

여행을 못 가니까 남는 돈으로 책을 사서 읽고 있다고 말하는 상황입니다. 우리말 대화를 보고 영어로 생각해본 다음에 영어 대화문을 보세요.

음원 **48-3**

마이크	한동안 여행을 못 가서, 돈이 많이 남더라.
로라	그래서 그 돈으로 뭘 했는데?
마이크	처음에는 인터넷 쇼핑을 많이 했지, 하하.
	근데 내 돈을 아무거나 사는 데 써버리고
	싶지는 않더라고.
로라	그래서, 그냥 모으고 있어?
마이크	여행비로 책을 더 샀어.
로라	우와, 너 참, 삶을 알차게 만들고 있는 것 같다.

Mike	Since I couldn't travel for a while, I had a lot of money left.
Lora	What did you do with that money?
Mike	At first, I did lots of online shopping, haha.
	But then I didn't feel like spending all my money on just random stuff.
Lora	So, you've been just saving it?
Mike	I spent my travel money on more books.
Lora	Wow. **144** Sounds like you're enriching your life.

VOCABULARY

for a while 당분간, 한동안   **feel like ~ing** ~하고 싶다
random 아무것이나, 닥치는 대로 하는   **enrich** 풍요롭게 하다

KEY EXPRESSIONS

1 **인터넷 쇼핑을 많이 하다 do lots of online shopping**

'인터넷 쇼핑을 한다'는 말은 do online shopping이라고 해요. 근데 '인터넷으로 쇼핑을 많이 한다, 많은 것을 산다'고 할 때는 do lots of online shopping이라고 하죠.

2 **내 돈을 이것저것 아무거나 사는 데 쓰다**
spend all my money on just random stuff

'돈을 무엇 사는 데 쓴다'는 말은 〈spend money on + 무엇〉이라고 해요. '내 돈을 다 쓴다'고 하면 spend all my money이고, 그냥 '이것저것 닥치는 대로'라고 하면 on just random stuff라고 하죠. random은 정해 놓은 것이 아니라 '아무거나'라는 뜻이예요.

3 **삶을 풍요롭게 하다 enrich one's life**

enrich는 rich 앞에 en-을 붙여서 동사로 만들었다고 생각하시면 돼요. en-이라는 접두어의 의미는 '어떻게 만들다' make의 뜻이거든요. 그래서 enrich는 '뭔가를 풍요롭게 하다'가 되죠.

CHAPTER 5

SPEAKING PATTERNS

<table>
<tr><td>핵심 패턴
142</td><td>우린/난/넌 절대 이거 ~ 다 못 먹어.
We'll/I'll/You'll never finish the entire ~.</td></tr>
</table>

우린 절대 이거 한 봉지 다 못 먹어.
We'll never finish the entire bag.

나 절대 이거 한 상자 다 못 먹어.
I'll never finish the entire box.

너 절대 그거 한 캔 다 못 먹어.
You'll never finish the entire can.

어떤 것 한 봉지나 한 상자 등을 다 먹을 수 없을 것 같다고 할 때 이 패턴을 써보세요.

<table>
<tr><td>핵심 패턴
143</td><td>나 ~가 거의 바닥이야.
I'm running low on ~.</td></tr>
</table>

나 돈이 거의 바닥이야.
I'm running low on money.

나 힘이 거의 바닥났어.
I'm running low on energy.

나 인내심이 한계에 도달했어.
I'm running low on patience.

어떤 것이 바닥나고 있을 때, 거의 다 떨어져간다고 할 때 이 패턴을 써보세요.

<table>
<tr><td>핵심 패턴
144</td><td>들어보니 너는 ~하고 있는 것 같다.
Sounds like you're ~ing.</td></tr>
</table>

너 참 삶을 풍요롭게 만들고 있는 것 같다.
Sounds like you're enrich**ing** your life.

너 참 잘 살고 있는 것 같네.
Sounds like you're hav**ing** a good life.

너는 참 삶을 즐기면서 사는 것 같다.
Sounds like you're really enjoy**ing** your life.

상대방의 말을 들어보니까 상대방이 어떤 것을 하고 있는 것 같을 때 이 패턴을 써보세요.

Buying a bag is much cheaper than buying them individually.

cheaper 앞에 much는 무슨 의미죠? '많이'라는 뜻인가요?

Q

cheap은 '싼'이라는 뜻이고, cheaper는 '더 싼'이라는 뜻의 비교급인 건 알겠는데요, 앞에 much는 왜 쓴 거죠? '많이 싸다'는 뜻인가요?

A

네, cheaper 앞에 있는 much는 cheaper라는 비교급 형용사의 의미를 강조하는 거예요. cheap은 '싼'이라는 형용사의 원급, cheaper는 '더 싼'이라는 비교급, 그리고 the cheapest는 '제일 싼'이라는 최상급이죠? 이 중에서 비교급 형용사를 강조해서 말하고 싶을 때 비교급 형용사(-er이나 more 형용사) 앞에 much, still, a lot, even, far 중에서 하나를 써요. 이 중에서 much나 a lot이 아주 많이 쓰이죠. 예를 들어, '훨씬 더 부드러운'은 much softer, '훨씬 더 빠른'은 much faster와 같이 씁니다.

LEVEL UP EXPRESSIONS

뭔가 좀 허전해.
I feel like something is missing.

같이 지내던 친구가 어디 가거나, 사귀던 사람이 어디로 떠났을 때, '마음속이 허전하다, 뭔가 쓸쓸하다'는 느낌이 들 때, 영어로 I feel like something is missing.이라고 하면 됩니다.

남자 친구가 그리울 때

A 잘 지내고 있어?
B 아, 뭔가 허전한 것 같아.

A Are you doing okay?
B Oh, **I feel like something is missing.**

뭔가 허전하다고 느낄 때

A 다 괜찮은 거야?
B 뭐, 그럭저럭. 근데 뭔가 좀 허전해.

A Is everything okay?
B Yes, sort of. But **I feel like something is missing.**

CHAPTER 5

UNIT 49

몸이 건강해야 마음도 건강하죠

몸부터 챙겨 / 힘들 땐 따끈한 음료 한 잔 / 싫을수록 미리미리

**TRY IT IN
ENGLISH**

몸을 챙기면 마음도 정신도 따라서 건강해진다는 내용과, 싫어도 미리미리 건강을 챙겨야 한다는 내용의 대화들을 통해 여러분의 건강도 함께 챙겨보세요.

강의 **49**

댄	자기야, 우리 뭐 시켜 먹을까, 아니면 나가서 사 먹을까?
로즈	냉장고에 먹다 남은 치킨이 있을 텐데.
댄	그럼 자기는 그거 먹어, 난 오트밀에 우유 타서 먹을게.
로즈	그거 가지고 돼? 또 다이어트 하는 거야?
댄	요새 속이 더부룩해서, 많이 안 먹으려고 그러는 거야.
로즈	양배추 즙이 효과가 있을 거야. 냉장고에 있을 걸.

음원 **49-1**

속이 안 좋아서 뭔가 가벼운 걸로 배를 채우려고 하는 걸 보고 몸에 좋은 걸 챙겨주는 상황입니다. 우리말 대화를 보고 영어로 생각해본 다음에 영어 대화문을 보세요.

Dan	Hey, shall we order in some food or eat out?
Rose	**145** There must be some leftover chicken in the fridge.
Dan	Then you have that food, and I'll have some milk and oatmeal.
Rose	Is that enough? Are you on a diet again?
Dan	I feel bloated these days, so I try not to eat a lot.
Rose	Cabbage juice will work. There might be some in the fridge.

VOCABULARY

leftover ~ 먹다 남은 ~ **fridge** 냉장고 **oatmeal** 귀리 **bloated** 더부룩한, 빵빵한

KEY EXPRESSIONS

1 **먹을 걸 시키거나 나가서 사 먹다**
order in some food or eat out
order in food, order in some food는 '음식을 시키다, 배달시킨다'는 것을 말해요. 그리고 eat out은 '밖에 나가서 사 먹다, 외식하다'라는 것을 뜻하죠. 반대로 eat in이라고 하면 밖에 나가지 않고 '집에서 먹다'라는 것을 말합니다.

2 **속이 더부룩하다**
feel bloated
feel 뒤에 상태를 뜻하는 형용사를 쓰면 '그 상태다, 기분이나 몸의 상태가 그러하다'라는 말이 되는데요, bloated는 '배가 빵빵해서 더부룩한, 소화가 안 된' 느낌 등을 가리켜요.

3 **많이 먹지 않으려고 하다**
try not to eat a lot
try not to 뒤에 동사원형을 쓰면 '뭐뭐하지 않으려고 애쓴다'는 말이에요. try not to eat a lot은 '많이 먹지 않으려고, 과식하지 않으려고 애쓴다'는 뜻이죠.

CHAPTER 5

상대방이 피곤할 거라고 생각하고 평소에 좋아하던 것을 사주는 상황입니다. 우리말 대화를 보고
영어로 생각해본 다음에 영어 대화문을 보세요.

음원 **49-2**

캐시	탐, 커피 마셔. 카라멜 마끼아또야.
탐	아, 고마워. 지금 이게 딱 마시고 싶었거든.
캐시	아침에 많이 피곤하겠다 싶더라.
	내 단골 커피숍에서 사온 거야.
탐	맛있네. 지금 이게 나한테 딱이야.
	내가 오늘 점심 살게.
캐시	좋아! 이제 일하자. 시작해봐야지.

Cathy	Tom, here's your coffee. Caramel macchiato.
Tom	Oh, thanks. This is **exactly what I need** right now.
Cathy	**146** **I thought you'd be** very tired this morning.
	That's **from my favorite coffee shop.**
Tom	I like it. It's just **what the doctor ordered.**
	I'll buy you lunch today.
Cathy	All right! Time to work. Let's get started.

VOCABULARY

exactly 정확하게. 딱   **right now** 지금. 당장   **tired** 피곤한   **get started** 시작하다

KEY EXPRESSIONS

1   **나한테 딱 필요한 것   exactly what I need**

what I need는 '나에게 필요한 것, 내가 필요로 하는 것'이라는 뜻인데요, 앞에 exactly를
썼으니까, '딱 내가 필요로 하는 것, 딱 내게 필요한 바로 그것'이라는 말이 되죠.

2   **내 단골 커피숍에서 사온   from my favorite coffee shop**

어디에서 사온 음식이나 물건이라고 할 때 from을 써서 이렇게 표현합니다. '내가 자주 가
는 식당에서 테이크아웃 해온' 음식이라고 할 때는 from my favorite restaurant라고 하
죠.

3   **나한테 정말 필요한 것   what the doctor ordered**

직역하면 '의사가 처방한 것'이라는 말이 되지만, '이건 내게 딱 필요한 것, 나에게 정말 꼭
있어야 하는 것'이라는 의미예요. 음식도 되고, 책도 되고, 다른 어떤 것도 됩니다.

치과 가는 게 무서울 수도 있지만 그럴수록 미리미리 가서 진료를 받자고 말하는 상황입니다. 우리말 대화를 보고 영어로 생각해본 다음에 영어 대화문을 보세요.

음원 **49-3**

에릭	여보, 나 치과 예약하려고 하는데.
	당신도 예약해줄까?
티나	그래? 작년에 치과 갔었잖아, 그치?
에릭	그렇지. 근데 그건 6개월도 더 전이잖아.
	6개월에 한 번은 스케일링을 해야 한다고.
티나	난 치과 무서워.
에릭	나도 마찬가지야. 그래도 후회하는 것보다는 하는 게 낫지!

Eric	Honey, I'm about to make a dental appointment.
	Do you want me to make one for you too?
Tina	You will? You went to the dentist last year, right?
Eric	Yes, but **147** it was more than six months ago.
	We should get our teeth cleaned every six months.
Tina	I'm scared of the dentist.
Eric	Me too, but better safe than sorry!

VOCABULARY

dentist 치과 의사 **scared** 무서운 **safe** 안전한 **sorry** 후회하는, 후회가 되는

KEY EXPRESSIONS

1 **치과 예약을 하다** make a dental appointment
'약속을 잡거나 예약을 한다'고 할 때는 다 make를 쓸 수 있어요. '예약을 잡는다'는 게 make an appointment인데 치과에 갈 예약이니까 dental을 넣어 말합니다.

2 **스케일링을 하다** get one's teeth cleaned
우리는 '스케일링을 한다'는 말을 아주 많이 쓰니까 이게 치아를 깨끗하게 하기 위한 것이라는 생각을 덜 할 수도 있는데요. 영어로는 그 의미 그대로 get one's teeth cleaned라고 합니다.

3 **치과가 무서운** scared of the dentist
어떤 게 '두렵고 무서운'이라는 건 scared라고 표현해요. scared of 뒤에 있는 걸 무서워하는 거죠. the dentist는 '치과 의사'입니다.

CHAPTER 5

SPEAKING PATTERNS

핵심 패턴 145

…안에 ~가 있을 텐데.
There must be some ~ in …

냉장고에 닭고기 남은 것 있을 거야.
There must be some leftover chicken **in** the fridge.

내 배낭 안에 인스턴트 국수가 있을 텐데.
There must be some instant noodles **in** my backpack.

바구니 안에 빵이 좀 있을 거야.
There must be some bread **in** the basket.

어디 안에 뭔가가 있을 거라고 생각될 때 이 패턴을 이용해서 말해보세요.

핵심 패턴 146

~하겠다 싶더라.
I thought you'd be ~.

아침에 많이 피곤하겠다 싶더라.
I thought you'd be very tired this morning.

그것 때문에 네가 화가 났겠다 싶더라.
I thought you'd be upset about that.

네가 기분이 아주 좋을 것 같더라.
I thought you'd be really happy.

상대방의 기분이 어떨 것 같다고 생각될 때 이 패턴을 써보세요.

핵심 패턴 147

그건 ~보다도 더 오래됐어 / 오래 전에 일어난 일이야.
It was/happened more than ~ ago.

그건 한 시간도 더 전이었지.
It was more than an hour **ago**.

그건 두 달도 더 전에 일어난 일이야.
That happened more than two months **ago**.

그건 6년도 더 전에 있었던 일이야.
It happened more than six years **ago**.

뭔가가 어느 정도의 기간보다 더 오래되었다고 할 때 이 패턴을 써보세요.

leftover chicken
leftovers chicken은 안 되나요?

Q

이게 '먹고 남은 치킨, 닭고기'라는 건데, leftovers chicken이라고 하면 안 되나요?

A

안 됩니다. '먹다가 남은 음식'은 보통 leftovers 라고 복수형으로 써요. 그리고 먹고 남은 닭고기, 치킨, 피자 등은 leftover chicken, leftover pizza처럼 leftover 뒤에 음식 이름을 넣어서 말해요.

그건 나중에 해도 되잖아.
That can wait.

부부가 저축을 해둔 통장을 보면서, 남편은 A를 먼저 사자고 하고, 아내는 B를 사자고 할 때, 서로 상대방에게, '그건 나중에 사도 되잖아'라고 한다든가, '어떤 행동이나 동작, 일을 나중에 해도 된다'고 말할 때 That can wait.라고 하면 됩니다. 반대로, '그건 나중에 하면 안 되는 일이야, 지금 해야 해'라고 한다면 That can't wait.라고 하면 되죠.

그건 나중에 해도 된다고 할 때

A 나가기 전에 이거 끝내고 가야 해.
B 서두르라고! 그건 나중에 해도 되잖아.

A I need to finish this before leaving.
B Hurry up! That can wait.

서둘러 어디에 가야할 때

A 부모님께 전화해서 이거 알려드리자.

B 그건 나중에 하고, 빨리!

A Let's call our parents and tell them about this.

B That can wait. Hurry up!

약간의 유머가 인생을
행복하게 해요

당신 시력은 좋네 / 결혼해? 만우절이야! / 샤워, 양치질 노노! 물 아껴야죠

TRY IT IN ENGLISH 인생을 살면서 유머와 농담이 스트레스도 풀어주고 기분도 좋게 해주죠. 다양한 웃음을 주는 대화들을 익히면서 많이 웃어보세요.

강의 **50**

리타	닉, 난 거울을 보면, 어떤 늙은 여자가 보여요.
닉	무슨 소리야. 당신 예뻐.
리타	이것 좀 봐요? 얼굴엔 온통 주름투성이라고요.
닉	맛사지라도 받아야 한다는 거야?
리타	그래야 할지도요. 두 팔은 축 늘어져 있고,
	두 다리는 뚱뚱하고.
	뭔가 좀 좋은 말을 해줘봐요.
닉	음… 당신 시력은 아직 멀쩡하네.

당신 시력은 좋네

음원 50-1

거울을 보고 늙은 것 같다고 말하는 아내에게 그래도 시력은 좋다며 농담을 하는 상황입니다.
우리말 대화를 보고 영어로 생각해본 다음에 영어 대화문을 보세요.

Rita	Nick, when I look in the mirror, I see an old woman.
Nick	Come on. You look fine.
Rita	See? My face is all wrinkled.
Nick	You mean you need to get a facial?
Rita	Maybe. My arms are flabby and my legs are fat.
	148 Please tell me something positive.
Nick	Well... there's nothing wrong with your eyesight.

VOCABULARY

wrinkled 주름이 많은, 주름투성이인   **flabby** 축 늘어진   **fat** 뚱뚱한
positive 긍정적인, 들어서 좋은

KEY EXPRESSIONS

1   **얼굴 맛사지를 받다, 피부 관리를 받다**
get a facial
'얼굴에 맛사지를 받는다', 즉 '얼굴 피부 관리를 한다'고 할 때는 massage를 쓰지 않고
facial이라는 단어를 써요. massage는 보통 '경락 마사지'를 가리킵니다.

2   **누구에게 뭔가 좋은 얘기를 해주다**
tell + 누구 + something positive
positive는 '긍정적인, 좋은'이라는 뜻입니다. 그래서 '누군가에게 좋은 얘기, 긍정적인 얘기,
기분이 좋아질 만한 얘기를 해준다'는 말은 〈tell + 누구 + something positive〉라고 해요.

3   **시력은 아무 이상이 없다, 시력은 멀쩡하다**
there's nothing wrong with one's eyesight
'뭔가에 아무 문제가 없다, 멀쩡하다'는 말은 〈there's nothing wrong with + 무엇〉이라
고 하는데요, 사람의 시력은 one's eyesight라고 하니까, '시력은 괜찮다, 문제없다'라는 걸
이렇게 표현합니다.

CHAPTER 5

결혼해? 만우절이야!

만우절에 친구에게 전화를 걸어서 결혼한다고 농담을 하는 상황입니다. 우리말 대화를 보고 영어로 생각해본 다음에 영어 대화문을 보세요.

음원 **50-2**

(전화로)

제니 　여보세요, 토드. 나 제니야.

토드 　아! 안녕, 제니! 어떻게 지냈어?

제니 　잘 지냈어. 알려줄 게 있어.
　　　나 다음 달에 결혼해.

토드 　정말? 잘됐다, 제니.

제니 　아… 토드… 만우절이거든! 하하!
　　　사실은 나 제이슨이랑 헤어졌어.

(on the phone)

Jenny 　Hello, Todd. This is Jenny.

Todd 　Oh! Hi, Jenny! How've you been doing?

Jenny 　Great. I've got some news.

　　　149 **I'm getting married next month!**

Todd 　Really? I'm happy for you, Jenny.

Jenny 　Oh… Todd… April Fools! Haha!
　　　The truth is that I broke up with Jason.

VOCABULARY

next month 다음 달에　　**April Fools** 만우절　　**truth** 사실, 진실
break up with ~ ~와 헤어지다

KEY EXPRESSIONS

1 **알려줄 게 있다**
have got some news
have got은 have와 같은 말이고, 아주 캐주얼하게는 got이라고만 쓰기도 합니다. 그래서 상대방에게 '뭔가 해줄 말이 있다'고 할 때 have got some news, have some news, got some news라고도 해요.

2 **결혼하다**　**get married**
'결혼하다'라는 말은 get married이고요, '누구와 결혼한다'고 할 때는 〈marry + 누구〉라고 해요. 〈marry with + 누구〉라고는 하지 않으니까 주의하세요.

3 **누구와 헤어지다**　**break up with + 누구**
'헤어지다'라는 말은 break up이라고 해요. '우리 헤어졌어'는 We broke up. '걔네 헤어졌어'는 They broke up.이라고 하죠. 그리고 '누구랑 누구가 헤어지다'라고 할 때는 break up with를 써요.

SITUATION 3 | **샤워, 양치질 노노! 물 아껴야죠**

음원 50-3

지구 온난화가 심각하다는 말을 듣고, 물을 아끼기 위해 샤워도 양치질도 거르겠다고 말하는 상황입니다. 우리말 대화를 보고 영어로 생각해본 다음에 영어 대화문을 보세요.

밥   엄마, 북극곰에 대한 이 영상 보셨어요?

폴라   봤지. 굶어 죽어가고 있지. 불쌍한 것들.

밥   지구 온난화 때문이에요?

폴라   응. 우리도 뭔가 해야 해.

밥   저도 작은 것부터 시작할래요.

       오늘 저녁에 샤워를 안 해야겠어요.

       그리고 양치질도 안 할래요.

       물을 절약해야죠.

Bob   Mom, did you see this video clip about polar bears?

Paula   I did. They're starving to death. Poor things.

Bob   **150**   Is it because of global warming?

Paula   Yes. We should do something about it.

Bob   I'll start small.

       I am going to skip my shower tonight.

       And I'll skip brushing my teeth, too.

       I want to save water.

VOCABULARY

clip 영상. 동영상   **starve** 굶다   **global warming** 지구 온난화
skip 빼먹다. 넘어가다. 건너뛰다

KEY EXPRESSIONS

1 **굶어 죽다   starve to death**

starve는 '굶주리다, 먹을 것을 못 먹다'라는 뜻입니다. 그러니까 starve to death는 굶다가 결국 죽음에 이르는 것을 말하는 거죠.

2 **뭔가 실천하다   do something about it**

do something은 '뭔가 행동을 한다'는 것이고, about it은 '그것에 대해' 필요한 것을 말하죠. 그래서 '어떤 문제가 있거나 필요성이 있을 때 뭔가 해야 한다'는 말을 이렇게 표현합니다.

3 **양치질을 안 하고 건너뛰다**
skip brushing my teeth

skip은 뒤에 명사가 오든 ~ing가 오든 '그것을 하지 않고 건너뛴다'라는 거예요. skip breakfast는 '아침을 거른다'이고, skip exercising은 '운동을 거른다'는 거죠.

CHAPTER 5

SPEAKING PATTERNS

핵심 패턴
148
뭔가 좀 ~한 말을 해줘봐요.
Please tell me something ~.

뭔가 좀 좋은 말을 해줘봐요.
Please tell me something positive.

뭔가 신이 날 만한 얘기를 좀 해줘요.
Please tell me something exciting.

좋은 얘기 좀 해주세요.
Please tell me something good.

상대방에게 뭔가 어떤 말을 좀 해달라고 할 때 이 패턴을 써보세요.

핵심 패턴
149
나 (이번/다음 …에) ~해!
I'm ~ing (next/this …)!

나 다음 달에 결혼해!
I'm gett**ing** married **next** month!

나 이번 주 토요일에 분당으로 이사 가!
I'm mov**ing** to Bundang **this** Saturday!

나 다음 주 월요일에 여행 간다!
I'm go**ing** on a trip **next** Monday!

가까운 미래에 어떤 것을 할 거라고 할 때 이 패턴을 써보세요.

핵심 패턴
150
그게 ~때문인가요?
Is it because of ~?

그게 지구 온난화 때문이에요?
Is it because of global warming?

그게 식량 부족 때문인가요?
Is it because of a food shortage?

그게 그 바이러스 때문이에요?
Is it because of the virus?

어떤 것의 이유를 확인하고 싶을 때 이 패턴을 써보세요.

look in the mirror
'거울 속을 보다'? look at the mirror는 안 되나요?

Q

영어 말하기 연습할 때도 거울을 보고 자기 입 모양을 보면서 하는 게 좋은 방법이라고 하던데요, '거울을 본다'는 말을 look in the mirror 말고 look at the mirror라고 하면 안 되나요?

A

음… look at the mirror는 다른 의미입니다. 예를 들어, 집에 전신 거울 예쁜 걸 사가지고 와서, **Hey, look at this mirror! Doesn't it look good?** '와서 이 거울 좀 봐! (내가 사온 건데) 좋지? 예쁘지?'라고 할 때는 **look at the mirror**라고 할 수 있어요. 하지만, 우리가 우리의 모습을 보려고 거울을 본다고 할 때는 거울 속에 있는 나를 보는 거잖아요? 이때는 **in**을 써서 **look in the mirror**라고 해야 합니다.

괜히 걱정하는 거야.
All that worrying for nothing.

괜히 걱정을 달고 사는 사람들도 있고, 안 해도 될 걱정을 미리 사서 하는 사람들도 있죠. 누군가가 어떤 것에 대해서 걱정을 하면, '걱정 안 해도 된다'라고 말해줄 때 이 말을 써보세요.

토요일 근무가 없던 일이 되었을 때

A 우와, 다행이다!
　 우리, 토요일에 일 안 해도 돼.
B 봤지? 괜히 걱정한 거라니까.

A Wow, what a relief! We don't have to work on Saturday.
B See? All that worrying for nothing.

시험에서 좋은 학점을 받은 친구에게

A 휴우. 나, 시험에서 A학점 받았어.
B 우와, 잘했다! 괜히 쓸데없이 걱정을 했잖니.

A Phew. I got an A on the test.
B Wow, great job! You did all that worrying for nothing.

SPEAKING PATTERNS

영어가 툭 튀어나오는 핵심 패턴

150

본문의 핵심 패턴 150개를 모아두었습니다.
한글을 보고 영어로 바로 말하는,
순간 말하기 훈련에 활용해보세요.

CHAPTER 1

UNIT 01 썸은 타야 맛이고…

001 ~인 게 분명해. It's obvious that ~.

분명히 그 사람이 너한테 마음 있는 거야.	**It's obvious that** he has a crush on you.
걔네들 사귀는 게 분명하다고.	**It's obvious that** they're together.
가격이 줄줄이 다 올라갈 게 분명해.	**It's obvious that** the prices will go up.

002 내가 (너에게) ~ 파티를 열어줄게. Let me throw a ~ party (for you).

내가 너를 위해 환영 파티를 열어줄게.	**Let me throw a** welcome **party for you.**
내가 집들이를 할게.	**Let me throw a** housewarming **party.**
내가 너 생일 파티를 해줄게.	**Let me throw a** birthday **party for you.**

003 너는 늘 어디서 ~하면 좋을지 알고 있더라.
You always know where to ~.

너는 늘 어디 가서 먹으면 좋을지 알고 있더라.	**You always know where to** eat.
너는 늘 어디로 놀러가면 좋을지 알더라.	**You always know where to** go for fun.
너는 우리 강아지를 어디서 찾을 수 있을지 알더라.	**You always know where to** find our dog.

UNIT 02 좋은 사람 있으면 소개시켜줘~

004 ~ 소개시켜줄까? Want me to fix you up with ~?

내 친구 소개시켜줄까?	**Want me to fix you up with** my friend?
내 남동생 소개시켜줄까?	**Want me to fix you up with** my brother?
내가 좋은 여자 소개시켜줄까?	**Want me to fix you up with** a good girl?

005 ~가 저에게 데이트를 주선해줬어요. ~ set me up on a date.

친구가 오늘 저녁에 데이트를 주선해줬어요.	My friend **set me up on a date** tonight.
여동생이 내일 데이트를 주선해줬어.	My little sister **set me up on a date** tomorrow.
친한 친구가 이번 주말에 데이트 잡아줬어.	My close friend **set me up on a date** this weekend.

006 ~가 아직 …야? Is/Are ~ still …?

너희 삼촌 아직 싱글이셔?	**Is** your uncle **still** single?
너 아직 일 쉬고 있어?	**Are** you **still** between jobs?
걔네 아직 사귀는 거야?	**Are** they **still** together?

UNIT 03 사귈까 말까?

007 난 늘 ~라고 생각했어. I always thought ~.

난 늘 그 애가 더 좋은 여자를 만날 수 있다고 생각했거든.	**I always thought** he deserved a better girl.
난 늘 너한테 더 좋은 기회가 올 거라고 생각했어.	**I always thought** you could get a better chance.
난 늘 너희가 완벽한 커플이라고 생각했어.	**I always thought** you guys were the perfect couple.

008 ~는 어떻게 됐어? How did ~ go?

어제 저녁에 데이트 어떻게 됐어?	**How did** your date **go** last night?
지난주에 회의는 어떻게 됐어?	**How did** the meeting **go** last week?
이번에는 협상, 어떻게 됐어?	**How did** the negotiation **go** this time?

009 나 ~시작했어. I started ~ing.

나 이제 누구 만나.	**I started** dat**ing** a guy.
나 아침에 조깅 시작했어.	**I started** jogg**ing** in the morning.
나 이제 회사에 걸어서 출근해.	**I started** walk**ing** to work.

UNIT 04 본격적인 데이트

010 내가 ~하던 …가 있어. There's a ... I've been ~ing.

내가 보고 싶었던 새로 나온 액션 영화가 있어.	**There's a** new action movie **I've been** want**ing** to see.
내가 가서 먹어보고 싶던 채식주의 식당이 있어.	**There's a** vegan restaurant **I've been** hop**ing** to eat at.
내가 생각하고 있던 좋은 생각이 있어.	**There's a** great idea **I've been** think**ing** of.

011 ~해줘서 미안하고 고마워. Sorry and thanks for ~ing.

기다려줘서 미안하고 고마워.	**Sorry and thanks for** wait**ing**.
내 대신 일해줘서 미안하고 고마워.	**Sorry and thanks for** fill**ing** in for me.
일주일이나 우리 아이들을 봐줘서 미안하고 고마워.	**Sorry and thanks for** tak**ing** care of my kids for a week.

012 아, 난 네가 ~하고 있는 줄 알았지. Oh, I thought you were ~ing.

아, 난 네가 책 읽고 있는 줄 알았지.	**Oh, I thought you were** read**ing**.
아, 난 너 자고 있는 줄 알았어.	**Oh, I thought you were** sleep**ing**.
아, 난 너 집에서 일하고 있는 줄 알았어.	**Oh, I thought you were** work**ing** at home.

칠칠치 못해도… 사랑하는 너

013   너무 그렇게 ~하지 마. Don't be so ~.

너무 그렇게 오버하지 마.	**Don't be so** dramatic.
너무 그렇게 화내지 마.	**Don't be so** angry.
너무 그렇게 자책하지 마.	**Don't be so** hard on yourself.

014   내가 그거 ~ 안에 넣었어. I put it in ~.

내가 그거 서랍 안에 넣었어.	I **put it in** the drawer.
내가 그거 네 옷장 안에 넣었어.	I **put it in** your closet.
내가 그거 공구함에 넣었어.	I **put it in** the toolbox.

015   그게 ~에 끼었어. It got stuck in ~.

그게 틈 사이에 끼었어.	**It got stuck in** a crack.
그게 진흙에 박혔어.	**It got stuck in** the mud.
네 치아에 뭐 끼었는데.	**Something got stuck in** your teeth.

맛집 찾아다니기

016   내 ~ 좀 맡아줄래? Can you save a ~?

내 자리 좀 맡아줄래?	**Can you save a** spot for me?
내 자리(좌석) 좀 맡아줄래?	**Can you save a** seat for me?
저희 캠핑 자리 좀 맡아주실래요?	**Can you save a** camping spot?

017   나 ~하는 게 좋겠어. I'd better ~.

난 그만 먹는 게 좋겠다.	**I'd better** slow down.
난 지금 가는 게 좋겠다.	**I'd better** go now.
이거 다시 해야 할 것 같아.	**I'd better** do it again.

018   ~를 주문하려고 하는데요. I'd like to order some/a ~.

후라이드 치킨 좀 포장해가려고요.	**I'd like to order some** fried chicken to go, please.
초밥이랑 볶음밥 주문하려고요.	**I'd like to order some** sushi and fried rice.
하와이언 피자 포장해주세요.	**I'd like to order a** Hawaiian pizza to go.

UNIT 07 상대방이 싫다는 건 하지 말기

019 …가 들어 있는 ~를 찾아보자. Let's find ~ with …

향이 더 은은한 스킨로션을 찾아보자.　**Let's find** a toner **with** a lighter scent.
귀여운 레이스가 달린 모자를 찾아보자.　**Let's find** a hat **with** cute lace.
핑크색 신발끈이 달린 운동화를 찾아보자.　**Let's find** sneakers **with** pink shoe laces.

020 ~ 좀 먹을래? / ~ 좀 마실래? Care for some ~?

차 좀 마실래?　**Care for some** tea?
허브티 좀 마실래?　**Care for some** herb tea?
아이스커피 마실래?　**Care for some** iced coffee?

021 그게 널 ~하게 만들어? Does it give you ~?

그것 때문에 머리 아파?　**Does it give you** a headache?
그게 스트레스를 많이 주니?　**Does it give you** lots of stress?
그럼 기분이 금방 좋아져?　**Does it give you** an instant mood lift?

UNIT 08 서로 도와주기, 육아는 함께 힘을 합쳐서

022 너 ~하겠어! You're going to ~!

애들 깨우겠어!　**You're going to** wake the kids!
네가 다 망치게 생겼다!　**You're going to** screw it up!
네가 성공시키겠는데!　**You're going to** make it successful!

023 우리 ~하고 있을게. We'll be ~ing.

당신, 기다리고 있을게.　**We'll be** wait**ing** for you.
우리 뭐 좀 빨리 먹고 있을게.　**We'll be** eat**ing** something quick.
우리 영화 보고 있을게.　**We'll be** watch**ing** a movie.

024 내가 ~하겠다고 약속할게. I promise you I'll ~.

내가 네 강아지를 아주 잘 봐줄게.　**I promise you I'll** take good care of your dog.
내가 온 힘을 다하겠다고 약속할게.　**I promise you I'll** give it my all.
내가 약속하는데, 가능한 한 일찍 도착할게.　**I promise you I'll** get there as early as possible.

UNIT 09 그래도 예쁘다, 내 가족이니까

025 거기가 바로 ~하는 데잖아. That's where ~.

엄마가 주시겠죠.	**That's where** you come in, Mom.
네가 거기서 태어났단다.	**That's where** you were born.
거기가 바로 우리가 10년 전에 처음 만났던 곳이야.	**That's where** we first met 10 years ago.

026 저는 ~만 있으면 돼요. All I need is ~.

저는 10만 원만 있으면 돼요.	**All I need is** 100,000 won.
저는 이 책이랑 검은 색 펜 하나만 있으면 돼요.	**All I need is** this book and a black pen.
나한테 필요한 건 좀 더 많은 자유라고요.	**All I need is** more freedom.

027 난 ~가 …를 닮은 것 같아. I think ~ is similar to ...

난 내 성격이 아빠의 성격이랑 비슷한 것 같아.	**I think** my personality **is similar to** my dad's.
이 그림, 반고흐의 그림들이랑 비슷한 것 같은데.	**I think** this painting **is similar to** Van Gogh's paintings.
네 목소리, 남동생이랑 비슷한 것 같아.	**I think** your voice **is similar to** your brother's.

UNIT 10 내가 양보할게

028 나 좀 내려줄 수 있어? Can you drop me off ~?

가다가 나 좀 내려줄 수 있어?	**Can you drop me off** on your way?
주엽역에서 좀 내려줄래?	**Can you drop me off** at Juyeop station?
나, 제일 가까운 지하철역에 좀 내려줄래?	**Can you drop me off** at the nearest subway station?

029 ~하실래요? Would you ~?

그럴래요?	**Would you** do that?
이 일, 하실래요?	**Would you** take this job?
나 기다릴래?	**Would you** wait for me?

030 제가 ~를 사드리고 싶어요. I want to treat you to ~.

제가 맛있는 저녁 사드리고 싶어서요.	**I want to treat you to** a nice dinner.
제가 근사한 브런치를 사드리고 싶어서요.	**I want to treat you to** a fancy brunch.
내가 너, 닭 칼국수 사주고 싶은데.	**I want to treat you to** chicken noodle soup.

CHAPTER 2

계획·미래·꿈 편

UNIT 11 네가 좋으면 그게 최고야

031 나 ~ 입으니까 어때 보여? How do I look in ~?

나 이 원피스 입으니까 어때 보여? · **How do I look in** this dress?
나 이 셔츠 입으니까 어때 보여? · **How do I look in** this shirt?
나 이 블라우스 입으니까 어때 보여? · **How do I look in** this blouse?

032 난 내 주변을 ~로 채우고 싶어. I'd like to surround myself with ~.

난 내 주변에 좋은 사람들만 있었으면 좋겠어. · **I'd like to surround myself with** good people.
난 주변에 쓸모 있는 것들만 두고 싶어. · **I'd like to surround myself with** useful things.
나는 내 인생을 풍요롭게 만들어주는 것들로만 내 주변을 채우고 싶어. · **I'd like to surround myself with** things that enrich my life.

033 ~가 어디가 그렇게 좋아? What is it about ~ that you like so much?

이 책이 어디가 그렇게 좋아? · **What is it about** this book **that you like so much?**
그 도시가 어디가 그렇게 좋은데? · **What is it about** the city **that you like so much?**
그녀의 어디가 그렇게 좋은 거니? · **What is it about** her **that you like so much?**

UNIT 12 영어는 나의 무기, 날개 장착!

034 어떻게 그렇게 ~하게 되셨어요? How could you become ~?

어떻게 그렇게 영어를 잘하게 되셨어요? · **How could you become** so good at speaking in English?
어떻게 그걸 그렇게 잘 하게 된 거야? · **How could you become** so skillful at that?
어떻게 그렇게 용감해졌어? · **How could you become** so courageous?

035 전에는 ~했었는데, 지금은 …예요. I/He/We used to ~, but now …

전에는 영어로 말하려면 쑥스러웠는데, 이제는 자신감이 생겼어요. · **I used to** be shy while speaking in English, **but now** I'm confident.
내 남자 친구는 전에는 말이 참 많았는데, 지금은 조용해. · **He used to** be talkative, **but now** he's quiet.
우리가 전에는 꽤 자주 만났었는데, 지금은 못 만나. · **We used to** get together very often, **but now** we can't.

036 …한 걸 ~하세요? Do you ~ what you …?

배운 걸 사용하시나요? · **Do you** use **what you** learn?
나한테 했던 말, 기억해? · **Do you** remember **what you** told me?
내가 너한테 줬던 거 아직 가지고 있어? · **Do you** still have **what I** gave to you?

하고 싶은 게 너무 많아? 해!

037   ~하고 싶은 뭔가가 있어? **Is there something you'd like to ~?**

너는 나중에 해보고 싶은 게 있니?	**Is there something you'd like to** do in the future?
한국에서 뭐 먹어보고 싶은 거 있어?	**Is there something you'd like to** eat in Korea?
여기 온 김에 뭐 해보고 싶은 거 있어?	**Is there something you'd like to** try while you're here?

038   뭐 때문에 ~해? **What makes you ~?**

왜 그렇게 생각해?	**What makes you** think so?
뭐 때문에 그렇게 한 거야?	**What makes you** do that?
뭐 때문에 그거 해본 거야?	**What makes you** try that?

039   내가 ~할 수 있었으면 좋겠어. **I hope I can ~.**

이번에는 꼭 마라톤을 완주했으면 좋겠는데.	**I hope I can** complete the marathon this time.
내가 이 약속을 지킬 수 있었으면 좋겠다.	**I hope I can** keep this promise.
내가 너 그거 하는 걸 도와줄 수 있었으면 좋겠는데.	**I hope I can** help you with that.

준비된 자에게 기회가 온다!

040   ~하는 게 기분이 정말 좋아. **It feels amazing to ~.**

조깅하고 나서 씻는 기분이 끝내주게 좋아.	**It feels amazing to** freshen up after jogging.
화초들이 자라는 걸 보는 게 너무 좋아.	**It feels amazing to** see the plants grow.
아침 일찍 조깅하는 게 너무너무 좋아.	**It feels amazing to** jog early in the morning.

041   ~에서만이 아니야. **Not only at ~.**

체육관에서만 하는 게 아니야.	**Not only at** the gym.
집에서만 하는 게 아니야.	**Not only at** home.
식당에서만 그러는 게 아니야.	**Not only at** a restaurant.

042   ~하는 거 위험하지 않아? **Isn't it dangerous to ~?**

너무 빨리 운전하는 거 위험하지 않니?	**Isn't it dangerous to** drive too fast?
바다에서 수영하는 거 위험하지 않아?	**Isn't it dangerous to** swim in the ocean?
저 담장 위에 앉는 거 위험하지 않아?	**Isn't it dangerous to** sit on that fence?

UNIT 15 경험을 쌓는 게 진정한 투자!

043 ~하는 거 잊지 마. / 잊지 말고 꼭 ~해. **Don't forget to ~.**

노트랑 펜 꼭 챙겨오고.	**Don't forget to** bring your notebook and a pen.
잊지 말고 화분에 물 줘.	**Don't forget to** water the plants.
꼭 전화기 배터리 가지고 와.	**Don't forget to** bring a phone battery.

044 ~할 시간을 낼 수가 없었어. **I couldn't make time to ~.**

여행할 시간을 낼 수가 없었어.	**I couldn't make time to** travel for fun.
그럴 시간을 낼 수가 없더라.	**I couldn't make time to** do that.
보고서를 검토할 시간을 낼 수가 없었어.	**I couldn't make time to** check your report.

045 ~는 서로 …하게 도울 수 있어. **~ can help each other …**

우리는 서로 발전하게 도울 수 있어.	We **can help each other** improve.
너희들은 서로 성공하게 도울 수 있어.	You two **can help each other** succeed.
너희들은 목표에 도달하게 서로 도울 수 있어.	You **can help each other** reach your goals.

UNIT 16 삶을 더 나아지게 하는 기술과 노력

046 ~할 때까지 기다려야 할 것 같아. **I'll have to wait until ~.**

그거 값이 내려갈 때까지 기다려야 할 것 같아.	**I'll have to wait until** the prices go down.
날씨가 따뜻해질 때까지 기다려야 할 것 같아요.	**I'll have to wait until** the weather gets warm.
아이들이 돌아올 때까지 기다려야 할 것 같은데요.	**I'll have to wait until** my kids come back home.

047 ~할 거야. **It should be ~.**

월요일까지는 끝날 거야.	**It should be** done by Monday.
그건 그들이 알아서 할 거야.	**It should be** taken care of by them.
괜찮을 거야. 그러니까 걱정 마.	**It should be** okay, so don't worry.

048 설마 ~하고 싶다는 건 아니겠지. **Don't tell me you'd like to ~.**

우리가 쓰게 그 샤워기 사고 싶다는 말은 아니지.	**Don't tell me you'd like to** get that shower for us.
너 또 그만두겠다는 건 아니지.	**Don't tell me you'd like to** quit again.
너 설마 하나 더 사고 싶다는 건 아니겠지.	**Don't tell me you'd like to** get another one.

뭐든 이루려면 행복한 가정이 최고!

049 아, ~해주는 어플이 있어. **Oh, there's an app to ~.**

아, 우리 아이들이 태어나서 누구를 닮을지 보여주는 어플이 있어.	**Oh, there's an app to** show us what our babies will look like.
아, 우리 성격이 어떤지를 알려주는 어플이 있어.	**Oh, there's an app to** tell us what our personalities are like.
아, 좋은 습관을 가질 수 있게 해주는 어플이 있어.	**Oh, there's an app to** show us how to build up good habits.

050 ~하기보다는 …하자. **Instead of ~ing, let's …**

돈을 더 벌기보다는, 우리 가족을 더 챙기자.	**Instead of** mak**ing** more money, **let's** take care of our family more.
몸무게를 많이 줄이기보다는, 좀 더 건강해지는 데에만 집중하자.	**Instead of** los**ing** lots of weight, **let's** just focus on getting healthier.
많은 일을 하기보다는, 몇 가지 일에만 집중하자.	**Instead of** do**ing** a lot of things, **let's** focus on only a few things.

051 ~하는 게 얼마나 소중한 건지 난 알아. **I know how precious it is to ~.**

그분들과 같이 시간을 보내는 게 얼마나 소중한 건지 알아.	**I know how precious it is to** spend time with them.
친구들을 돕는 게 얼마나 값진 일인지 알아.	**I know how precious it is to** help our friends.
인생의 매 순간을 즐기는 게 얼마나 소중한 일인지 알아.	**I know how precious it is to** enjoy every moment in life.

내 인생의 버킷 리스트 여행지

052 할 수만 있다면, ~하고 싶어. **If I could, I'd love to ~.**

할 수만 있다면, 아프리카 전역을 다 여행하고 싶어.	**If I could, I'd love to** travel all over Africa.
할 수만 있다면, 한 마리 더 입양하고 싶어.	**If I could, I'd love to** adopt one more dog.
할 수만 있다면, 거기 더 오래 있고 싶어.	**If I could, I'd love to** stay there longer.

053 ~하지 않고? **Without ~ing?**

교통수단을 이용하지 않고?	**Without** us**ing** any kind of transportation?
쉬지도 않고?	**Without** tak**ing** a break?
표지판을 안 보고 말이야?	**Without** look**ing** at the signs?

054 우선, 나는 ~할 거야/~하겠어. **First off, I would ~.**

우선, 페루지.	**First off, I would** say Peru.
무엇보다도, 친구들이랑 놀 거야.	**First off, I would** hang out with my friends.
우선, 집부터 치워야지.	**First off, I would** clean up my place.

055　~할 수 있을지 잘 모르겠어.　**I'm not sure if I can ~.**

내가 뭐 도움이 될지 잘 모르겠네.	**I'm not sure if I can** be of help.
내가 제시간에 도착할 수 있을지 잘 모르겠어.	**I'm not sure if I can** make it on time.
너희 집을 내가 잘 찾을 수 있을지 모르겠다.	**I'm not sure if I can** find your place okay.

056　…한 ~에게 전화를 했어.　**I called ~ who/whom …**

내가 제일 존경하는 선생님께 전화 드렸어.	**I called** my teacher **whom** I respect the most.
내가 제일 의지하는 절친한테 전화했어.	**I called** my best friend **whom** I count on the most.
늘 내 머리를 해주시는 헤어 디자이너에게 전화 걸었어.	**I called** the hairdresser **who** always does my hair.

057　~할 때는, …해.　**When ~ing, 동사원형 …**

새 친구를 사귈 때는, 솔직하고 진실돼야 해.	**When** mak**ing** a new friend, **be** honest and genuine.
결정을 내릴 때는, 시간을 갖고 천천히 해.	**When** mak**ing** a decision, **take** your time.
뭔가를 떠날 때는, 뒤돌아보지 말고 앞으로 계속 나아가.	**When** leav**ing** something, **don't look** back and just move on.

058　내가 ~할 수 있는 다른 방도를 찾아보도록 할게.
I'll try to find another way to ~.

내가 홍보할 수 있는 다른 방법을 찾아보도록 할게.	**I'll try to find another way to** advertise.
내가 그렇게 할 수 있는 다른 방법을 찾아보도록 할게.	**I'll try to find another way to** make it happen.
내가 그 사람들을 설득시킬 다른 방법을 찾아보도록 할게.	**I'll try to find another way to** persuade them.

059　중요한 건, ~야.　**What matters is that ~.**

중요한 건, 좋은 컨텐츠를 계속 올리는 거야.	**What matters is that** we keep posting good content.
중요한 건, 우리가 소통을 더 잘 하는 거야.	**What matters is that** we communicate better.
중요한 건, 모든 팀원들이 최선을 다하는 거야.	**What matters is that** every member does his or her best.

060　나는 B하는 것보다 A하는 걸 더 좋아해.　**I prefer A~ing to B~ing.**

난 운전하는 것보다 걷는 게 더 좋아.	**I prefer** walk**ing** to driv**ing**.
난 텔레비전 보는 것보다 책 읽는 걸 더 좋아해.	**I prefer** read**ing** books **to** watch**ing** TV.
난 외식하는 것보다 집에서 먹는 게 더 좋아.	**I prefer** eat**ing** at home **to** eat**ing** out.

CHAPTER 3

UNIT 21 승진, 보너스, 인센티브, 휴가

061 ~를 듣고 깜짝 놀랐어. I was completely shocked by ~.

그 말을 듣고 깜짝 놀랐어.	**I was completely shocked by** that.
그 소식 듣고 너무너무 놀랐어.	**I was completely shocked by** the news.
결과를 보고 깜짝 놀랐어.	**I was completely shocked by** the results.

062 우리가 돌아가면서 ~할 수 있어. We can take turns ~ing.

우리가 돌아가면서 일주일씩 휴가를 쓸 수 있어.	**We can take turns** hav**ing** a week break.
우리 돌아가면서 점심 먹으러 다녀오면 돼.	**We can take turns** go**ing** out for lunch.
우리가 돌아가면서 집안일 하면 되지.	**We can take turns** do**ing** the house chores.

063 ~ 좀 안 할 수 없니? Could you not ~?

잘난 척 그만 좀 할 수 없어?	**Could you not** be such a showoff?
그런 못된 소리 좀 그만할래?	**Could you not** say such a mean thing?
그만 좀 무례하고 건방지게 굴 수 없니?	**Could you not** be rude and impolite?

UNIT 22 하고 싶은 일은 온 사방에 알려라

064 전에 ~하던 그 사람? The guy who used to ~?

우리 옆집에 살던 그 친구?	**The guy who used to** be my next-door neighbor?
여기서 바리스타로 일했던 그 사람?	**The guy who used to** work here as a barista?
너랑 친하게 지냈던 그 사람?	**The guy who used to** be close to you?

065 내가[그가] 얼마나 ~한지 표현을 못 하겠어.
I can't express how ~ I am[he is].

내가 얼마나 고마운지 표현을 못 하겠다.	**I can't express how** grateful **I am**.
내가 얼마나 기분이 좋은지 말로 다 못하겠어.	**I can't express how** happy **I am**.
그 사람이 얼마나 배려심이 깊은지 말로 다 못해.	**I can't express how** thoughtful **he is**.

066 요새 ~를 하는 게 힘드네. It's really hard to ~ these days.

요새 일자리 구하기가 정말 힘들어.	**It's really hard to** find a job **these days**.
요즘 아파트 사기가 너무 어려워.	**It's really hard to** buy an apartment **these days**.
난 요새 일찍 일어나는 게 너무 힘들어.	**It's really hard** for me **to** get up early **these days**.

067 ~하는 거로 충분해. ~ is good enough.

너 자체로 훌륭해.	Being yourself **is good enough.**
최선을 다하면 그걸로 된 거야.	Doing your best **is good enough.**
시도해봤으면 그걸로 충분해.	Giving it a try **is good enough.**

068 어떤 ~를 가지고 있어? What ~ do you have?

어떤 경험을 해보셨나요?	**What** experience **do you have?**
어떤 특기를 가지고 계신가요?	**What** special talent **do you have?**
어떤 취미들을 갖고 있니?	**What** kinds of hobbies **do you have?**

069 ~를 손꼽아 기다리고 있을게요. I'll be looking forward to ~ing.

연락 오기를 기다리고 있겠습니다.	**I'll be looking forward to** hear**ing** from you.
다시 뵙기를 기대하고 있을게요.	**I'll be looking forward to** see**ing** you again.
아무 데나 여행을 갈 수 있게 되길 눈 빠지게 기다리고 있어.	**I'll be looking forward to** travel**ing** anywhere.

070 뭐가 ~할 거라고 생각했니? What did you think would make you ~?

넌 뭐가 네 기분을 더 좋게 해줄 거라고 생각했니?	**What did you think would make you** feel better?
넌 뭐가 너를 더 안전하게 해줄 거라고 생각했어?	**What did you think would make you** safer?
넌 뭐가 널 더 발전시킬 거라고 생각했어?	**What did you think would make you** better?

071 그/그녀/그들이 ~를 안 했나? Maybe he/she/they didn't ~?

그가 이메일을 못 봤나?	**Maybe he didn't** see the email?
그녀가 너를 못 알아봤나 보네?	**Maybe she didn't** recognize you?
그쪽에서 아직 결정을 못 내렸나 봐?	**Maybe they didn't** make a decision yet?

072 ~ 축하해! Congratulations on ~!

승진 축하해!	**Congratulations on** your promotion!
성공을 축하해!	**Congratulations on** your success!
약혼 축하해!	**Congratulations on** your engagement!

UNIT 25 목표가 있는 사람이 오래 산대요

073 그 말, ~하네. **Sounds ~.**

그거 적당한 것 같네요.	**Sounds** reasonable.
그거 멋진데요.	**Sounds** amazing.
바보 같은 말이에요.	**Sounds** stupid.

074 ~하면 기분이 어떨까? **How will it feel to ~?**

일을 그만두는 기분이 어때?	**How does it feel to** quit your job?
다시 일하는 기분이 어때?	**How does it feel to** work again?
다시 싱글이 된 기분이 어때?	**How does it feel to** be single again?

075 난 ~하려고 돈을 모으는 중이야. **I'm saving up to ~.**

난 새 집으로 이사 가려고 돈을 모으고 있어.	**I'm saving up to** move to a new house.
난 차를 사려고 돈을 모으고 있어.	**I'm saving up to** buy a car.
나는 유학 가려고 돈을 모으고 있어.	**I'm saving up to** study abroad.

UNIT 26 현명한 딜, 무리한 요구

076 아직 ~인가요? **Do you still ~?**

아직 자리 있나요?	**Do you still** have openings?
너 아직 그 동네 살아?	**Do you still** live in that neighborhood?
너 아직 부모님이랑 같이 사니?	**Do you still** live with your parents?

077 ~가 …보다 훨씬 더 좋다. **~ is/looks much better than …**

이 사무실은 전에 일하던 데보다 훨씬 좋네요.	This office **is much better than** my old one.
이 가방이 저것보다 훨씬 더 좋다.	This bag **is much better than** that one.
이 히터가 저것보다 훨씬 더 좋아 보여.	This heater **looks much better than** that one.

078 그래도 ~를 해야 해. **I/You/We still have to ~.**

그래도 저 개인 수업 가야 하잖아요.	**I still have to** go to my private classes.
근데 너 할 일이 더 남아 있잖아.	**You still have to** do some more work.
그래도 우리 내일 여섯 시 전에 일어나야 하잖아.	**We still have to** wake up before six tomorrow.

UNIT 27 　전근, 이직

079　~로 발령 받았다고? / ~로 전근 갔다고? **You got transferred to ~?**

서울 지사로 전근 온 거라고?	**You got transferred to** the Seoul branch?
다른 부서로 발령 받았어?	**You got transferred to** another department?
더 작은 지사로 옮긴 거야?	**You got transferred to** a smaller branch?

080　~하는 게 마음에 드세요? **Do you like ~ing?**

여기서 살면서 일하는 거 마음에 드세요?	**Do you like** liv**ing** and work**ing** here?
사람들을 만나서 설득하는 거 좋으세요?	**Do you like** meet**ing** people and train**ing** them?
여행을 하면서 새로운 것들을 경험하는 게 좋아요?	**Do you like** travel**ing** and experienc**ing** new things?

081　얼마 동안 ~하실 거예요? **How long will you be ~ing?**

여기서 얼마 동안 근무하실 거예요?	**How long will you be** work**ing** here?
여기에 얼마나 계실 건가요?	**How long will you be** stay**ing** here?
여기서 얼마나 기다리시려고요?	**How long will you be** wait**ing** here?

UNIT 28 　창업하기

082　난 거의 ~했어. **I've almost p.p. ~.**

난 거의 마음을 정했어.	**I've almost made** up my mind.
난 어떻게 할지 거의 정했어.	**I've almost decided** what to do.
난 할 일을 거의 다 했어.	**I've almost finished** what I have to do.

083　다행히, ~야. **Thankfully, it's been ~.**

다행히, 잘 되고 있어.	**Thankfully, it's been** going well.
다행히, 여태 성공적이야.	**Thankfully, it's been** successful.
다행히도, 큰 성공을 거뒀어.	**Thankfully, it's been** a great success.

084　아, 제가 ~라는 걸 깜박했네요. **Oh, I forgot that ~.**

아, 당신이 전에 PR 매니저였던 걸 깜박했네요.	**Oh, I forgot that** you worked as a PR manager.
아, 네가 미국 사람이라는 걸 깜박했다.	**Oh, I forgot that** you're from the States.
맞다, 네가 그림을 잘 그린다는 걸 깜박했네.	**Oh, I forgot that** you're talented in drawing.

200퍼센트 효율로 회사 생활 잘 하기

085 그게 가끔은 ~할 수도 있지. **That can be ~ sometimes.**

그게 가끔은 어려울 수도 있잖아요.	**That can be** difficult **sometimes**.
그게 가끔은 짜증이 날 수도 있죠.	**That can be** annoying **sometimes**.
가끔은 그게 정신을 산만하게 할 수도 있어.	**That can be** distracting **sometimes**.

086 ~하는 게 더 나아요. **It's better to ~.**

한 번에 하나의 일에 집중하는 게 더 낫죠.	**It's better to** focus on one task at a time.
같이 일하기 적합한 사람을 찾아보는 게 더 낫지.	**It's better to** look for the right person to work with.
잠을 좀 자고 다시 일하는 게 낫지.	**It's better to** get some sleep and then start working again.

087 나는 ~하는 게 정말 좋아. **I'm all about ~ing.**

나는 내 머리카락 손질에 신경을 아주 많이 써.	**I'm all about** tak**ing** care of my hair.
난 좋은 사람들하고 일하는 걸 정말 좋아해.	**I'm all about** work**ing** with nice people.
나에게는 내 친구들과 가족들을 행복하게 해주는 게 정말 중요해.	**I'm all about** mak**ing** my friends and family members happy.

좋은 동료, 멀리 가려면 함께 가라

088 ~가 더 있나요? **Is/Are there any additional ~?**

추가적인 정보가 더 있나요?	**Is there any additional** information?
추가 요금이 있나요?	**Are there any additional** charges?
추가 비용이 있어요?	**Are there any additional** costs?

089 ~가 어떻든가요? **How did you like ~?**

저희가 만든 마케팅 전략안, 어떻든가요?	**How did you like** our marketing strategy?
내가 짠 휴가 계획 어땠어?	**How did you like** my vacation plans?
내가 만든 장기적 계획 어떻든?	**How did you like** my long-term plan?

090 우리 가서 ~나 사 먹자/가져오자. **Let's go get some ~.**

우리 가서 스무디나 사 먹자.	**Let's go get some** smoothies.
우리 가서 간식 좀 사 먹자.	**Let's go get some** snacks.
우리 가서 냅킨 좀 가져오자.	**Let's go get some** napkins.

UNIT 31 그때가 그리워

091 ~에 처음 여행갔을 때, … On my first trip to ~, …

포르토에 처음 여행갔을 때, 길을 잃었어.	**On my first trip to** Porto, I got lost.
미국에 처음 여행갔을 때, 그 호텔에 묵었었어.	**On my first trip to** America, I stayed at that hotel.
런던에 처음 여행갔을 때, 영어가 다르게 들리더라.	**On my first trip to** London, English sounded different.

092 ~했을 때가 정말 그립다. I really miss the time when ~.

우리가 어디든 갈 수 있던 그때가 정말 그립다.	**I really miss the time when** we could go anywhere.
회사 근처에 살 때가 진짜 그립네.	**I really miss the time when** I lived near my workplace.
우리가 호수에 가서 수영도 하고 그랬을 때가 너무 그리워.	**I really miss the time when** we would go to the lake and swim.

093 ~를 할/볼 수 있는 최고로 좋은 곳이 있었어. There was a perfect spot for ~.

일몰이랑 일출을 볼 수 있는 멋진 곳이 있었거든.	**There was a perfect spot for** the sunset and sunrise.
캠핑을 할 수 있는 아주 좋은 곳이 있더라.	**There was a perfect spot for** camping.
영상을 찍을 수 있는 아주 좋은 곳이 있더라.	**There was a perfect spot for** making a video.

UNIT 32 쉴 땐 쉬자

094 너 오늘 ~ 없어? Don't you have ~ today?

당신 오늘 일 없어?	**Don't you have** work **today?**
너 오늘 무슨 약속 없어?	**Don't you have** any plans **today?**
너 오늘 요가 안 가?	**Don't you have** yoga **today?**

095 ~해도 죄책감이 덜 들 것 같아. I'll feel less guilty about ~.

낮잠을 오래 자도 안 찔릴 것 같아.	**I'll feel less guilty about** taking long naps.
오랜 시간 TV를 봐도 안 찔릴 것 같아.	**I'll feel less guilty about** watching hours and hours of TV.
이 아이스크림 한 통 먹어도 괜찮을 것 같은데.	**I'll feel less guilty about** eating this bowl of ice cream.

096 나 …에 ~가 필요해. I need a ~ for …

나 면접 보러 가는 데 정장이 한 벌 필요해.	**I need a** nice suit **for** an interview.
나 일하는 데 컴퓨터가 필요해.	**I need a** computer **for** my work.
저 달리기하려면 운동화가 한 켤레 필요해요.	**I need a** pair of sneakers **for** running.

UNIT 33   표현하고 행동해!

097   나, …를 ~동안 기다렸어!   I've been waiting ~ for …!

일주일 내내 이것만 기다렸어!	**I've been waiting** all week **for** this!
네 문자를 하루 종일 기다렸다고!	**I've been waiting** all day long **for** your text!
이 일자리가 나길 얼마나 기다렸는지 몰라!	**I've been waiting** forever **for** this job opening!

098   이거 뭐 일종의 ~같은 건가?   Is this some kind of ~?

이거 무슨 꿍꿍이 그런 건가?	**Is this some kind of** strategy?
이거 무슨 작업 멘트인가요?	**Is this some kind of** a pick-up line?
이거 뭐 미리 잘해주는 그런 건가?	**Is this some kind of** pay-it-forward thing?

099   …에 가는/오는 데 ~를 타셨어요?   Did you take ~ to …?

회사에 전철 타고 오셨어요?	**Did you take** the subway **to** work?
여기 오실 때 버스 타셨나요?	**Did you take** a bus **to** get here?
거기 가실 때 셔틀 타셨어요?	**Did you take** a shuttle **to** get there?

UNIT 34   힘들긴 해도 이 맛에 내가 산다

100   나는 ~의 왕팬이야. / 난 ~를 너무너무 좋아해.   I'm a huge fan of ~.

난 이거 왕팬이야.	**I'm a huge fan of** this one.
난 저 배우 정말 좋아.	**I'm a huge fan of** that actor.
난 이 프로그램을 아주 좋아해.	**I'm a huge fan of** this show.

101   너는 ~하기에는 너무 어려.   You're too young to ~.

넌 그걸 하기엔 너무 어려.	**You're too young to** do that.
넌 너무 어려서 자전거 못 타.	**You're too young to** ride a bicycle.
넌 너무 어려서 운전 면허증 못 따.	**You're too young to** get a driver's license.

102   오랫동안 ~를 안 하다   주어 + haven't p.p. ~ in a long time.

나 오랫동안 책을 안 읽었어.	I **haven't read** a book **in a long time**.
우리 오랫동안 못 만났어.	We **haven't gotten** together **in a long time**.
우리 이 문제에 대해서 오랫동안 얘기를 못 했다.	We **haven't talked** about this matter **in a long time**.

UNIT 35   아낄 땐 아껴도 쓸 땐 플렉스!

103   ~인지 아닌지 가서 볼까? **Shall we go find out whether ~?**

우리 가서, 그만한 값어치가 있는지 볼까? | **Shall we go find out whether** it's worth the price?

우리 가서, 그게 사실인지 알아볼까? | **Shall we go find out whether** that's true?

아직 세일 중인지 가서 볼까? | **Shall we go find out whether** they're still on sale?

104   너 ~하고 싶은가 보다. **You seem to want to ~.**

알프스를 여행하고 싶은가 보구나. | **You seem to want to** travel in the Alps region.

너 노트북 새로 사고 싶은 모양이네. | **You seem to want to** get a new laptop.

너 그 일, 하고 싶은가 본데. | **You seem to want to** take that job.

105   그 말 들으니 ~하고 싶어지는군. **You're making me want to ~.**

그 말 들으니 이 비싼 콘서트 표를 사고 싶어지는군. | **You're making me want to** buy expensive concert tickets.

그 말 들으니 다시 한번 해보고 싶어지네. | **You're making me want to** give it a second try.

네 말 들으니까 그 새 전화기 사고 싶어진다. | **You're making me want to** buy that new phone.

UNIT 36   지금 이 순간을 즐겨

106   ~를 안으로 옮기자. **Let's move ~ inside.**

우리 올라프를 안으로 옮기자. | **Let's move** Olaf **inside.**

우리 이거 안으로 들여놓자. | **Let's move** this **inside.**

우리 신발 안에 들여놓자. | **Let's move** our shoes **inside.**

107   내가 ~하러 여기 왔어. **I am here to ~.**

너를 데리러 왔어. | **I am here to** pick you up.

너한테 무슨 말을 좀 해주려고 왔어. | **I am here to** tell you something.

내가 너한테 좋은 소식을 전해주려고 왔어. | **I am here to** give you some good news.

108   ~해보니까 어때? **What's it like ~ing?**

준이랑 낚시해보니까 어때? | **What's it like** fish**ing** with Jun?

섬에서 살아보니까 어때? | **What's it like** liv**ing** on an island?

프리랜서로 일해보니까 어때? | **What's it like** work**ing** as a freelancer?

UNIT 37   고난, 이겨내면 더 성장해 있어

109   저는 ~를 그다지 신경 쓰지 않아요.   **I don't think too much about ~.**

나는 그 사람들의 태도를 그렇게 많이 신경 쓰지 않아요.	**I don't think too much about** their attitude.
저는 다른 사람들의 의견을 그다지 많이 신경 쓰지 않아요.	**I don't think too much about** others' opinions.
저는 뭘 먹을지는 별로 신경 안 써요.	**I don't think too much about** what I eat.

110   결국 ~하게 됐어.   **It/We/They ended up ~ing.**

그래도 잘 끝났어.	**It ended up** be**ing** okay.
우리 결국 화해했어.	**We ended up** meet**ing** in the middle.
걔네 결국 틀어졌어.	**They ended up** hav**ing** a falling out.

111   ~할까 봐 두려워요/무서워요.   **I'm scared that I'll ~.**

실수할까 봐 두려워요.	**I'm scared that I'll** make a mistake.
모두 다 잊어버릴까 봐 무서워요.	**I'm scared that I'll** forget everything.
길을 잃을까 봐 무서워요.	**I'm scared that I'll** get lost.

UNIT 38   좋은 쪽으로 생각하면 행복해져요

112   나는 네가 얼마나 열심히 ~했는지/하는지 알아.   **I know how hard you ~.**

이번에 네가 얼마나 열심히 공부했는지 나는 알아.	**I know how hard you** studied this time.
네가 이번에 얼마나 열심히 노력했는지 내가 알아.	**I know how hard you** tried this time.
네가 그 회사를 위해서 얼마나 힘들게 일했는지 내가 알지.	**I know how hard you** worked for the company.

113   ~라는 것만 빼면.   **Besides the fact that ~.**

결국 우리 모두 쫄딱 젖었다는 것만 빼면 뭐.	**Besides the fact that** we ended up getting soaked.
우리가 회사에 지각했다는 것만 빼면 뭐.	**Besides the fact that** we were late for work.
그녀가 나한테 거짓말을 했다는 것만 빼고는 뭐.	**Besides the fact that** she lied to me.

114   ~가 없었더라면, …하지 못했을 거야.   **Without ~, I couldn't have p.p.** …

네가 도와주지 않았더라면, 끝내지 못했을 거야.	**Without** your helping hand, **I couldn't have finished** it.
네가 이해 안 해줬더라면, 나는 이거 못했을 거야.	**Without** your understanding, **I couldn't have done** this.
네 조언이 없었더라면, 난 해내지 못했을 거야.	**Without** your advice, **I couldn't have made** it happen.

모든 것이 기적이야

115 ~를 못하셔서 고생하셨다면서요.

You said you've been having difficulty ~ing.

요새 잠을 못 주무셔서 힘들어 하신다면서요.	**You said you've been having difficulty** falling asleep lately.
아침에 잘 못 일어나서 힘들었다면서.	**You said you've been having difficulty** getting up in the morning.
음식이 소화가 안 돼서 고생했다면서.	**You said you've been having difficulty** digesting food.

116 너만 ~한 게 아닐 거야. **You won't be the only one who ~.**

혼자만 그렇게 느끼시는 건 아닐 거예요.	**You won't be the only one who** feels that way.
그런 걱정하는 사람이 너뿐만은 아닐 거야.	**You won't be the only one who** worries about that.
심심하다고 느끼는 사람이 너 혼자만은 아닐 거야.	**You won't be the only one who** feels bored.

117 난 빨리 ~하고 싶어. **I'm eager to ~.**

빨리 부모님께 이거 말씀드리고 싶어.	**I'm eager to** tell my parents about this.
이 집을 리모델링 하고 싶어 죽겠어.	**I'm eager to** renovate this house.
빨리 너한테 이 사진들을 보여주고 싶어.	**I'm eager to** show you these pictures.

지천에 세 잎 클로버

118 이제 ~의 냄새가 난다. **Now I can smell the ~.**

이제 허브 향기가 나네.	**Now I can smell the** herbs.
이제 향기가 난다.	**Now I can smell the** aroma.
이제 향을 맡을 수가 있어.	**Now I can smell the** scent.

119 우리 걸어가자, ~하게. **Let's walk so we can ~.**

우리 걸어가자, 이 아름다운 날씨를 즐길 수 있게.	**Let's walk so we can** enjoy this beautiful weather.
우리 새들이 지저귀는 소리를 들을 수 있게 걸어가자.	**Let's walk so we can** hear the birds singing.
우리 5월의 신선한 공기를 맡을 수 있게 걸어가자.	**Let's walk so we can** smell the fresh air of May.

120 내가 너한테 맞을 만한 ~를 찾아볼게. **I'll find ~ that's right for you.**

제가 아빠한테 잘 맞을 강아지를 찾아볼게요.	**I'll find** a dog **that's right for you.**
내가 너한테 잘 맞을 자리를 찾아볼게.	**I'll find** a good position **that's right for you.**
너한테 잘 맞을 색깔을 찾아볼게.	**I'll find** a color **that's right for you.**

CHAPTER 5

UNIT 41　행복해지고 싶어? 그럼 새로운 것에 도전해봐!

121 　난 내가 마지막으로 ~한 게 언제인지 기억이 안 나.
I don't remember the last time ~.

난 내가 마지막으로 외국 여행을 간 게 언제인지 기억이 안 나.	**I don't remember the last time** I traveled abroad.
극장 간 게 언제인지 안 난다.	**I don't remember the last time** I went to the movies.
마지막으로 너를 본 게 언제인지 기억이 안 나.	**I don't remember the last time** I saw you.

122 　중요한 건 ~라는 거야.　**The point is that ~.**

중요한 건 다양한 시각을 경험할 수 있다는 거야.	**The point is that** we can experience diverse perspectives.
중요한 건 우리가 타협을 해야 한다는 거야.	**The point is that** we need to meet in the middle.
중요한 건 넌 아무 잘못도 안 했다는 거라고.	**The point is that** you haven't done anything wrong.

123 　~하니까 더 좋지 않든?　**Wasn't it better to ~?**

걸어다니는 것보다 세그웨이 타고 돌아다니니까 더 좋지 않든?	**Wasn't it better to** get around by Segway rather than on foot?
다른 때보다 더 일찍 도착하니까 좋지 않든?	**Wasn't it better to** get there earlier than usual?
재택근무를 하니까 더 좋지 않든?	**Wasn't it better to** work from home?

UNIT 42　감사하면 행복해져

124 　그러면 ~해질 거야.　**That'll make you feel ~.**

그렇게 하면 행복해질 거야.	**That'll make you feel** happy.
그렇게 하면 기분이 더 좋아질 거야.	**That'll make you feel** better.
그렇게 하면 안심이 될 거야.	**That'll make you feel** relieved.

125 　~하게 되는 비결이 있어.　**Here's a tip to be ~.**

행복해지는 비결이 있어.	**Here's a tip to be** happy.
더 건강해지는 비결이 있어.	**Here's a tip to be** healthier.
더 똑똑해질 수 있는 비결이 있어.	**Here's a tip to be** smarter.

126 　~하지 않았더라면, …했겠지.
If you/I had not p.p. ~, you/I might've p.p. …

그걸 잃어버리지 않았다면, 넌 돈을 더 썼을 거야.	**If you had not lost** it, **you might've spent** more money.
그 남자랑 헤어지지 않았더라면, 너 그 사람이랑 결혼했을 거야.	**If you had not left** him, **you might've married** him.
나 영어 공부 시작하지 않았으면, 엄청 후회했을 거야.	**If I had not started** learning English, **I might've regretted** it a lot.

　어쩔 수 없는 것에는 화내지 않기

127　너는 쉽게/잘 ~하지 않는구나, 그치?

You don't get ~ easily, do you?

너는 화를 잘 안 내는구나, 그치?	**You don't get** angry **easily, do you?**
너는 쉽게 피곤해지지 않는구나, 그치?	**You don't get** tired **easily, do you?**
너는 쉽게 지루해하지 않는구나, 그치?	**You don't get** bored **easily, do you?**

128　우리가 늘 ~할 수는 없는 거잖아.　We cannot be ~ all the time.

우리가 항상 행복할 수는 없는 거지.	**We cannot be** happy **all the time.**
어떻게 늘 성공적이기만 하겠어.	**We cannot be** successful **all the time.**
우리가 늘 일을 잘 할 수만은 없는 거지.	**We cannot be** productive **all the time.**

129　~해야 할 것 같아.　I'll have to~.

그거 카센터에 맡겨야 할 것 같아.	**I'll have to** take it to the repair shop.
그거 처음부터 다시 해야 할 것 같다.	**I'll have to** take it from the start.
그들에게 좀 도와달라고 해야겠어.	**I'll have to** take it to ask them for help.

　내 사람 내가 제일 아껴주기

130　그들은 분명히 아주 많이 ~하고 싶어 하고 있을 거야.

They must be looking forward to ~ing.

그들은 우리를 많이 보고 싶어 하실 거야.	**They must be looking forward to** seeing us.
그들은 결과를 무척이나 기다리고 있을 거야.	**They must be looking forward to** getting the results.
그들은 우리를 무척이나 보러 오고 싶어 하고 있을 거야.	**They must be looking forward to** coming to see us.

131　내가 ~를 좀 가져올게.　Let me get some ~.

내가 빵을 좀 가져올게.	**Let me get some** bread.
내가 우유 좀 가져올게.	**Let me get some** milk.
내가 너 음식 좀 갖다줄게.	**Let me get some** food for you.

132　내가 ~ 취소할게.　I'll cancel the ~.

내가 저녁 예약한 것 취소할게.	**I'll cancel the** dinner.
내가 모임 취소할게.	**I'll cancel the** get-together.
치과 예약한 것 취소할게.	**I'll cancel the** dental appointment.

실패가 아니야, 경험이 쌓인 거야

133   그러니까, 결국 ~했다고? So, you finally ~?

그러니까, 결국 거기 일 그만 뒀다고?	**So, you finally** quit working there?
그러니까, 결국 그 사람이랑 헤어졌다고?	**So, you finally** left him?
그래서, 결국 다른 데로 이사 갔어?	**So, you finally** moved to a new place?

134   ~하는 건 정상이야. It's normal to ~.

면접을 앞두고 긴장되는 건 정상이야.	**It's normal to** get cold feet before an interview.
회사 첫 출근 때 허둥지둥 거리는 건 정상이야.	**It's normal to** get confused on the first day at work.
그렇게 힘들게 일하고 피곤한 건 당연하지.	**It's normal to** feel tired after such hard work.

135   그래도 …해주는/할 ~가 있으니까. At least you have a ~ to …

그래도 힘이 되어 주는 사랑하는 가족이 있으니까.	**At least you have a** loving family **to** support you.
그래도 너한테는 집중할 수 있는 일이 있잖니.	**At least you have a** job **to** focus on.
그래도 넌 있을 데가 있잖아.	**At least you have a** place **to** stay.

인생에 정답이 어딨어? 선택만 있지

136   그러고 싶은데, ~해요. I want to, but ~.

그러고 싶은데, 쉽지가 않아요.	**I want to, but** it's not easy.
그러고는 싶지만, 여유가 없어요.	**I want to, but** I can't afford it.
그러고는 싶은데요, 너무너무 바빠서요.	**I want to, but** I'm tied up.

137   이 말이 ~하게 들릴 수도 있는데. This may sound ~.

이 말이 웃기게 들릴지도 모르겠어요.	**This may sound** funny.
이 말이 바보같이 들릴지도 모르겠네요.	**This may sound** stupid.
이 말이 유치하게 들릴지도 모르겠어요.	**This may sound** childish.

138   우리가/네가/내가 ~없이 살 수 있을까? Can we/you/I live without ~?

우리가 전화기 없이 살 수 있을까?	**Can we live without** phones?
컴퓨터 없이 살 수 있어?	**Can you live without** computers?
내가 인터넷 쇼핑을 안 하고 살 수가 있을까?	**Can I live without** Internet shopping?

일상의 모든 것이 당신을 만든다

139 ~는 뭐에 대한 거예요? **What is ~ about?**

이메일, 뭐에 대한 거예요?
그 문자, 뭐에 대한 거예요?
그 뉴스 기사, 뭐에 대한 거예요?

What is the email **about?**
What is that message **about?**
What is that news article **about?**

140 ~가 식어. / ~가 차가워지고 있어. **~ is getting cold.**

음식 식잖아.
닭고기 식어.
피자 식어.

The food **is getting cold.**
The chicken **is getting cold.**
The pizza **is getting cold.**

141 그거 ~인 것 같다. **That does sound like a ~.**

그거 정말 몸에 좋은 훌륭한 조합인 것 같은데요.
그거 정말 기가 막힌 아이디어 같아.
그게 더 좋은 방법인 것 같은데.

That does sound like a healthy combination.
That does sound like a brilliant idea.
That does sound like a better option.

UNIT 48 많이 갖는다고 행복한 건 아니야

142 우린/난/넌 절대 이거 ~ 다 못 먹어.
We'll/I'll/You'll never finish the entire ~.

우린 절대 이거 한 봉지 다 못 먹어.
나 절대 이거 한 상자 다 못 먹어.
너 절대 그거 한 캔 다 못 먹어.

We'll never finish the entire bag.
I'll never finish the entire box.
You'll never finish the entire can.

143 나 ~가 거의 바닥이야. **I'm running low on ~.**

나 돈이 거의 바닥이야.
나 힘이 거의 바닥났어.
나 인내심이 한계에 도달했어.

I'm running low on money.
I'm running low on energy.
I'm running low on patience.

144 들어보니 너는 ~하고 있는 것 같다. **Sounds like you're ~ing.**

너 참 삶을 풍요롭게 만들고 있는 것 같다.
너 참 잘 살고 있는 것 같네.
너는 참 삶을 즐기면서 사는 것 같다.

Sounds like you're enrich**ing** your life.
Sounds like you're hav**ing** a good life.
Sounds like you're really enjoy**ing** your life.

UNIT 49   몸이 건강해야 마음도 건강하죠

145   …안에 ~가 있을 텐데.   There must be some ~ in …

냉장고에 닭고기 남은 것 있을 거야.	**There must be some** leftover chicken **in** the fridge.
내 배낭 안에 인스턴트 국수가 있을 텐데.	**There must be some** instant noodles **in** my backpack.
바구니 안에 빵이 좀 있을 거야.	**There must be some** bread **in** the basket.

146   ~하겠다 싶더라.   I thought you'd be ~.

아침에 많이 피곤하겠다 싶더라.	**I thought you'd be** very tired this morning.
그것 때문에 네가 화가 났겠다 싶더라.	**I thought you'd be** upset about that.
네가 기분이 아주 좋을 것 같더라.	**I thought you'd be** really happy.

147   그건 ~보다도 더 오래됐어. / 오래 전에 일어난 일이야.
It was/happened more than ~ ago.

그건 한 시간도 더 전이었지.	**It was more than** an hour **ago.**
그건 두 달도 더 전에 일어난 일이야.	**That happened more than** two months **ago.**
그건 6년도 더 전에 있었던 일이야.	**It happened more than** six years **ago.**

UNIT 50   약간의 유머가 인생을 행복하게 해요

148   뭔가 좀 ~한 말을 해줘봐요.   Please tell me something ~.

뭔가 좀 좋은 말을 해줘봐요.	**Please tell me something** positive.
뭔가 신이 날 만한 얘기를 좀 해줘요.	**Please tell me something** exciting.
좋은 얘기 좀 해주세요.	**Please tell me something** good.

149   나 (이번/다음 …에) ~해!   I'm ~ing (next/this …)!

나 다음 달에 결혼해!	**I'm** gett**ing** married **next** month!
나 이번 주 토요일에 분당으로 이사 가!	**I'm** mov**ing** to Bundang **this** Saturday!
나 다음 주 월요일에 여행 간다!	**I'm** go**ing** on a trip **next** Monday!

150   그게 ~때문인가요?   Is it because of ~?

그게 지구 온난화 때문이에요?	**Is it because of** global warming?
그게 식량 부족 때문인가요?	**Is it because of** a food shortage?
그게 그 바이러스 때문이에요?	**Is it because of** the virus?